『テアイテトス』研究

『テアイテトス』研究

—— 対象認知における「ことば」と「思いなし」の構造 ——

田坂 さつき 著

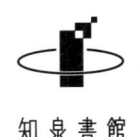

知泉書館

目　次

序　論　　　　　　　　　　　　　　　　　　　　　ix

第一部　〈感覚〉

第一章　「知識は感覚である」という定義をめぐって　　5
 I　諸 解 釈　　6
 II　第一定義の提示　　10
 III　「人間尺度説」　　11
 IV　人間尺度説と第一定義の関係　　14
 V　秘密の教説　　16
 VI　感 覚 論　　25
 VII　「人間尺度説」と「感覚論」との関係　　38
 VIII　結　　び──諸説の関係　　44

第二章　知識とことば　　51
 I　諸 解 釈　　51
 II　議論構成　　53
 III　「人間尺度説」の反駁　　60
 IV　「運動生成説」の反駁　　67
 V　第一部後半部の構造　　72
 VI　知識とことば　　75

第三章　プロタゴラスと相対主義　　79
 I　問題の所在　　80
 II　「自己反駁」議論構成　　85
 III　二つの選択肢　　91

　　　　　Ⅳ　結　　び　　　　　　　　　　　　　　　　97

第四章　感覚と思考　　　　　　　　　　　　　　　　99
　　　　　Ⅰ　「感覚する」ことに関する基本了解　　　101
　　　　　Ⅱ　色と音の双方について「考えている」こと　103
　　　　　Ⅲ　魂が自ら吟味する　　　　　　　　　　　105
　　　　　Ⅳ　感覚経験と思考活動との差異　　　　　　108
　　　　　Ⅴ　感覚は知識ではない　　　　　　　　　　110

第二部　〈思いなし〉

第五章　「偽なる思いなし」と知識　　　　　　　　　117
　　　　　Ⅰ　第一部との関係　　　　　　　　　　　　119
　　　　　Ⅱ　「偽なる思いなし」存在否定論の構造　　124
　　　　　Ⅲ　「知っている」の排中律　　　　　　　　132
　　　　　Ⅳ　「偽なる思いなし」肯定論　　　　　　　144
　　　　　Ⅴ　第二部に残された問題　　　　　　　　　150

第六章　「偽なる思いなし」と対象の認知　　　　　　157
　　　　　Ⅰ　問題の所在　　　　　　　　　　　　　　157
　　　　　Ⅱ　第二部の議論構成　　　　　　　　　　　160
　　　　　Ⅲ　第五議論の議論構成　　　　　　　　　　162
　　　　　Ⅳ　〈自分（当人）の思いなしの文脈〉の内側と外側　167
　　　　　Ⅴ　鳥小屋モデルの破綻　　　　　　　　　　173
　　　　　Ⅵ　結　　び　　　　　　　　　　　　　　　177

第三部　〈ロゴス〉

第七章　アポリアの解明　　　　　　　　　　　　　　185
　　　　　Ⅰ　問題の所在　　　　　　　　　　　　　　185
　　　　　Ⅱ　議論構成　　　　　　　　　　　　　　　187
　　　　　Ⅲ　考　　察　　　　　　　　　　　　　　　205

目　次　　　　　vii

終　章　　　　211

あとがき　　　　231
参考文献　　　　235
索引（人名事項・作品名）　　　　243

序　論

プラトン『テアイテトス』は,「知識とは何か」を探求する対話編である。第一部では「知識は感覚である」，第二部では「知識は真なる思いなしである」，第三部では「知識はロゴスを伴った真なる思いなしである」という三つの定義の成否を検討するが，「知識とは何か」という問いに答えを見出すことなく，探求は破綻する。この否定的結末はその後多くの哲学者の思索を刺激するが，「知識とは何か」という問いは，現代に至っても未に解けない哲学の難問のひとつである。

　それゆえ『テアイテトス』は現代でも知識論の文脈で言及されるが，複雑な議論構成ゆえに対話編全体の解読が困難なため，部分的にのみ引用してその時代の知識論と対比されることが多い。一例を挙げれば，対話編末尾で定義の探求が最終的に破綻する箇所のみが取り上げられ，知識の定義の循環が示されている，と解される点である。それゆえ『テアイテトス』は定義の循環を哲学史上はじめて提示された対話編として有名になり，定義の循環の問題は20世紀以降も盛んに議論されている。しかし，定義の循環に関して引用されるテキストは全体の50分の1程度である。この対話編の半分以上が第一部の「感覚」の問題に割かれ，中でもプロタゴラス説への批判の比重が大きいことは意外に知られていない。ヘレニズム期においては，むしろプロタゴラス説批判の箇所が注目され，古代懐疑論へと受け継がれていく。

　古典がその時代の読者の関心から読まれるのは致し方ない。しかし，全編にわたり一貫した視点からプラトンの視座を読み解くことなしに，『テアイテトス』を読み解くことはできない。本論は『テアイテトス』全体の構造を明らかにすることを目的にする。

　『テアイテトス』全体の解釈を難しくしているのは別の事情もある。周知の通り，ソクラテスを主人公とするプラトンの対話編では，ソクラテスの対話相手は定義の探求に失敗して否定的な結末を迎える。しかし『テア

イテトス』に先立って書かれたとされる『国家』には，中期イデア論の枠組みの中で知識の定義が提示されている。それゆえプラトンの思想史から見ると，中期の終わりに位置すると言われている『テアイテトス』において，知識の定義が失敗に終わるこの結末は奇異である。

　この問題に対する伝統的な解釈は，20世紀初頭 F. M. コーンフォードが提示した次のようなものであった。彼によれば，プラトンは『テアイテトス』では，イデア論を前提しないと知識の定義が失敗に終わることを示し，イデア論を立てる必要を説いたのである。第一部に登場するプロタゴラスの相対主義や万物流転の世界観は生成変化を繰り返す現象界においては成り立つが，知識の対象であるイデアについては成り立たない。また，第二部と第三部の定義は，知識の対象がイデアであるという前提が欠落しているために失敗する。コーンフォードのこの解釈は『国家』との整合性を説明しうる有力な説であり，当時は広く支持されていた。しかし20世紀後半，G. E. L. オーウェンが『テアイテトス』に先立つ『パルメニデス』においてプラトンがイデア論を破棄しているのではないか，という説を主張して以来，『テアイテトス』においてプラトンがイデア論を保持しているかどうかについても再考を余儀なくされる。そして20世紀末には，コーンフォードの解釈の見直しも迫られてきた。

　そこで M. F. バーニエットは，『テアイテトス』全体の議論構成からコーンフォード解釈を退ける，というオーソドックスな手法で新たな解釈を展開する。バーニエットによれば，第一部は帰謬法で構成され，プロタゴラスの相対主義もヘラクレイトスの万物流転説も第一定義も一斉に反駁されている。それゆえ，現象界においてそれらが成立するというコーンフォード解釈は成り立たない。そして彼は，第三部において『国家』とは異なった新たな知識のモデルをプラトンが提示していると考える。それは，『国家』のようにイデア論を前提してイデアを知識の対象とするのではなく，知識を物事の「総合的理解」とするモデルである。この解釈は，テキストに明記されていない前提を読み込む必要がなく，全体の議論構成を根拠にしており，多くの研究者に高い評価を得てきた。

　日本においては彼がまだ無名の1980年代に，東京都立大学名誉教授加藤信朗先生が東京都立大学に招き，日本のプラトン研究者の多くがバーニエットの『テアイテトス』セミナーを受講した。その時の講義ノートが後

に出版される彼の『テアイテトス』研究の基礎になり，その後21世紀に至り，バーニエットはギリシャ哲学の世界的な権威となる。今やバーニエット解釈は，現代多くの研究者が支持する標準的解釈となっている。

　テキストに明記されていない前提を読み込まず，議論構成の分析から解釈するというバーニエットの姿勢は高く評価されるべきである。しかし『テアイテトス』の議論構成に関するバーニエットの解釈の成否は，慎重に検討されるべきである。論者は，『テアイテトス』全体のテキスト解釈を構築する中で，バーニエット解釈をはじめとする諸解釈を批判的に検討し，議論構成を根拠に新たな解釈を提示したい。バーニエットが議論構成を理由にコーンフォードの伝統的解釈を退ける主要な根拠は，第一部にある。彼は，複雑に構成された諸議論間にあるト書きから，第一部全体が帰謬法で構成されていると解す。すなわち彼によれば，第一部前半で，「知識は感覚である」という第一定義と，プロタゴラス説，ヘラクレイトス説，三者が同値であることが論証され，後半では三者それぞれが反駁される。それゆえ，コーンフォードが現象界で成立を認めているプロタゴラス説とヘラクレイトス説は成立の余地がない，と主張する。

　論者は，第一部の議論を帰謬法とする解釈は成り立たないと考える。その理由は，バーニエットの指摘するト書きからは諸説の同一性と帰謬法という論証形態を明示的に示唆するものはなく，仮に帰謬法と解すると，様々な不合理な点が生じるからである。例えば，プラトンが諸説を論理的に同値だと考えていたのであれば，諸説のいずれかの反駁が成立すれば帰謬法による反駁は完了するはずである。ところがプラトンは諸説それぞれを個々に反駁している。それゆえプラトンは個別に反駁が必要な異なった説だと考えているはずである。そもそも相対主義と生成流転の世界観が論理的に同値だという解釈は乱暴である。なぜなら相対主義は，各人に世界が相対化されるという世界観を持つ以上，相対化される極である「私」の同一性が確保されなければならない。しかし生成流転の世界観に立つと，「私」の同一性は確保されないのである。バーニエットの過ちは，「三者は同一の点に帰着する」というト書きの一文を読み違えることからはじまる。この一文は，テキストでは三者が「何ものもそれ自体一であるとはいえない」という点で同じ立場に立つことを示し，相対化されない不動不変の「一である」存在を提唱したパルメニデスと対峙していることを示してい

る。その意味で三者は同一の立場に立っているが，それぞれの哲学的な主張内容は異なっている。バーニエットはそれを単純に三者の同値関係と解したのである。

　第一部でプラトンは，人が対象を認識する典型的な場面の一つ「感覚」を取り上げる。まず，「感覚」を「知識」とする立場が，プロタゴラスの「人間尺度説」とヘラクレイトスに代表される生成流転の世界観を論拠にしていることを示す。その際彼は，両説も第一定義もともに，「それ自体一であるもの」を措定する必要を認めないという点で，共通の立場に立っていることを確認する。先に述べた通り，両者は異なった説であるが，いずれも，「それ自体一であるもの」を認めないという点においては，パルメニデスの対極に立っている。すなわち，直接的な感覚が相対的流動的である以上，感覚が真理だとすると「それ自体一である」ものを立論することなしに知識論を構築できるという立場に立つ。「それ自体一である」という表現が中期ではイデアを指しており，『パルメニデス』でイデア論の論理的な難点を指摘していたことを考えれば，プラトンが『テアイテトス』第一部において，「それ自体一であるもの」を立論することそのものを問い直し，それを否定する両説と，知識論において対決していると見ることができる。プラトンは，両説を論拠に「知識は感覚である」と主張する立場を退けようとする。そのためにまず，両説から「知識は感覚である」という主張を導出できないことを示し，次に「知識は感覚である」という主張そのものを反駁するのである。

　プラトンはまず，「人間尺度説」を根拠に知識が語れないことを示す。「人間尺度説」は，感覚であれ信念であれ，各人が思ったとおりにそのように「ある」と説く。各人が〈自分の思いなしの文脈〉で判断したことは，それぞれに相対化された世界において「ある」，すなわち「当人にとって真である」とする。それゆえ「それ自体一であるもの」は存在せず，あらゆるものは「当人にとって（真で）ある」ということになる。このような立場に立つ限り，真偽について他者と議論することができず，識者の知見は真で素人の判断は偽であるとも言えない。医者や技術等の知識の成立も危ぶまれる。それゆえ，「人間尺度説」を根拠に知識を語ることは困難である。しかし，各人が〈自分の思いなしの文脈〉で判断したことの信憑性は，少なくとも直接的な感覚経験に関しては否定できない以上，そのよう

に限定された場面では「知識は感覚である」と主張できるかもしれない。そこでプラトンは直接的な感覚において捉えられる万物流動の世界を解説する「運動生成説」の検討に移る。

　われわれが感覚している世界は常に流動しており，各人の感覚のあり方も多様である。それを正確に語ることをもって知識とすることが可能かどうかをプラトンは検討する。まず，常に流動していて相対的に成立する感覚を「ことば」で記述しようとしても，事物が常に生成変化を繰り返しているのであれば，どの時点でも常に記述は不正確になる。そして，「私が白い石を感覚する」という事実を認める場合に，「われわれの言語」は，「石」「白」「私」「色」等，を措定している。しかしそれらが流動し変化するならば，「石」は「石」と言えず，「私」は「私」と言えない。「感覚している」状態も一定ではなく流動的だとすると，われわれは真偽についても語れないどころか，「この石」「この白」等についてすら語ることができなくなる。このような意味において，「われわれの言語」は「それ自体一であるもの」を措定し，それを用いて世界について記述している。言語が成立しないなら，知識も成立しない。それゆえ「運動生成説」を根拠に「知識は感覚である」と主張することはできないのである。

　このように，第一部において入念に構成された議論は，「人間尺度説」および「運動生成説」そのものを否定する結論を導くものではなく，両説から「知識は感覚である」という説を導出できるかどうか，という論理的関係を問うたものである。それゆえ，バーニエットのように，第一部の議論から両説が成立しないことを結論づけることはできないのである。プロタゴラスは，「われわれの言語」が相対化されている事物を正確に語れなくても，人は相対化された世界の住人である，と説くであろうし，ヘラクレイトスは「われわれの言語」が運動を記述できなくても，万物は流転している，と説くであろう。プロタゴラスやヘラクレイトスは，「われわれの言語」を不正確で物事の真相を記述し得ないと退けるだろう。しかしプラトンは，「われわれの言語」において，対象を「ある」という仕方で記述するところが，知識の成立の原点であると考えている。

　それゆえプラトンは第一部の末尾で，感覚がわれわれに与えるものは相対的・流動的であり「ある」と語れない以上，感覚は知識とはいえないという結論に至る。そして，われわれが「色」や「音」を「あるもの」とし

て自己同一性をそなえた他とは異なる一つのものと捉えるのは，魂がそれ自体で機能する思考活動によるという。それゆえ感覚ではなく，対象を「それ自体一である」ものとして対象を把握する思考活動のうちに知識がある，という方向に議論は展開する。このような仕方で対象を捉える思考活動をわれわれは「対象把握」と呼ぶことにする。「色」と「音」とを「対象把握」している限り，両者を区別することができ，「この色」「あの音」を指示しそれについて述べることができる。それゆえ「対象把握」は個別的対象について語るための前提条件といえる。プラトンは第一部末尾でそのような思考活動を「思いなし」と呼び，知識は感覚にではなく，「思いなし」の中にある，という。「思いなし」とは〈自分（当人）の思いなしの文脈〉において対象を一つ一つ区別してことばで捉えている「対象把握」の営みである。このような営みから知識へと至る道をプラトンは第二部，第三部と探求し続ける。

　さて，先に指摘したとおり，中期『国家』以降，『テアイテトス』においてプラトンがどのような知識論を念頭においていたのか，というのは重要な問題である。バーニエットは，『テアイテトス』ではコーンフォードのいう中期イデア論に基づいた知識論ではなく，新たに「知識」を「総合的理解」と解する知識論を構築している，と主張する。これは主に第二部最終議論と第三部の一部を根拠にしているが，論者は『テアイテトス』の議論全体から，プラトンの立場を探る必要があると考える。第一部でプラトンは，「感覚」という局面から，人が「ことば」を用いて「対象」を認知する場面を考えている。第二部では，「思いなし」という局面から対象の認知を考察する。

　第二部で登場する「思いなし」とは，「ことば」を用いて語るために必要となる「対象把握」を〈当人の思いなしの文脈〉で確認する営みである。「対象把握」を言語で表現すると，「色は色であり，音ではない」という同一性判断となる。それゆえ第二部で登場する「思いなし」は，形成上すべて同一性判断になっている。この種の同一性判断は，〈各人の思いなしの文脈〉に於ける判断であり，「私」だけがその言語使用判定者である。「対象把握」は原初的にはこのレヴェルで成立し，記憶として保持されている。われわれは特定の対象を話題にしようとする時，当の対象について対話相手が「対象把握」できているかどうかを，当の対象を「知っている」のか

どうかを問うことによって確認する。対話相手の「私は知っている」という証言は，対話相手の〈自分の思いなしの文脈〉での証言である。通常の場合，各人はこれを〈当人の思いなしの文脈〉で「彼は知っているのだ」と了解して会話を進める。しかし，会話の中で，コミュニケーションが円滑に進まず，対象の認知に明らかな誤りが生じたとき，「本当に彼は知っているのだろうか？」という疑念が生じる。さらに彼自身がその誤りに気づく時，〈当人の思いなしの文脈〉で「私は本当に知っているのだろうか？」という疑念が生じる。その際，言語使用の根幹をなす「対象把握」そのものが疑わしいとすると，当人のこれまでの言語使用そのものが否定される。他方「対象把握」は成立していても，感覚の不鮮明さ等外的な事情で個々の認知の場面でのみ誤りが生じるという解釈も可能である。プラトンは第二部で後者の可能性を探る。

　プラトンは，感覚対象について認知するモデルと非感覚的対象について認知するモデルとを提示して，対象認知の場面での誤りを説明する。前者は「印形モデル」と呼ばれ，魂にある蠟板に感覚された像が印形として記憶され，それと現実の感覚とが符合すると対象の認知が成立する，というものである。複数の印形が互いに区別されて記憶されている状態は「対象把握」が成立している状態であり，その状態を「知っている」とプラトンは規定する。この状態は〈自分の思いなしの文脈〉で「私は知っている」と証言する状態に当たる。この状態については，第三者は他人の魂の状態を覗き込めない以上，当人の証言を待つ以外にない。しかし第三者も〈自分の思いなしの文脈〉で成立している自分の記憶については証言できる。そこで，他者の証言の信憑性を認める一方，自分自身の証言の信憑性を容認し，相互に承認し合うことによりお互いの言語使用を認め合うのである。

　他者の証言に第三者から疑問が発せられるのは，明らかな同定の誤りである。これに対してプラトンは，不注意である，あるいは記憶が薄れて印形が不鮮明であるという説明を加える。いずれも不安定な感覚に蠟板をあてがうときに生じるのであって，魂の思考活動において「対象把握」自体は維持する立場をとる。

　それゆえ非感覚的対象について生じる誤りは深刻である。これを説明するのが「鳥小屋モデル」である。算術を習得した人が，些細な計算間違いをする。それは，魂の中の鳥小屋に数の知識を保持していながら，足し算

の計算問題について，その答えとなる鳥を取り違えてしまうことにあたる。このモデルにおいてプラトンは，鳥が魂の中の鳥小屋に保持されている状態を「知っている」と呼ぶ。それは印形モデル同様，複数の鳥が互いに区別されて記憶されている状態であり，「対象把握」が成立している。そして〈自分の思いなしの文脈〉で「私は知っている」と証言できる状態である。問題は，取り違えて摑む状態をどう説明するかである。「対象把握」ができているのに取り違える場合，取り違えている当人は〈自分の思いなしの文脈〉で取り違えていることはわからない。それどころか，計算の答えを出したとき，当人は「わかった」という確信をもってしまう。このことは，〈自分の思いなしの文脈〉から知識へと至ろうとするアプローチそのものに疑問を投げかける。

「対象把握」は対象について相互に語り合う前提条件であるが，それは〈各人の思いなしの文脈〉での相互承認という基盤に支えられている。その基盤にある「対象把握」の信憑性に疑いが生じると，当人の知識・言語使用が根底から覆えされる。さらに，〈当人の思いなしの文脈〉で成立している「対象把握」では対象を「知っている」と言えないのであれば，われわれの言語使用すべてにおいて，「当人も私も知っていると思っているだけで，実は知らないかもしれない。」という懐疑が生じる。

第三部では，「対象把握」を認めた上で，当の対象については認知を絶対に誤らない条件を〈自分の思いなしの文脈〉から独立に立てようとする。すなわち，「対象把握」できているという〈当人の思いなしの文脈〉での証言があり，なおかつ対象を唯一特定する記述句「ロゴス」を保持している場合にのみ，当の対象を「知っている」とするのである。そうすれば「ロゴス」を伴わない場合には，対象を「知っている」のではなく，「真なる思いなし」を持っているに過ぎないことになる。

しかし最後に，われわれはそもそも，対象を唯一特定する記述句によって個別的対象を特定しているのではないことが明らかになる。われわれは〈自分の思いなしの文脈〉で，「獅子鼻の男」という多くの対象に当てはまる表現を用いて，記憶をたよりに個別的対象を唯一特定することができる。まず〈自分の思いなしの文脈〉で唯一特定した後，次に当の対象を他の対象から区別する記述を見つけようとするのである。つまり，われわれが対象を唯一特定する営みは〈自分の思いなしの文脈〉を起点としている。そ

れゆえ，対象を誤ることなく認知する条件を〈自分の思いなしの文脈〉から独立に設定しようとする試みはここで頓挫する。

　この否定的な結末を持つ対話編の成果はどこにあったのか。一つは，プロタゴラスの相対主義と生成流転の世界観とを批判的に検討する中で，中期イデアを連想させる「それ自体一であるもの」が，二世界論的イデア論の枠組みから独立に，われわれの言語使用の根本に想定せざるを得ないことが示されている。そしてそれを思考上捉えることが，われわれが対象について語り，判断の真偽に言及する際に必要不可欠な「対象把握」であり，それが，〈当人の思いなしの文脈〉の相互承認によって言語使用を根本から支えていることを明らかにする。しかし「対象把握」は，対象について「知っている」と思っていながらも，ただ「真なる思いなし」を持っているに過ぎないという疑念からは逃れられなかった。

　ここから言語使用不可能という懐疑的な立場に傾くことも可能であろう。しかし，「対象把握」が「知識」としてではなくとも「真なる思いなし」としては位置づけることはできる。そしてその「真なる思いなし」が〈当人の思いなしの文脈〉で各人に共有されていることを，言語使用を事実として確認していくことにより，その相互承認という基盤を明示することができる。

　『テアイテトス』のこの結末は，後期の分割法に継承されていくように思われる。分割法は，〈当人の思いなしの文脈〉において各人が共有している言語体系の構造確認を一つ一つ明らかにしていく営みといえる。『テアイテトス』は，〈自分の思いなしの文脈〉から独立に簡単な定義（差別性のロゴス）を求め続けたソクラテスの方法の終焉を示すと同時に，ソクラテスが主役の座を降り，分割法という新たな方法を取る後期対話編への移行期に位置している，と論者は考える。

　本論に入る前に，『テアイテトス』という対話編は，テアイテトスの追悼の書であることが示唆された後，次のような仕方ではじまることに注目したい。ソクラテスがテアイテトスを認知する場面が設定され，そこからテアイテトスが登場する。ソクラテスはテオドロスに将来有望な青年はいないかと問う。テオドロスはテアイテトスを念頭において，ソクラテスにそのような青年がいることを告げ，テアイテトスのことを詳しく語る。素

質はすばらしいが，ただ容貌だけはソクラテスに似て，出目で獅子鼻だという。その時テオドロスは向こうから歩いてくる3人の若者の中のまん中の青年がそうだと言う。この青年を見てソクラテスは，「知っている」と言う。しかしソクラテスはテアイテトスという名前は知らない。彼が名前を知っているのはテアイテトスの父親である。その息子としてソクラテスは彼を同定する。そして，テアイテトスが本当にテオドロスの言うような有望な成年であるかどうかは，問答を通して検討しよう，というところから対話編がはじまる。

　これは象徴的な書き出しである。ソクラテスはテアイテトスの素質等，様々なテアイテトスの記述をテオドロスから提供されていたが，その記述によってテアイテトスを同定したわけではない。それとは別にテアイテトスを同定可能な仕方で知っており，「対象把握」できていたために見てわかったのである。それが，彼について語り合う会話のはじまりである。われわれは，対象について詳しい記述を他者から聞いたとしても，その記述のみから対象を同定するわけではない。われわれは，まず記憶に基づいて成立する「対象把握」にしたがって対象を同定し，次にその対象に対する他者の記述が正確であるかどうかをチェックするのである。

　そして『テアイテトス』の末尾でも，これと同種の問題が設定されている。テアイテトスを如何にして認知できるのだろうか。テアイテトスの諸性質，人間であり，出目で獅子鼻であるという「ロゴス（記述）」を持っていればよいのか。しかしそれではソクラテスと同じ「ロゴス」であり，テアイテトスに対して「真なる思いなし」を持っているが「知っている」とは言えない。しかしテアイテトスを見てソクラテスだと思うわけではない。そもそも，テアイテトスの記述からテアイテトスを特定するのではなく，テアイテトスの出目と獅子鼻を見たときにテアイテトスだと思うのである。

　こうして，いわば対話編の外枠に，『テアイテトス』で検討される，「感覚」・「思いなし」・「ロゴス」すべてが示唆されている。そして，各部において知識の定義の検討が進む段階では，人物の認知の例が多く用いられている。論者は，プラトンは『テアイテトス』において，対象を認知する場面をモデルとして，対象を「何か」として把握することがどのようにして可能かを明らかにしている，と考える。そのような対象の認知に際して，

三部それぞれのテーマ「感覚」・「思いなし」・「ロゴス」は重要な役割を果たしているのである。

『テアイテトス』研究
―― 対象認知における「ことば」と「思いなし」の構造 ――

第一部

〈感 覚〉

『テアイテトス』は，古代のみならず現代にまで至る哲学的問題を扱っているがゆえに，現代でも多くの哲学者に読まれている。しかし第一部は経験論の文脈で引用されることはあっても，残念ながらあまり注目されなかった。現代においては第三部がよく話題になる。定義の循環の問題や，記述による知や命題による知の区別，論理的な原子論等，注目されることが多い。しかし第一部では相対主義の自己反駁について論争はあるが，その他の箇所についてはあまり議論されていない。しかし『テアイテトス』全体からみると，第一部は第三部の約5倍以上の紙面をプラトンは費やしており，第二部と第三部合わせても，第一部の半分強しかない。『テアイテトス』の思索において，プラトンは第一部を重視していたことは間違いなく，第二部第三部についても，第一部における議論の上に成り立っていることを忘れてはならない。本書においても，第一部〈感覚〉の解読には第二部第三部の約2倍の紙面を費やすことになった。構造は複雑で議論は難解である。しかし議論構成を丹念に分析することによって，『テアイテトス』を書く背景となったプラトンの思索を探る多くの手掛かりを見出すことができた。

　プラトンは知識の定義を探求するにあたって，まず「知識は感覚である」という定義（以後「第一定義」と呼ぶ）を検討せずに，プロタゴラスの「人間尺度説」およびヘラクレイトスに代表される「運動生成説」を導入する。プラトンが「人間尺度説」と「運動生成説」とを導入したのは，パルメニデスと対立する立場として第一定義を捉え，同じ立場に立つ「人間尺度説」と「運動生成説」とを合わせて検討する意図があったからだと論者は考える。「第一定義」は「人間尺度説」から導出され，「人間尺度説」と「運動生成説」は，パルメニデスに対峙して「それ自体一である」ものを認めないという立場に立つ。それゆえプラトンは「『それ自体一である』否定説」に与するという点において反パルメニデスという立場を一括し，「第一定義」「人間尺度説」「運動生成説」三者がその点で立場を同じくすることを論証している。プラトンは第一部前半の議論を通して，「それ自体一である」という「ことば」の使用を否定する相対主義や生成流転の世界観を根拠に「知識が感覚である」と主張する可能性を示し，第一部後半でそれらを反駁する手法をとった。

　プラトンは，まずはじめに，感覚によって個々の対象のあり様を正確に

記述することをもって「知識」とすると，対象が「しかじかである」というその記述が相対的であり流動的であるがために，知識も相対的かつ流動的である，という立場を退ける。そのような立場は，相対化されない持続的な状態を記述する「ある」は存在しない，という立場として一括され，それを崩すために，議論は展開される。その際，プラトンが手掛かりとするのは，「ことば」で個別的な対象のあり方を記述する「われわれの言語」である。「われわれの言語」が成立するための根本的な了解を問う中で，われわれが「あること」をどのような仕方で認めているのかを明らかにする。プラトンによれば，「あること」は感覚にではなく，魂がそれだけで「あること」について勘考する「思いなし」である。そして各人が〈自分（当人）の思いなしの文脈〉で「ある」と措定された対象の同一性や差異性について相互に承認することが，「われわれの言語」における意思疎通の根本了解になっていることを示唆している。

　第Ⅰ部は以下4章から構成される。
　　第一章　「知識は感覚である」という定義をめぐって
　　第二章　知識とことば
　　第三章　プロタゴラスと相対主義
　　第四章　感覚と思考

　第一章と第二章で，「それ自体一である」ものを認めない「人間尺度説」および「運動生成説」と「第一定義」との関係について分析する。この2章で，第一部の議論全体の概略を説明する。以下は詳論である。第三章では，第二章で全体の議論構成分析の中で概略的に扱った「プロタゴラスの自己反駁」の議論の細かな分析を行い，相対主義に対するプラトンの立場を明らかにする。そして第四章では，「第一定義」の直接反駁を扱い，第二部の議論との密接な関係についても言及する。

第一章

「知識は感覚である」という定義をめぐって（151d7-160d4）

　第一部の冒頭，テアイテトスは「知識（$\dot{\epsilon}\pi\iota\sigma\tau\acute{\eta}\mu\eta$）は感覚（$\alpha\check{\iota}\sigma\theta\eta\sigma\iota\varsigma$）である。(151e2-3)」と知識を定義し，（以後これを「第一定義」と呼ぶ），ソクラテスは第一定義の正否を検討する。第一部は『テアイテトス』の中で最もプラトンが紙面を費やし，複雑で入念な議論展開をする難解な部分である。第一部全体は大きく二つに分かれ，前半部（151d7-160d4）は第一定義と立場を同じくする諸説を導入する議論，後半部（160d5-187a8）は諸説および「第一定義」を反駁する議論，となっている。

　第一定義は，知識について経験主義的な態度をとる説として，哲学者の間では注目を集めてきた。また，プラトンがそのような立場に反対する際に，『テアイテトス』において中期イデア論に言及しない点については，プラトン研究者の間では見解が分かれている。議論構成が難解であるために，『テアイテトス』におけるプラトンの知識と感覚に関する思索の内実については，未だに不明な点が多い。本章の目的は，第一部前半部の議論構成を明らかにしてプラトンの思索の内実を探ることにある。

　ソクラテスは前半部で，「知識は感覚である。」という「第一定義」の正否のみを論ずるのではなく，第一定義と立場を同じくする諸説をも検討の対象にする。導入される諸説の主なものは以下のとおりである。

1　プロタゴラスが唱えた「人間は万物の尺度である」という相対主義説（以後「人間尺度説」と略記する）。
2　プロタゴラスが弟子達に秘密で教え，多くの知者が共有する説（以後「秘密の教説」と略記する）。これは二つに分かれている。
　①「何ものもそれ自体一であることはない（$\dot{\epsilon}\nu\ \mu\dot{\epsilon}\nu\ \alpha\dot{\upsilon}\tau\grave{o}\ \kappa\alpha\theta$'

6   第一章 「知識は感覚である」という定義をめぐって (151d7-160d4)

$αὐτὸ\ οὐδέν\ ἐστιν$)」(以後「『それ自体一である』否定説」と略記する)。
② 万物は運動によって「なる」(以後「運動生成説」と略記する)。
3 「運動生成説」を原理として構築した感覚のメカニズム解説, (以後「感覚論[1]」と略記する)。

　論旨を明確にするために, 予め, 本章の結論を簡潔に述べることにする。ソクラテスは「第一定義」を直接検討することを避け,「『それ自体一である』否定説」に与するという点において,「第一定義」「人間尺度説」「運動生成説」三者が立場を同じくすることを論証する。プラトンは相対主義や生成流転の世界観を根拠に,「それ自体一である」という規定を満たすものを一切認めない知識論を一括し (第一部前半), それぞれを反駁する (第一部後半)。「それ自体一である」という「ことば」の使用がどういう次元で確保できるのかを論究しているのである。本章はこのことを明らかにするものである。

I 諸 解 釈

　この箇所の解釈については, 近年 M. F. バーニエットが従来主流とされた伝統的解釈 (A説) に対峙する解釈 (B説) を提起し, 現代の研究者の注目を集めてきた[2]。伝統的解釈 (A説) は, いわゆる二世界論的なイデア論解釈を前提し, 第一部を次のように解する。すなわち, プロタゴラスの「人間尺度説」とヘラクレイトスの「運動生成説」は現象界での事象を説明するのには適切だが, 知識の対象であるイデアは感覚の対象ではないゆえに第一定義は成立しない, と[3]。

---

1) これは一般に「知覚論 (theory of perception)」と名付けられているが, 第一定義で「感覚 ($αἴσθησις$)」と訳したことに対応して「感覚論」とした。しかしこのことは, 判断以前を「感覚」, 判断を含んでいる場合を「知覚」とするような区別を意味していない。論者は『テアイテトス』では,「人間尺度説」を問題にする以上,「感覚」に何らかの意味で判断が含まれていると考えている。
2) Cf. M. Burnyeat, The *Theaetetus* of Plato, Cambridge, 1990, pp. 7-19. esp. pp. 7-10.

これに対してB説（バーニエット説）は、『テアイテトス』第一部の議論が帰謬法による第一定義の反証だと解する。つまりプラトンは、第一部前半で「プロタゴラス説」と「ヘラクレイトス説」は「第一定義」と同一であることを明らかにした後、第一部後半で、「ヘラクレイトス説」が不合理な結論を導くことを論証し、帰謬法による反証が成立したと解するのである[4]。バーニエットの見解では、「ヘラクレイトス説」が反駁されると同時に、いわゆる「プロタゴラス説」も「第一定義」も成立の余地がなくなる以上、A説のように、'現象界において'「プロタゴラス説」および「ヘラクレイトス説」が成立すると解することもできない。

『テアイテトス』には、中期『国家』のように現象界とイデア界の区別も、知識の対象はイデアであるという記述もみられない[5]。A説は中期のイデア論解釈を前提とするが、G. E. L. オーウェン以来、『パルメニデス』以降二世界論が保持されているかどうかは問題視されており[6]、中期から後期への移行期と言われる『テアイテトス』については解釈が分かれている。B説は基本的には、第一部で二世界論的イデア論は保持できないという立場に立つ。

論者は、A説については、テキストに明記されていない前提を持ち込んでテキストを解読する点は反対である。しかしB説は、第一部の議論構成を正確に捉えていないので支持できない。

第一部の議論構成の解釈について、B説は幾つかの過ちを冒しているが、その要点だけはじめに指摘しておく。まず第一にバーニエットは、前半部に登場するのは「プロタゴラス説」と「ヘラクレイトス説」だとする。しかしテキストでは、プロタゴラスは一方で「人間尺度説」を説きながら、他方「運動生成説」を含む「秘密の教説」を弟子に教えていたとなってい

---

3) Cf. F. M. Cornford, *Plato's Theory of Knowledge*, London, 1935, pp. 29-60. esp. pp. 58-59.

4) バーニエットの解釈によると、第一定義の反証は第一部の中途（183c3）で完了することになる。すると第一部最後の第一定義に対する反証（184d3-187a8）は、論理的には不必要な論証をプラトンが行ったことになってしまう。

5) 『国家』における現象界とイデア界の区別については『国家』517c8-d2 を、知識の対象については『国家』479a1-3, 479d7-9 を参照。

6) Cf. G.E.L. Owen "The Place of the *Timaeus* in Plato's Dialogues," *Classical Quarterly* N.S. 3, 1953, pp. 79-95, esp. pp. 82-86;『パルメニデス』128e5-135c4.

る以上（cf. 152c8-11），「人間尺度説」のみを「プロタゴラス説」とすることはできない。また，「秘密の教説」が「『それ自体一である』否定説」と「運動生成説」から構成されていることは，バーニエットに先立つ解釈においてすでに指摘されているにもかかわらず，両者をヘラクレイトスの思想と同一視している[7]。テキストでは，「運動生成説」は，ヘラクレイトスのみならずホメロスやエンペドクレス，エピカルモスらが支持している太古からの世界観であることが明記されており（152e1-10），ヘラクレイトス以外の思想も含まれている（cf. 179e3-7, 180c7-8）。

　第二にバーニエットは，前半部が「第一定義」「プロタゴラス説」「ヘラクレイトス説」三者の関係に終始するかのように説明し，そしてテキストに必要条件についての論証がないことを認めながらも，三者は互いに必要十分条件を満たすという意味で同一だと解している。バーニエットがその重要な典拠とするのは，「同じことに帰着する（160d6）。」という箇所であ

　　7）　バーニエットは「秘密の教説」は万物流転を説く「ヘラクレイトス説」だと単純に解釈する。彼に同調する研究者は多い。cf. M. Burnyeat, op. cit., p. 7-10, 12-19; R. M. Polansky, *Philosophy and Knowledge: A Commentary on Plato's Theaetetus*, Bucknell University Press, 1992. pp. 74; G. Fine, "Conflicting Appearances: *Theaetetus* 153d-154b," *Form and Argument Late Plato*, 1996, Oxford, pp. 105-133; Bernard Williams ed., *Theaetetus*, 1992, Introduction by Bernard Williams pp. xi. しかし，バーニエットの解釈以前は，一般に「秘密の教説」は「ヘラクレイトス説」だと解釈していない。テキストでは，「秘密の教説」はヘラクレイトスのみならず，プロタゴラス，エンペドクレス，エウリピデス，エピカルモス，ホメロス等多くの知者が同調する説，となっており，この説はヘラクレイトス個人の説とは書かれていない。プラトンは「秘密の教説」において，哲学者ヘラクレイトスの説そのものではなく，当時広く受け入れられている「運動生成により世界が成立している」という世界観を哲学的に問題化することに関心がある。キャンベルはこの点を考慮して，ヘラクレイトスの万物流転説のみならず，エンペドクレスの混合による生成論も含まれていることを示唆し，エピカルモスがヘラクレイトス的な世界観をもちながらもプロタゴラス主義者と言われていることにも言及している。Cf. L. Campbell, *The Theaetetus of Plato*, 1973, Arno Press, p36n. 3. 8., p. 39. n3., また，コーンフォードは，テキスト上プロタゴラスやホメロスの名が挙げられていることを重視し，プラトンの現象界の世界観と解した上で，「秘密の教説」の内容をテキストに即して「運動生成説」と「『それ自体一である』否定説」とに分析している。Cf. F. M. Cornford, op. cit., pp. 36-39. またマクダウエルも，「秘密の教説」について入念に議論を展開した結果，結論はヘラクレイトスの説と似ているが，プラトンが構成した議論であり，第三者の説を持ち込んだのではないとして，「秘密の教説をヘラクレイトス主義であるとラベリングすることは間違いだと思われる。」としている。cf. J. McDowell, Plato *Theaetetus*, 1973, Oxford, pp. 121-130. esp. 129-130.「秘密の教説」をヘラクレイトスの説とすることについての疑念を表明するものに D. Bostock, Plato's *Theaetetus*, 1988, Oxford, pp. 46-47. がある。

るが，これはバーニエットの言う三者の同値関係ではなく，「同じこと」は文脈上「『それ自体一である』否定説」を指している。バーニエットは，「『それ自体一である』否定説」が，この三説を関係づける重要な役割を演じていることを完全に見落としている。前半部で三説が必要十分条件を満たすような意味で同一だという論証が行われていない以上，帰謬法による反証という解釈は成り立たない。テキストの裏付けの乏しいバーニエットのこの解釈に，多くの研究者が基本的に同調しているのは[8]，論者には不可解である。

　哲学的な観点からも，ヘラクレイトスの「万物は流転する（$πάντα$ $ρεî$）」という思想とプロタゴラスの相対主義とが同じである，という解釈には無理がある[9]。少なくともバーニエットのように，論理的に同値である，とは言えない。まず，「人間尺度説」は，各人に世界が相対化されていることを説くのであって，「誰かにとって」という限定句のないもののありようを一切認めないのである。それゆえ，「誰かにとって」という限定のない万人共通の世界は，それが流動しているのであれ，静止しているのであれ，プロタゴラスには認められない。これに対して「万物は流転する」という思想は，個々人がどのように世界を認識しているかと無関係に，万人共通の流転する世界を語ることができる。たとえ，「世界はわたしにとっては常に流動していない。」と相対主義者が主張しても，その人にとっても本当は「万物は常に運動し，生成変化を繰り返している」とするのがヘラクレイトスの「万物は流転する」という思想である。つまりヘラクレイトスは，個々人において世界の在り方についての認識の異なりとは無

---

8) Cf. D. Bostock, op. cit., pp. 48-51; R. M. Polansky, op. cit., pp. 74-75; Bernard Williams ed., op. cit., Introduction by Bernard Williams. pp. x-xii; G. Fine, op. cit., pp. 105-106, 108, 116-117; M. M. McCabe, *Plato's Individual*, Princeton University Press, 1994, pp. 133-161. esp. p. 133n4, 135-137.

9) ファインはこの点においてバーニエット解釈を批判しているが，その解決策として，「人間尺度説」の適用を感覚経験の場面とそうでない場面とに分け，彼女は感覚経験についてはいわゆるヘラクレイトス説よりに（「感覚論」よりにと言ったほうが内容的には的確）「人間尺度説」を読み，感覚経験については「人間尺度説」から相対主義的な色彩を薄めようとしている。ファインは感覚経験の場面でプロタゴラスの説とヘラクレイトスの説を結び付けることを重視するあまり，「人間尺度説」の導入部において非感覚的な判断も含まれていることに目をつむり，反駁の箇所でさらに明確になるプラトンの相対主義批判の重要性を見落としている。Cf. G. Fine, op. cit., pp. 106-107, 111-122.

関係に，世界の在り方の真相を主張しているのである。また，各人に相対化された世界は必ずしも常に運動変化している必要はない。「人間尺度説」は，「この風は，この5分間変わらず，私にとって冷たい。」と言うことを妨げない。さらに，万物が常に運動し生成変化を繰り返し，同一性がないとするならば，認識する主体，すなわち「私にとって」あるいは「あなたにとって」と相対化する際の「私」や「あなた」の同一性が確保できなくなる。つまり，相対主義に立つ場合，各人に相対化された世界は変化していても構わないが，認識が成立する認識主体の同一性は確保しなければならない。ところが「運動生成説」では，個々人の身体的状態（感覚器官や脳の状態も含めて）が絶えざる変化を繰り返しているとする以上，認識主体としての同一性を確保することができない。

重要なのはプラトンのテキストである。われわれは，第一部の議論構成を明らかにすることを通して，A説でもB説でもない第三の道をゆくことになる。

II　第一定義の提示

例示による定義の難点を指摘した後，ソクラテスは，無理数の定義のように全体を一括して定義するようテアイテトスを促す（151d3-6）。テアイテトスは，ソクラテスの言葉に従い（151d7-e1），「知識は感覚である（第一定義）」が'（よいと）思われる[10]'と言う（151e1-3）。その際テアイテトスは，第一定義を次のような仕方で提示している。

T1　何かを知っている人は，知っている当のものを感覚している（151e1-2）。
T2　知識は感覚に他ならない（151e2-3）。

---

[10] ギリシャ語では'$δοκει μοι$'（$φαίνεσθαι$）が使われている。単に「ふと思い浮かぶ」という意味ではなく，知識の定義として適切であるとテアイテトスは考えている，という意味である。この後の議論で，テアイテトスの思いなし（$δόξα$）の真偽をソクラテスとの問答で確かめようとしていることは重要である。

T1での「知っている（ἐπίσταται）」という言葉は，T2での「知識（ἐπιστήμη）」という言葉にそのまま移行している。第一定義で問題化されている「知識」とは，真なる命題の集合あるいは学問の体系を指すのではなく，「知っている」ということ自体を抽象名詞に言い替えた表現である。つまり，「知っている」ということを問題化し，それは「感覚する」ということである，とテアイテトスは主張しているのである。すなわち，われわれが「知っている」という言葉を使う際には，知っている当の対象を「感覚している」と言い替えることができる限りにおいて，「知っている」と「知らない」との分別の基準が成り立つと考えるのである。それゆえテアイテトスは，われわれが「知っている」という仕方で事物と関わる際の際立った特徴を，その事物を「感覚している」状態のうちにみていることになる。

　われわれは，感覚していることについて「知っている」という言葉を使う場合，そのことに誤りがないというある種の確信を持っている。その種の確信は，他ならぬ私が感覚しているというその直接性に起因する。この直接性に起因する確信が，当の事柄を「知っている」と言わせる根拠となっている。他人が感覚した事柄についても信頼を置くのは，感覚する際に，われわれは感覚経験の直接性に伴う不可訂正性を相互に認めているからである。そして，われわれがこの種の確信をもつのは，五感に対応する直接的な感覚に限らない[11]。このような立場を明確にしているのがプロタゴラスであり，このような意味でテアイテトスはプロタゴラスと同じことを言っているのである。

III　「人間尺度説」

テアイテトスが「第一定義」を提示すると，ソクラテスはそれが「知識に関する容易ならぬ説（λόγον οὐ φαῦλον）」であり（151e8-152a1），プロ

---

11)　『テアイテトス』の議論展開からすると，第一部では，感覚や思いの直接性に起因する確信が，真であることの根拠たりえるかが問われ，最終的に退けられる。そして第二部，第三部では，そのような直接性ゆえに，確信を伴う思いなし（ドクサ）を持っていることは，「知っている」ために必要な要件として議論が進められることになる。

タゴラスもまたその説を主張しているが（152a1），「別の仕方で（τρόπον δέ τινα ἄλλον），それら同じこと（τὰ αὐτὰ ταῦτα）を語っている（152a1-2）」という[12]。そしてソクラテスは，「人間尺度説」を導入する。ソクラテスは書物からの引用としてMを示し，それをM'のような仕方で解釈する。

 M 万物の尺度は人間である，「『ある』ことについては（τῶν μὲν ὄντων）『ある』ということの（ὡς ἔστι）」（尺度は人間であり），「あらぬ」ことについては「あらぬ」ということの（尺度は人間である）(152a2-5)。

 M' 個々の事物が私に現われるような仕方で，個々の事物は「私にとってある（ἔστιν ἐμοί）」。またあなたに現われるような仕方で，「あなたにとってある」。そして人間とはあなたと私である（152a6-9）。

M'では，「誰かに現われる（τινι φαίνεσθαι）」という「現われ」を記述する部分と「誰かにとってある（τινι εἶναι）」という「存在」を記述する部分とが等値で結ばれている。つまり「現われ」と「存在」とが一対一対応しているのである。換言すれば，相対的な存在に符合する仕方で，相対的な認識が成立する，と説くのである。したがって，M'は，「現われ」から独立に「ある」と語りえるような世界が客観的に成立している，とする立場を退けなければならない。

ソクラテスは，次に具体例をあげてこのことを説明する。すなわち，同じ風が吹いていて，われわれのある人は寒く，ある人は寒くない。またあ

 12）論理的に「感覚は知識である。」というテーゼが「人間尺度説」と同じことを言っている，と理解することはできない。知識の源泉は感覚経験であるとする立場は，経験論をとる哲学者の多くが主張するところであるが，それらの哲学者がみな相対主義的な認識論をとっていたとするのはあまりに乱暴である。他我の成立を一切認めずに，独我論を説く場合にも「知識は感覚である。」と主張することも，また，ある公共的な了解が成り立つ世界を認めた上で，「知識は感覚である。」と主張することも可能であろう。プラトンが諸説を「同じ」という言葉を用いて関係づける場合，単純な論理的な同値関係だと考えるのは早計である。第一部前半全体の文脈から考えると，「『それ自体一である』否定説」に立つという意味で「同じ」ということを念頭において書かれたと論者は考える。

る人は少し寒く，ある人はひどく寒いということがある (152b2-4)。いわゆる「相反する現われ」の事例である。これに対して，対立する二つの世界観がある。

X 「風それ自体（$αὐτὸ ἐφ' ἑαυτοῦ τὸ πνεῦμα$）」が冷たい，あるいは冷たくない (152b6-7)。
Y （風は）寒い人には冷たく，寒くない人には冷たくない (152b8)。

ソクラテスとテアイテトスは，「知者プロタゴラスに妄言はあるまい (152b1)」としてプロタゴラスに従い (152b1-2, b7-8)，Yに立って議論をすすめる。Yは，風の冷たさは各人に相対的にのみ「ある」という，いわば相対的なあり方のみを認める立場である。すなわち，風の冷たさは，感じる人によって異なったあり方をしている以上，必ず「各人にとって」という限定句をつけて相対化しなければならない。この例示では，風そのものの存在については何ら問題にされず，風の可感的性質のみが問われている。そして，これ以降も「人間尺度説」では，可感的性質等，述定されることがらについてのみ「ある」とする。それゆえ「人間尺度説」における「ある」には，何らかの述語（F）を補わなければならない。するとYは「当人にとってFである」と一般化することができる。これはM'を主張するための前提である。事物のあり方はすべて相対的であるがゆえに，「Fである」と限定抜きに述定することを認めず，「当人にとってFである」と相対化して述定することのみを認めるのである。

これに対して，各人への現われが事物のあり方をそのまま映しているのでなく，各人への現われとは独立に客観的な事実が成立しているという別の立場もある。そのような立場に立てば，各人にどのように現われていようが，それとは独立に「風『それ自体（$αὐτὸ ἐφ' ἑαυτοῦ$）』」が冷たいという在り方をしていることを認めることになる (152b6-7)。この場合には，各人がその「冷たさ」を感知できないこと，つまり誤って風の性質を判断することもありうることになる。これがXの立場である。われわれはこれを「『それ自体Fである』世界観」と呼ぶ。

『テアイテトス』第一部は，この相対立する二つの立場の緊張関係から始まる。プラトンはここでは「人間尺度説」を支持しているわけでも，そ

の正否を議論しているわけでもなく[13]，ここでは論理的関係のみを問題にしている。プロタゴラスの言に従い，「人間尺度説」に立つならば，「それ自体Fである」を否定して「当人にとってFである」という世界観に立たなければならない，とプラトンはいうのである。

IV 人間尺度説と第一定義の関係

ソクラテスは，人間尺度説を導入した後，それから第一定義が導出できることを以下のような問答を通して論証する（152b10-c7）。

  ソクラテス 各人にそのように（冷たくあるいは冷たくなく）現われるのだね。
  テアイテトス はい。
  ソクラテス しかるに「現われること」は「感覚すること」なのだね。
  テアイテトス そうです。
  ソクラテス したがって，暑さやそのような類のことすべてにおいて，「現われ」と「感覚」とは同じである。なぜならば，各人が感覚している通りに，各人にとってそのようにある，ようなのだから。
  テアイテトス そのようです。
  ソクラテス したがって感覚は，「ある」ことの感覚であり，誤りなきものである，知識がそうであるように。

論証の構造は次のとおりである。
 まず，人間尺度説M'において，現われが「各人に」であったことを確認し（152b10-11），そして「現われること」は「感覚すること」であることにテアイテトスが同意する（152b12-13）。五感で感覚可能な諸性質（可感的性質）が「誰かに現われている」という事態は，誰かが可感的性質を

---

 13) このような立場の正否についてプラトンは，第一部後半で論じる。『テアイテトス』168c8-179d5 を参照されたい。

IV 人間尺度説と第一定義の関係

感覚していると記述することができる。ここで注意すべきことは，感覚者が不在の現象を「現われ」としては認めていないことである。人間尺度説M'では，「現われること」は「誰かに現われること」以外ではない。IIIで確認したとおり，人間尺度説によれば，事物は感覚者に相対的にのみ記述可能である。誰かが感覚しない限り，その風の冷たさは現われず，その存在について語れないのである。つまり，各人への現われのみが事物の在り方を正確に捉えているとする以上，各人の感覚から独立に「風それ自体」が冷たいか冷たくないかを語ることそのものを否定しているのである。

それゆえ「それ自体Fである」という世界観を否定するという前提の下ではじめて，「各人に現われる」という表現は「各人が感覚する」という表現に変換可能となり，「各人が感覚している通りに，各人にとってそのようにある（152c2-3）」，と言えるのである。その際「感覚している」事柄は，冷たい・暑い等，感覚者のみが知りうる事柄である（152c1-2）。そして，これらの性質に関する判断が相対的にのみ成立することを前提している以上（『各人にとってFである』世界観），感覚している内容は真であり，誤りなきことになる。

そこでソクラテスは次のように言う。

> したがって，感覚は「ある」ということに関わり，誤りなきものである。知識がそうであるように（152c5-6）。

「人間尺度説」によれば，各人の「感覚」は「ある」という「ことば」を用いて事物のあり方を正確に捉えるものであり，その内容は真であり誤りがない。他方「知識」とは，「ある」という「ことば」を用いて事物のあり方を正確に語るものであり，その内容は真であり誤りがない。そして，ここから「知識は感覚である。」という第一定義を導くことができる。

ここで確認すべきことは，論証の構造上，第一定義でいう「感覚」は各人に現われるものであり，「各人にとってFである。」という相対的な仕方で記述される以上，「第一定義」でいう「知識」も各人に現われるものであり，知識の内容は「各人にとってFである。」と表現される。つまり，人間尺度説を前提して「第一定義」を主張するならば，「知識」は相対的

であり，真理が相対的であることをも認めることになるのである。したがって，事物は「aにとってFである。」以外の仕方では語られず，相対化せずに「Fである。」と事物を規定することを認めないことになる。

　議論の筋道を確認すると，Ⅲで確認した通り，「人間尺度説」は，「それ自体Fである」という世界観（152b6-7）を排して，「当人にとってFである」という世界観（152b4）に立っている。それゆえ，「人間尺度説」をよりどころに「第一定義」を正当化する場合，「知識」とは誰かに「現われる」ものであり，相対的なものになる。目撃者不在の事実も，「現われ」が「事実」と異なる可能性も一切認められない。換言すれば，私に現われているということが実在性および不可謬性の根拠であり，それが「知識」たりうるゆえんなのである。

　プラトンはここで，「人間尺度説」を前提して「第一定義」を正当化する議論を展開しているが，ここでは論理的関係のみしか問題にせず，人間尺度説の正否は議論されていない[14]。この議論で重要なことは，「第一定義」も「人間尺度説」も，「『各人にとってFである』世界観」と相入れない「『それ自体Fである』世界観」を排除することを前提にしているという点である。

V　秘密の教説

ソクラテスはテアイテトスに次のように言う。「カリスにかけて，プロタゴラスはまったくの知者だ。そしてこのことを，われわれ大衆には謎めいた仕方で話し，他方で弟子達には真理[15]を秘密裏に語ったのだ（152c8-11）[16]。」つまり，プロタゴラスは大衆向けに「人間尺度説」を語りながら，

　14）　第一部後半で，プラトンは人間尺度説を反駁することにより，人間尺度説を根拠に第一定義の正当性を主張する道を塞ぐのである。

　15）　「真理（$\alpha\lambda\eta\theta\epsilon\iota\alpha$）」という表現が，プロタゴラスの著書『真理（$\text{A}\lambda\eta\theta\epsilon\iota\alpha$）』を暗示しているとする解釈がある。Cf. Campbell, op. cit., p. 36. しかし文脈上無理である。テキストではプロタゴラスの著書に「人間尺度説」が書かれていたことをテアイテトスはすでに確認しており，それとは別の内容を特別に弟子にのみ教えていたことになっている。「秘密の教説」はそれ自体，プロタゴラスのものであるかどうかすら疑問である。cf. McDowell, op. cit., pp. 121-122.

弟子たちに秘密で真理を語った。そして，その秘密の真理は次のような内容の「実に容易ならぬ説 (152d1)」である。これを「秘密の教説」と呼ぶ。「秘密の教説」は二つの部分 (1, 2) に分かれ，それぞれ同じ構成になっており，対応している (①, ②)[17]。

1 「それ自体一である」否定説 (152d2-6)
　① 【原理命題】(152d2-3)
　　「何ものもそれ自体一であることはない ($ἐν\ μὲν\ αὐτὸ\ καθ'\ αὐτὸ\ οὐδέν\ ἐστιν$)。」
　② 【言語】(152d3-6)
　　・あなたは，何であるとも，どのようであるとも，正確に「対象を規定する ($προσείποις$)」ことができない。
　　・もし，あなたが「大きい」と「述定する ($προσαγορεύῃς$)」ならば，「小さい」とも現われ，もし「重い」(と述定する) ならば，「軽い」とも (現われる)。あらゆるものは同様である。何ものも一であることも，何かであることも，どのようかであることもないのだから。

2 「運動生成説」(152d7-e1)
　① 【原理命題】(152d7-8)
　　すべてのものは，移動や運動や相互の交わり「から ($ἐκ$) なる ($γίγνεται$)」。
　② 【言語】(152d8-e1)
　　・それらすべてのものをわれわれは「ある ($εἶναι$)」と言っているけれども，われわれは正しく述定していない。
　　・なぜなら，何ものもいかなる時においても「ある」のではなく，

---

16) プロタゴラスが実際に弟子達に教えたという事実はなく，これはプラトンの創作であると多くの論者が考えている。Cf. Burnyeat, ibid., p. 12; Bostock, ibid., p. 44.

17) バーニエットの解釈が提示される以前に，「秘密の教説」が二つの部分に分かれていることは指摘されていた。Cf. F. M. Cornford, op. cit., pp. 38-39. しかし，バーニエットの解釈以降，両者を区別せずに論じるようになってしまった。Cf. D. Bostock, op. cit., pp. 48-51; R. M. Polansky, op. cit., pp. 74-75; Bernard Williams ed., op. cit., Introduction by Bernard Williams pp. x-xii.

常に「なる」のだから。

「それ自体」という表現を「各人にとって」という限定句によって相対化することを拒む表現とすれば[18]，「『それ自体一である』否定説」は，明らかに，Ⅲで提示された「『それ自体Fである』世界観」と対立する。なぜなら，「『それ自体Fである』世界観とは，「(風) それ自体 ($αὐτὸ\ ἐφ'\ ἑαυτοῦ\ τὸ\ πνεῦμα$)」が「Fである（冷たい）」，ということを認める立場であり (152b7-8)，「『それ自体一である』否定説」はそれを認めない立場だからである。それゆえ，プロタゴラスが弟子達に秘密で教えた「『それ自体一である』否定説」を，「『それ自体Fである』世界観」と相対立する「『各人にとってFである』世界観」に立つ説として理解することは文脈上ごく自然である。その場合「一（である）」という表現が加わっているのは単なる強調でしかない。

しかし1のテキストは，相対主義を説くためには不可欠な「各人にとって」という限定句を欠いている。「人間尺度説」を念頭に置き1①を読むならば，1②で「現われ」について言及する箇所に「各人にとって」という限定句がないことは不可解である。もっとも，限定句が省略されていると解すれば問題なく，「それ自体」という意味内容が相対化との対比であることは，議論展開からすると自然である。それゆえこれに先立つ議論との連続性を重視するならば，「『それ自体一である』否定説」は相対主義の文脈で理解するべきである。

ところが，これまでの議論展開を度外視して，1と2を関連づけて読むと，1の「『それ自体一である』否定説」を主張する理由を，2の「運動生成説」が与えていると解することができ，そうなると「『それ自体一である』否定説」は全く別様に解釈できる。つまり，あらゆるものが，運動

---

18) 正確に言えば，「それ自体」という表現に含まれる前置詞は異なっている。第一部前半では，相対主義の文脈では '$αὐτὸ\ ἐφ'\ ἑαυτοῦ$' が使われ，感覚論において感覚者（感覚器官）との相関関係で感覚対象の性質規定が決まるという文脈では $αὐτὸ\ καθ'\ αὑτό$' が用いられている。前置詞の相違は，相対化に相対するものと相関関係に相対するものとの違いをこの微妙な表現でプラトンは区別していると論者は考えている。詳しくはⅤを参照されたい。しかしいずれにしても，限定ぬきに「ある」ということを意味しているという点では共通である。

V　秘密の教説

によって「なる」のであるから,「一でありつづける」というものは何一つない, と解するのである。この場合には,「一（である）」という表現は非常に重要になるが,「それ自体」という表現は, 相対主義の文脈とは無関係に単なる強調で付加されたものになる。

このように「『それ自体一である』否定説」は, これまでの議論との連続性を重視して「人間尺度説」との関連で解釈することも, ここで新たに2で導入される「運動生成説」と関係づけて解釈することも可能なのである。プラトンは,「『それ自体一である』否定説」と「運動生成説」とを, 付加された事柄（「運動生成説」）を以前の文脈と対比させて強調することを鮮明にする順接の接続詞（δὲ δή）で結んでおり（152d7）[19], 1と2の間にも微妙な緊張関係を示唆している。「『それ自体一である』否定説」が, 文脈上このような二義性を担う理由について, さらに1と2の内容を考察してみよう。

1は否定命題のみで構成される。1①は,「何ものもそれ自体一であることはない」といういわば存在についての原理命題である。1②は, 1①に対応するわれわれの述定のあり方を, われわれが経験する「相反する現われ」を通して, 原理命題に関連づけて説明する。

これに対して2は, 否定命題ではない。2①は, 1①同様原理命題であるが, 否定的な内容ではなく, 万物がさまざまの運動から「なる」という世界のあり方についての主張を含んでいる。そして2②は, 1②と同様, 2①に対応するわれわれの述定のあり方を原理命題と関連づけて説明する。このように1と2とは対照的に構成されている。

次にその内容を検討する。まずそれぞれの原理命題, ①を比較する。事柄自体として, 1①と2①は同義ではない。1①は否定命題であり, 肯定的な主張は含んでいない。「それ自体一である」という規定を認めない人であれば, その肯定的な主張内容が何であれ同意するテーゼである。例えばヘラクレイトスであれば, 万物流転の世界観に基づいて1①を主張するであろうが, プロタゴラスであれば,「人間尺度説」に基づいて1①を主張するだろう。したがって「『それ自体一である』否定説」にはそもそも複数の解釈が可能であり, 2①は「『それ自体一である』否定説」の唯一

---

19) Cf. Denniston, *The Greek Particles*, p. 460.

の解釈ではないのである。

　1②についても，相対化を示す限定句がないので，同様に二義的に解釈できる。1②は，相対的な仕方でしか事物を規定できないという理由で主張することもできるが，2①のように万物が絶えざる生成変化を繰り返すという理由で主張することもでき，それ以外の理由で主張することも可能である。また，相反する現われについても同様に，「わたしにとって重い」ものが「あなたにとっては軽い」というように相対主義的に理解することもできるが，「重かったものが軽くなる」というように重さの変化として理解することもできる。

　このように，「『それ自体一である』否定説」は複数の解釈が可能である。「運動生成説」は「『それ自体一である』否定説」の一つの解釈ではあるが，唯一の解釈ではない[20]。「人間尺度説」も同様である。それゆえ，両者は同義とはいえず，論理的には同値ではない。

　それではなぜプラトンが，「『それ自体一である』否定説」と「運動生成説」とを「秘密の教説」として一つに扱ったのであろうか。プラトンは，秘密の教説をプロタゴラスの秘密の教説として導入するが，すぐさま，ヘラクレイトス，プロタゴラスのみならず，エンペドクレス，エピカルモス，ホメロスら，パルメニデスをのぞくすべての知者が同調している説と位置づけている（152e1-10）。プラトンがここで意識しているのはむしろパルメニデスであって，パルメニデス対反パルメニデス論者という構図がその背景にある。それゆえ，「秘密の教説」を構成する二つの説1「『それ自体一である』否定説」と2「運動生成説」の否定（1'2'）はそれぞれはパルメニデスの立場を端的に示している[20]。

　1'「それ自体一であるものがある。」
　2'　運動も生成もない。

このように，「秘密の教説」はパルメニデスの思想に反対する，という一点において立場を同じくする人々の包括的なテーゼであって，一人ヘラクレイトスの説ではない。「秘密の教説」は，第一部前半では常に複数の知

　20）Cf. Diels-Kranz, *Die Fragmente der Vorsokratiker*, Berlin, 1952-4, 28B2, 28B8.

者が標榜する説として紹介されており，第一部後半で，反パルメニデス派とパルメニデス派の対立に言及していることからも (cf. 180c7-181b5)，プラトンが両派の対立構図を念頭において議論していることは明らかである。われわれは次に，「『それ自体一である』否定説」と「運動生成説」とを個々に詳しく見ていくことにする。

§1 「『それ自体一である』否定説」

「『それ自体一である』否定説」は，第一部に登場する諸説を関係づける要所に必ず登場する (152b6-7, 152d2-3, 157a8-b1, 160a9-c1)[21]，第一部後半，諸説の反駁の最終段階にも登場する[22]。「『それ自体一である』否定説」は第一部前半でも極めて重要な位置に置かれており，プラトンにとって重大な意味を持っていたことはまず間違いない。しかし残念なことに，今までの解釈はこの重要な点を見落としていた。

マクダウェルは，プロタゴラスが秘密の教説を導入した経緯を重視して，「『それ自体一である』否定説」を「人間尺度説」の結論として解する。すなわち，「誰かにとってFである。」と語るべきであるがゆえに，端的に「Fである」と語ることはできないと解し，「『それ自体一である』否定説」を「運動生成説」から区別する。しかしこのように解すると，「『それ自体一である』否定説」と「運動生成説」との関係づけが難しくなる。

これに対してバーニェットは，「『それ自体一である』否定説」と「運動生成説」と同一視して解釈する。つまり，万物は運動するがゆえに静止していないということと同義に「『それ自体一である』否定説」を解するのである。しかしこのように解すると，「人間尺度説」とのつながりは跡絶え，プロタゴラスが秘密の教説を「『それ自体一である』否定説」として弟子に教えるという経緯の説明はつかない。プラトンがこれをプロタゴラスもヘラクレイトスも支持している説として提示している以上，「『それ自体一である』否定説」は，両者の説を包含するような説と解さなければな

---

21) この点については，マクダウェルが別の観点から入念な議論を展開している。Cf. J. McDowell, op. cit., pp. 121-130.

22) 後半部では一箇所のみ (182b3-4) である。これは通常「万物流動説」に対する反駁だと解されているが，議論構造上これは「『それ自体一である』否定説」に対する反駁である。

らない (cf. 160d6)。

　バーニエットが「『それ自体一である』否定説」と「運動生成説」とを同一視するような無理な解釈をとらざるをえなくなった最大の理由は，「『それ自体一である』否定説」が否定命題で複数の解釈が可能であるにもかかわらず，一義的に解釈しようとしたからである。「『それ自体一である』否定説」は，「人間尺度説」からも，「運動生成説」からも支持することができ，また別の立場から支持することも可能である。「秘密の教説」の支持者がパルメニデスを除く多くの人々，となっていることは重要である。「『それ自体一である』否定説」はパルメニデス説を受け入れない複数の人々の複数の立場を否定命題で包括するテーゼであり，それゆえ多様な複数の立場を内含しているのである。

　それではプラトンは，「『それ自体一である』否定説」に対してどのような立場に立っているのだろうか。第一部後半でソクラテスは，ヘラクレイトス派とパルメニデスとの中間に来てしまったと言う (181e5-6)。つまりプラトンは，「秘密の教説」には与しないが，パルメニデスとも距離をおいているのである。二世界論的イデア論は，いわば生成流転の世界観と永遠不動の一者との緊張関係のなかで構築されたという見方は哲学史の解釈として定着している[23]。他方，プラトンの中期では，「それ自体一であるもの（$αὐτὸ\ καθ'\ αὑτο\ ἕν\ ὄν$）」という表現はイデアを意味する，いわゆるテクニカルタームである[24]。プラトンは中期には「それ自体で一であるもの」としてイデアを立てる一方，事物の運動生成という現象を認める立場をとっている，と一般に解されている。

　中期から後期の間に位置するとされる『テアイテトス』には，この表現を用いてイデアに言及する箇所はない。しかしプラトンが中期でイデアを指した表現を『テアイテトス』で無頓着に使用することはまず考えられない。しかも，「人間尺度説」を正当化する一つの根拠となる「相反する現われ」は，中期では，プラトンがイデア論を立てる際に重要な役割を果たしており，それは，現象界との対比という点よりもむしろ，相反する述語づけの場面がまさに問題になっている[25]。「『それ自体一である』否定説」

---

[23] アリストテレス『形而上学』I, 987b4-10 およびプラトン『国家』517c8-d2 を参照。
[24] プラトン『パイドン』78d1-7, 『国家』479a1-3 を参照。

は「何ものもそれ自体一であることはない（ἓν μὲν αὐτὸ καθ' αὑτὸ οὐδέν ἐστιν）。」と説き,「それ自体で一であるもの（αὐτὸ καθ' αὑτὸ ἓν ὄν）」という規定を満たす対象は存在しない, と主張する。これを「人間尺度説」に立って解釈すると, あらゆる事物は相反する述定が可能である, ということになり,「運動生成説」に立つと「それ自体で一であるもの」を想定せずに世界について語れないということになる。つまり, それがイデアであれ何であれ,「それ自体で一であるもの」という規定を満たす対象を立論することそのものがここでは問題になっており,「人間尺度説」と「運動生成説」はそのようなものを立論することそのものに反対するのである。イデアを立てる際の問題点は, 中期の『パルメニデス』ですでに指摘されている[26]。しかしそれは無限後退等, いわゆる形式的な難点であった。「『それ自体一である』否定説」を主張する論者達は, 形式的な問題を議論する以前に, そもそも「それ自体で一であるもの」という規定を満たすものを立論しなくても, 世界の在り方を正確に語ることができ, 知識が成立する, と主張する。『国家』以降, プラトンがイデア論をなお正当化する道を探っていると解する場合にも, イデア論を再考し新たな論を立てようとしていると解する場合にも, プラトンが『テアイテトス』で「それ自体で一であるもの」を立てることそのものを問題にし, それと相対する議論を検討することは, ごく自然な成り行きだと考えられる。

§2 「運動生成説」

「運動生成説」はプロタゴラス, ホメロス, エンペドクレス, エピカルモスらパルメニデスをのぞくすべての知者に支持されている説であり, ヘラクレイトスの説として紹介されていないことは既に述べた。ここでは, その内容を確認する。プラトンは「運動生成説」を支持する知者を「ホメロスが率いる軍勢」と言い替え（153a1-2）,「運動生成説」を次のように動と静との対比によって言い替えている（153a5-7）。

---

25) この点については, 以下の中畑論文から多くを学んだ。中畑正志「相反する現われ——イデア論生成への一視点——」『プラトン的研究』1993 年, 九州大学出版会, pp. 81-100 を参照されたい。

26) プラトン『パルメニデス』128e5-135c4 および『国家』597c1-d4 を参照。

① 「ある」と思われていること，すなわち「なる」ことは，動がこれを供給する。
② 「あらぬ」（と思われている）こと，すなわち「なくなる」ことは静がこれを提供する。

「運動生成説」は動のみに言及してきたが，ここでは消滅するプロセスを代表する概念として，静にも言及している。ここでも同じ「運動生成説」を定式化していることはテキスト上自明である以上，「運動生成説」は②を含意していることになる。

続いてソクラテスは，「運動生成説」を裏づける具体例を挙げる（153a5-d5）。熱や火の例，動物が運動から発生するという自然の生成の例に続いて，人間の身体と魂まで論は拡張され，動は善，静は悪，という価値判断にまで及ぶ。すなわち，身体の状態は体育によって動かすと保全されるが，静止させて用いずにおくとだめになる（153b5-8）。魂の状態も，動である学習や研究によって学識を得て保全され，優れた状態になるが，静によって学習も研究もしないでおくなら，何も学得することはなく，また，いったん学得したものも忘却することになる（153b9-c3）。それゆえ，動は魂の方からいっても身体のほうからいっても善きものであるが，静はその反対である（153c4-6），というのである。そして，動は世界を維持するが，静は，無風や凪にみられるように，腐敗や滅亡を引き起こす（153c7-9），という枠組みが登場する。そして最後にホメロスの言を引いて，太陽が万物を保全しているのであり，太陽が静止すればすべては崩れる（153c9-d5），と結ぶ。

このように「運動生成説」は，善きものである運動により世界が成立し，悪しきものである静止は世界を滅ぼす，という一般論であり，ホメロス以降多くの知者の権威と，幾つかの経験的な事例によって裏付けられている。それゆえ「運動生成説」は，存在するものは「ある」のではなく「なる」と説き，静止しつづけ存在しているものを認めない。そのような意味において，「運動生成説」は「『それ自体一である』否定説」を支持する。

一方，ヘラクレイトスの「万物は流転する（πάντα ῥεῖ）」という思想は，動を世界の構成原理とし，静を否定するという意味で「『それ自体一である』否定説」を支持する。それゆえヘラクレイトスは，「秘密の教説」

を信奉する知者の系譜に属するが，「秘密の教説」も「運動生成説」もヘラクレイトス個人の説とは言えない。

　他方，第一部後半で言及されるヘラクレイトスの学徒の説は，静止を一切否定しているとプラトンは解している (179d6-180a3)。これは消滅へ向かう原理として静を認める「運動生成説」とは，厳密に言えば内容を異にする。それゆえ第一部後半でソクラテスは，「運動生成説」を「動くものを『ある』ものとする説」と言い替え，「ヘラク・レイ・トス・ではなく，ホメロスとか更になお古い時代の誰かに帰されるべき説 (cf. 179e3-7)」であるという。そして，その説の真意を理解する課題が「われわれは大昔の人々（知者）から伝えられており (180c8)」，「大昔の人々（知者）は詩の形式を用いることによって，『オケアノスとテチュスとがそれ自らを除く他の一切を生産するものであるが，この両者はまさに流れ従って何ものと言えども静止しているものではない』という自分たちの考えを大多数の者には気付かれないように隠していた (180c8-d3)。」とプラトンは書いている。

　このように「運動生成説」は多くの人が共有する一般論であり，ヘラクレイトス個人の哲学的な思想そのものではない。

VI　感　覚　論

§1　「人間尺度説」と「運動生成説」との関係

　さて，ヘラクレイトスが「秘密の教説」に如何なる仕方で与するかは明らかになったが，プロタゴラスはどうか。われわれはV§1で，プロタゴラスが相対主義的な観点から，「『それ自体一である』否定説」に立つことを明らかにした。しかしそこで確認したとおり，「人間尺度説」は相対主義的に解釈した「『それ自体一である』否定説」を含意するが，「運動生成説」を含意しない。ところが「運動生成説」を支持する知者の中にプロタゴラスも挙げられている。これは注目すべき点である。プラトンはなぜ，プロタゴラスが弟子達に秘密で「運動生成説」をも教えたとするのか。この問いに対する答えは，これ以降の難解な箇所の解釈とかかわる。論旨を

明確にするために，あらかじめ論者の解釈を述べ，その後，テキストの議論にそって論証するという手順を踏みたい。

　プラトンは，「知識は感覚である」という第一定義がプロタゴラスの「人間尺度説」から導出されることを示し，両者が「当人にとってFである」という世界観に立つことを示した。「当人にとってFである」という世界を認知するためには，これを基礎づける存在論が必要である。つまり，各人に相対化された仕方で事物が実際に存在し，それと符合する認識が成立していることを説明しなければならない。感覚経験でいえば，事物の可感的性質はすべて感覚者に対してのみ決定し，決定した通りに感覚できるのは各感覚者のみである，ということが存在論的に基礎づけられないと，各人の感覚は知識であるとは言えないのである。

　しかしながら，「人間尺度説」を信奉するプロタゴラスは，自分に相対化された世界については語れても，万人の世界について語れない。相対主義的な認識論は，たとえ自説の正当化のためであっても，万人の感覚の成り立ちについて，一般的な仕方で語ることはできない，これはプロタゴラスの自己反駁につながる哲学的に重要な点である。プラトンが，「『それ自体一である』否定説」と「運動生成説」とをプロタゴラスが弟子達に密かに語った「秘密の教説」とするのには深い意味がある。つまりプロタゴラスは，万人の世界の有り様について，「プロタゴラスにとって」という視点を外して語ると「人間尺度説」と明らかに矛盾してしまうので，万人にとって世界がどうあるかについては公に語れないのである。だから万人の世界の有り様については，密かに弟子達にのみ語ったのである（152c8-11）。

　そこでプラトンは，「運動生成説」を原理として感覚対象の性質規定が感覚者に対してのみ決定する，という世界の有り様を「感覚論」という形で記述し，それをプロタゴラスが受け入れるかのように議論を進める。ここに感覚の場面でプロタゴラスと「運動生成説」との接点を作ろうとするプラトンの意図がある。しかしながら，先に確認したとおり，「人間尺度説」と「運動生成説」とは互いに独立であり，哲学的には異なった性格の説である。両説は，反パルメニデスという一点でプラトンによって意図的に結び付けられている。「人間尺度説」には存在論的な基礎づけが必要であるが，それを「運動生成説」が行う必然性は全くない。それゆえ「感覚論」が体現する世界像は，一見相対的なもののあり方を説明するように見

えるが，実際は「人間尺度説」とぴったり符号しないのである。それでもプラトンは，「感覚論」に修正を加えながら，「『それ自体一である』否定説」を通して「人間尺度説」と「運動生成説」とを強引に近づける。そこには，「人間尺度説」と「運動生成説」とを「『それ自体一である』否定説」を支持する説として，感覚の場面で結び付けようとするプラトンの強い意図が読み取れる。

それでは，テキストにそって議論展開を追うことにする。「運動生成説」が様々な例示によって，動は世界を維持し静は消滅へと向かう，という一般論を展開した直後，プラトンはこの「運動生成説」を色に適用する。

> 眼に関係したことなのだが，白色と君が呼んでいるものは，それ自体で君の眼の外に何か別個のものとしてあるのではなく，また君の眼の中にあるのでもない。そして，君はこれに対して何か特定の場所を考えたりしてはいけない。そうすれば，もうそれはどこかの場所で一定の配置についていて，止まっていることとなり，従って，生成のうちになりつつあるのではないということになるだろうから。(153d8-e3)

さて，身体の健康や太陽の運動が生命の保持のために不可欠である，という点には同意するとしても，色が運動しているというこの点はにわかには同意し難い。しかしこの点についてプロタゴラスの同意を得るべく，プラトンは論を進める。プロタゴラスは「『それ自体一である』否定説」を，相対主義的な観点から容認する[27]。問題はプロタゴラスと「運動生成説」との関係である。プラトンは「『それ自体一である』否定説」を前提した上で (153e4-5)，「運動生成説」に従って先の色の例を解釈する (153e5-154a4)[28]。

---

27) プロタゴラスは，万物が常に変化し，一つの規定にとどまることがないゆえに「運動生成説」を認めるわけではない。この点については，コーンフォードの指摘は正しい。Cf. Cornford, op. cit., pp. 39-40, n. 3.
28) 「今しがたの論 (153e4)」とは，運動が運動により生成するという趣旨の例示 (153a1-d7) の根拠となる「運動生成説」を指す。153e5 の 'καί' は「すなわち」と解する。テキストでは，「運動生成説」に従え，そうすれば以下のようになるだろう，という命令文と未来時制からなる構文になっているが，未来時制では訳出しなかった。

28　第一章　「知識は感覚である」という定義をめぐって（151d7-160d4）

　「運動生成説」の原理命題は，「すべてのものは，移動や運動や相互の交わり『から（ἐκ）なる（γίγνεται）』」であった（152d7-8）。これをこの箇所では色に適応する。すると「黒や白や同種の他の色は，眼がそれにふさわしく生み出されたものとの衝突『から（ἐκ）なっているもの（γεγενημένον）』である（153e5-7）」となる。また先の議論では，「運動生成説」は言語について，「すべてのものをわれわれは『ある（εἶναι）』と言っているけれども，われわれは正しく述定していない，なぜなら何ものもいかなる時においても『ある』のではなく，常に『なる』のだから（152d8-e1）」，となっていた。これをここで色に適用すると，「われわれがそれぞれの色で『ある（εἶναι）』と言っているものは，ぶつかるものでもなく，ぶつかられるものでもなく（153e7-154a2），むしろ『何かその間に（μεταξύ τι）』『個々に対して個別に（ἑκάστῳ ἴδιον）』『なるもの（γεγονός）』ということになる（154a2-4）」，となる。

　色に関する「運動生成説」適用例は，相対主義的認識論と運動生成する世界像を包括すべく構成された「感覚論」の下敷きとなるが[29]，この適用例は，それ自体極めて奇妙である。われわれの目の前に，白い石があった場合，「その石の白さがどこにあるか。」と問われるならば，「その石にある。」と答えるのが自然であり，目と石の間にあるとか，衝突「から生じる」とは考えない。

　プロタゴラスにとっては，「人間尺度説」を正当化するために，可感的性質が空間的に「目」と「感覚対象」との間に生じるとしなければならない必然性はない。プロタゴラスは，相対化さえされれば，感覚されたその瞬間「目」に生じても，「感覚対象」に生じても構わない。さらに，色が交わりから生じるということは，「運動生成説」を正当化するためには必要だが[30]，「人間尺度説」を正当化するためには必要ではない。しかしそ

　　29）　色に適用した「運動生成説」は，後に提示される「感覚論」に細部については対応しないという指摘がある。Cf. McDowell, op. cit., pp. 130-131. 確かに「感覚論」と比べると曖昧で粗野な表現が用いられており（特に，153e7 の 'φοράν' の意味が明確でない），マクダウェルもこの箇所についてコメントしている。しかし，相関関係により感覚を説明する枠組みはぴったりと符合しており，「感覚論」の重要な特徴となっている。相関関係の成立を適切に説明するには，能動と受動，可感的性質と感覚能力という道具立てを導入する必要があるので，この段階では暫定的に曖昧な言い方をせざるをえないと考えられる。
　　30）　ここでは，ヘラクレイトスよりもむしろ，「運動生成説」を支持する知者の一人デ

VI 感覚論

れにもかかわらず，色に関する「運動生成説」適用例をプロタゴラスが容認すべきである，という仕方で議論は展開する (154b8-9)。ソクラテスは次のような一見奇妙な例を挙げる。

例1　6個のさいころに4個のさいころを近づけると，6個のさいころは4個より多くなり，1倍半であるが，今度は12個のさいころを近づけると，6個のさいころは12個よりも少なくなり，半分である (154c1-6)。

例1に対しては，「何かが付け加えられること以外に，大きくなったり多くなったりすることがあろうか (154c8-9)。」とプロタゴラスが修辞疑問文で問いかけるという筋立てになっている。テアイテトスは答えに窮するが，ソクラテスと次のような三つの同意事項と例1とが矛盾するように論を運ぶ。
① 自分が自分自身に等しいままである限りは，嵩でいっても数でいっても，何ものも決して大きくなったり，小さくなったりすることはない (155a3-6)。
② 付け加えられたり，引き去られたりすることのないものは，増大もなく，減少もなく，常に等しい (155a7-10)。
③ 前にそうでなかったものが，後になってそうあるということは，なることやなりゆくことなしには不可能である (155b1-4)。

この三つの同意事項にはそれぞれに成立条件（下線部）がある。下線部は，いずれも「運動生成説」が否定するもののあり方を示している。すなわち，「運動生成説」によれば，自分が自分自身に等しい状態で留まる存在は認めない (①)。また運動や摩擦や混合によって，万物は生成変化をしており，付け加えられたり，引き去られたりする変化は起こり，常に等しい存在は認めない (②)。さらに万物は常に「なる」のだから，「なる」

モクリトスの影響が推察される。『テアイテトス』における「運動生成説」がヘラクレイトス一人の説ではなくホメロスをはじめとする，デモクリトスを含む複数の知者の説を起源とする一般論であることはすでに述べた。「運動生成説」にしたがって論を進める，という合意の下に議論が展開されている以上，ここにデモクリトス的側面が含まれることは当然のことである。

ことも「なりゆく」こともない存在は認めない（③）。それゆえ、「運動生成説」が正しければ、この三つの同意事項の成立条件（下線部）は成立しないはずである。しかしながら、6個のさいころは一見この成立条件を満たすために、「運動生成説」にとっては脅威なのである。それゆえ、さいころのように、等しく変化がなく、何かでありつづける持続性のあるものについても、実際には目に見えない運動があること、そしてその運動が媒介となって、その対象が何らかの仕方で存在していることを「運動生成説」は個々に説明しなければならない。「運動生成説」は「それ自体一であるもの」を生成変化ゆえに全面的に認めない立場に立つ以上、たとえ一定期間の持続的なあり方をも運動が支えている、とする必要があるのである。そしてこの文脈では、他との関係によって規定が変化するような場合をも、何らかの生成変化（「なる」）によって規定が変化した、と説明しようとしている。

しかしこの試みそれ自体、無謀の謗りを免れない。例1は、6個のさいころが4個のさいころと比べると多く、次に12個のさいころと比べると少ないという場合、6個のさいころの規定は「大きい」から「小さい」へと変化したが、これは6個のさいころが生成変化をしたからだとは通常考えない。

ところがソクラテスは、三つの同意事項との矛盾を強調するために類例を挙げる（155b7-c2）。

> 例2　私（ソクラテス）は若者の君（テアイテトス）よりも今は大きいが、一年間後に別の僕の身嵩が何一つ引き去られたわけではないが、君が大きくなったために、（私が）君よりも小さいと我々が言う。

プラトンは、三つの同意事項（①～③）が例2と矛盾するように論を運び[31]、他との関係により個々の規定が変化することを個々の対象の変化と

---

31) 同意事項の条件①～③との対応関係（①'～③'）は次の通りである。②'この齢になったソクラテスは、（身長が）増加もなく、その反対もない（155b6-7）。③'僕は前にはそうでなかった（小さい）のに、後には、なることなしに、そう（小さい）である（155c1-2）。①'なぜなら、なりゆくことなしに「なること」は不可能であり、しかも身嵩の何ものも失わ

して説明する構図を固める。そして，この構図を先の色の例にそのまま適用し，それが「秘密の教説」の真意をついているかのような論述をしている（155d5-e2）。

「白い石」も「同じ身長のソクラテス」も色や背嵩という点では同一でありつづける。パルメニデスと対峙して「『それ自体一である』否定説」を支持する限り，これを認めることはできない。そこでプラトンは，同じ状態で変化がないように見えるものも，実は目に見えない仕方で絶えず生成や運動を繰り返し変化している，という説明を色の感覚の場面で行う。これが「感覚論」である。

しかし，これまで確認してきた通り，「運動生成説」の側からのみ，三つの同意事項は脅威であり，対象の規定の変化をすべて運動と生成により説明する必要が生じるのである。「運動生成説」を支持する意図がなければ，一般に三つの同意事項は脅威ではなく，相関関係によって対象の規定が変化することまで運動や生成によって説明する必要はない。それゆえ，プロタゴラスの相対主義にとっても三つの同意事項は脅威ではない[32]。プロタゴラスが「運動生成説」を支持するならば，対象の規定の変化をすべて運動と生成により説明する必要がある。相対主義（「人間尺度説」）を正当化する文脈に限れば，その必要はないのである[33]。

ない以上，決して僕は小さくなりゆくはずのものではなかったから（155c2-4）。

32) ファインは，この問題に気づいている。しかし「運動生成説」の側に立って論を進めるあまりに，「人間尺度説」を二義的に解釈せざるをえなくなった。G. Fine, op. cit., pp. 122-130.

33) 目に見える仕方では，等しく変化がなく，何かでありつづける持続性のあるものについても，実際には絶えざる運動により変化を繰り返しているという点を認めることは，厳密に言えば「人間尺度説」にとって不都合なのである。「人間尺度説」自体は，目に見える仕方では，等しく変化がなく，何かでありつづける持続性のあるものを全面的に排除することはできない。なぜなら，「人間尺度説」を導入する部分で，「同じ風が吹いていて，ある人には寒く，ある人には寒くない」という仕方での相対的な規定を認めると，厳密に言えば，その風の同一性をその時点で認めなければならないからである。このことは微妙な問題を含んでいる。相対主義にとって，「『同じ風』であることを誰がどのように認識できるか？」という問いは，ある意味でシリアスな問いである。しかしそれは，相対主義的な認識論内部で，その風が同じであることも，異なっているかが問えない，という意味においてシリアスな問いなのである。つまり，相対主義的な認識論は，相対化された仕方で世界について語ることはできても，相対化されない仕方で世界を見る視点を持たないのである。私は，「私にとって」寒いか寒くないか，同じか異なるかを問うことはできても，限定ぬきに同じか異なるかを語れないのである。それゆえプラトンは，第一部後半で行う反駁で，プロタゴラスが人間

§2 感覚論の構造

ソクラテスは，三つの同意事項が「運動生成説」からみれば不合理ではないことを感覚の場面でテアイテトスに説明しようとする（155d5-8）。ソクラテスはここで「感覚論」を展開し，「運動生成説」を原理として相関関係により対象の可感的性質が決まる世界を素描し，それが「秘密の教説」を支持する知者たちの真意を明かすことになる，と言う（155d9-e2）。

「感覚論」の構造は次のようになっている。「感覚論」は「運動生成説」を原理として，知覚を成り立たせる構成要素すべてが絶えざる運動を繰り返すことにより，可感的性質が個々の感覚対象と個々の感覚器官との間に固有の仕方で生じることをモデル化したものである。可感的性質は，特定の感覚対象と特定の感覚器官とが遭遇する時にのみ瞬間的に生じ，その性質は感覚対象と感覚器官との組み合わせによって異なる。それゆえ，「感覚論」によれば，生成変化のプロセスの中で，可感的性質が感覚器官に固有の仕方で瞬間的に生じ，感覚器官はそれをその瞬間感覚していることになる。その際，プラトンは再三，絶えざる生成変化のみならず，相関関係によって知覚が成立していることを強調する。

1 感覚論の枠組み（156a3-c3）

① 原理命題（156a3-5, cf. 156c7）
「感覚論」は「すべては運動であり，これに反するものは何も存在しない。（「運動生成説」）」を原理命題（$\alpha\rho\chi\eta$）とする。

② 運動の相（156a5-7）
運動には二つの相がある，すなわち（a）作用を及ぼす機能をもつものと（b）作用を受ける機能をもつもの，である。

尺度説についても，プロタゴラスにとってではなく，限定ぬきに正しいか正しくないかについてすら語れないという点を突くのである。

しかし「相反する現われ」から相対主義を導く議論において，その風の同一性を前提することは，相対主義的な認識論をとる必要を説く文脈では必要なことなのである。このことは重要である。別の風について別様に感覚することはごく自然のことであり，感覚者の相違を言うまでもない。同じ風について異なった感覚的な判断が生じ，そのいずれをも真だと認めざるをえないから相対主義をとるのであって，別の風についての異なった判断であれば，敢えて相対主義を主張する必要はないのである。

VI 感覚論

③ 双子の出産（156a7-c3）

両者（②（a）（b））の混合と摩擦によって双子が生まれる。それは（c）「感覚（$αἴσθησις$）」と（d）「可感的性質（$αἰσθητόν$）」である。（c）「感覚」とは，視覚，聴覚，嗅覚，冷感と音感，快と苦，欲求と畏懼等数多くあり，名のないものも数多くある。（d）「可感的性質」は，感覚と同時に生まれるものであり，視覚には色が，聴覚には音が，というように，あらゆる種類の感覚に対して，あらゆる種類の可感的性質が生成において共に生まれる。

2 感覚論（156c7-157a7）

① 固有の動き（156c7-d3）

（a）（b）（c）（d）すべては動いているが，その動きには遅速緩急の別がある。（a）「作用を及ぼす機能をもつもの」と（b）「作用を受ける機能をもつもの」とは動きが遅緩であり，同じ場所にいて，活動を親しいものに対して営み，双子を生む。その双子は場所を変えて動くゆえに，動きは急速である。

② 色の知覚の事例（156d3-e7）

〈相関関係という局面（156d3-6）〉

いま（a）眼と（b）眼に適合する何か他のものが，親しい仲になって，（d）白と（c）視覚と双子を生んだ時，（d）この白や（c）この感覚は，（a）眼あるいは（b）眼に適合するもののいずれかが，これ以外のところへ行った場合には決して生じなかったはずのものである。

〈相関関係と運動による色の知覚の解説（156d6-e7）〉

（a）（b）が（c）（d）を生んだとき，（c）視覚の方は（a）眼から出て，これに対応して，（b）この色を生むものからは（d）白が出て，その間互いに運動して，（c）視覚が（a）眼を充たし，実際に見るのである。すなわち，（a）眼はその場合決して（c）視覚になるのではなく，「見ている目」になるのである。またこれに対応して（b）この色を生むものは，一面に白で満たされて，白になるのではなく白くなるのである。そしてそのものは，木材でも石塊でも何でも，表面がその色によって彩られることとなるものなら何でもよいの

である。

　以上の議論構造から，2の「感覚論」ではプラトンは明らかに運動のみならず相関関係によって知覚が成立することを強調している。これに対して，1の「感覚論の枠組み」ではこの点は全く強調されていない。これがプラトン独自のものであるか，古代の学説を持ち込んだものかいずれにしても，この枠組みはいわばニュートラルなものである。これに対して2では，相関関係を強調することを通して，「感覚論」と相対主義的な認識論とをプラトンは結び付けようとしている。論を展開する冒頭で，ソクラテスが「大団円に結べるかもしれない（156c7）。」と言うのには，「感覚論」を通して「運動生成説」と相対主義とを結び付けようとするプラトンの意図が表われている。このことは次の箇所でさらに明白になる。

§3　感覚論による「『それ自体一である』否定説」解釈（156e7-157c6）

　感覚論によれば，可感的性質は感覚器官と感覚対象との相関関係により決定する。ここでプラトンは，相関関係という局面から「『それ自体一である』否定説」を解釈し[34]，「運動生成説」に従ってわれわれの言語から「ある（εἶναι）」を排除して「なる」の使用を説く際に，「なる」に「何か（誰か）にとって（τινι）」という限定句を加える。「何かにとって」という限定句は相対化（各人にとって）と相関関係（特定の感覚器官に対して）との両義を併せ持つ二義性がある。ここで，「感覚論」をプラトンが導入した目的が明らかになる。すなわちこの二義性を用いて，「感覚論」の相関関係と「人間尺度説」の相対化とを橋渡しするのである。以下，議論構成の詳細を示すことにする。

1　相関関係という局面から「『それ自体一である』否定説」を解釈（156e7-157a6）
① 【原理命題】（156e7-157a2）
　　白の例と同様に，固さや熱さについても語らねばならず，「何もの

34）ここでは「『それ自体一である』否定説」に含まれる『一（ἕν）』が抜け落ちている。その理由は，この箇所では相関関係ゆえに「『それ自体（αὐτὸ καθ' αὑτό)』ある」というあり方を特に否定しており，生成変化するゆえに「一であるとは言えない」という点には強調点がないからである。

もそれ自体あることはない。」，これは先程言ったことである（『それ自体一である』否定説）。

　他に対する交わりにおいて，あらゆるものは運動からあらゆる有り様に「なる（$γίγνεσθαι$）」（「運動生成説」）。

② 【言語】(157a2-7)

　これらのものどもにあっては，作用を及ぼすものや受けるものさえも，「単独（$ἐπὶ\ ἑνός$）で」「何かである（$εἶναί\ τι$）」，と固定的に「考える（$νοῆσαι$）」ことは，彼等の主張に従う限り不可能である。

・作用を受ける相手と一緒にならないうちには，作用を及ぼす何かであることはないのだし，また，作用を及ぼす相手と落ち合わないうちには作用を受ける何かであることはない。

・何かを受けるものと一緒になって，作用を及ぼすものとなっているものも，他のものと落ち合えば，別にまた作用を受けるものとなって現われることがある。

2　「感覚論」から「『それ自体一である』否定説」を導出 (157a7-b1)

以上の議論にしたがえば，感覚論からは，二つのことが導かれる。第一に，運動を第一原理としている以上，感覚経験において「運動生成説」が成立すること，そして第二に，何かと相関的に規定が決まること。したがって「『それ自体一である』否定説」は，「感覚論」によって次のように解釈できる。

　かくて，これらすべてからの結論は，はじめから言っていたこと（秘密の教説）だが，「何ものもそれ自体一であることはなく（「『それ自体一である』否定説」）」『何かに対して（$τινι$）』常に『なる（$γίγνεσθαι$）』」ということになる。

　プラトンは「秘密の教説」を導入する際，「『それ自体一である』否定説」を「運動生成説」と並記した。「運動生成説」では，「『それ自体一である』否定説」を「何ものもいかなる時においても『Fである』のではなく，常に『なる』(152e1)」，という仕方で解釈していた。われわれはその箇所を解するにあたり，「運動生成説」は運動により世界が成立している

という一般論であり,「運動生成説」は「『それ自体一である』否定説」の唯一の解釈ではないこと,そして,「運動生成説」は「人間尺度説」で謳われている相対主義とは符合しないことを確認した。また,プラトンは,反パルメニデスという立場に立つ知者達を一括するテーゼとして「『それ自体一である』否定説」を立てており,その点において知者の一人としてプロタゴラスが含まれていることも確認した。

これに対して,「感覚論」から導かれた「『それ自体一である』否定説」は,『何かに対して』常に『なる』」という仕方で世界を記述する。そこには,運動により『なる』という点(運動生成説)に加えて,「それ自体」ではなく「相関的に(何かに対して)」という点が加えられている。これは,「感覚論」を前提して,「『それ自体一である』否定説」を相関関係という点を加えて解釈した結果である。ここに,プラトンが「感覚論」を導入した目的がある。プラトンは,「感覚論」において「運動生成説」と相対主義とが最も接近する世界を描くことを意図し,感覚経験において「運動生成説」と「人間尺度説」とが両立するモデルを構築しようとしたのである。

しかしながら,感覚器官との相関関係において生まれる感覚と感覚性質という構図と,「人間尺度説」型の相対主義的な認識論とはぴったりと符合しない。その一つの点が次に述べられる言語による記述の問題である。

3 「ある($εἶναι$)」の排除 (157b1-c1)

「感覚論」は,言語使用について次のように言う。

① 「ある($εἶναι$)」をあらゆるところから排除しなければならないが,習慣と無知のために,「ある」を多く使用することを余儀なくされている (157b1-3)。

② 知者達の説に従って,「何か」「何かの」「私の」「これ」「あれ」等,ものを立ち止まらせるどんな「名指し言葉($ὄνομα$)」も許容してはならない (157b3-5)。

③ われわれが口にすべきは,「なりつつ」「なされつつ」「亡びつつ」「変じつつ」というように,ものの本性のとおりに言い表わす言葉でなければならない (157b5-7)。

④ 「個々の部分($μέρος$)」について言うばかりでなく,それの多くの

集合についても言わなければならない。この集合とは，ちょうどそれに対して人々が「人間」とか「石」とかいって，それぞれの動物なり，他の「種類（$\varepsilon\iota\delta o\varsigma$）」なりの名前をつけているものなのである（157b8-c1）。

　しかしわれわれは，②～④のような仕方で，世界のあり方を正確に記述することができるだろうか。②ではものを立ち止まらせるあらゆる名指し言葉を禁じるが，名指すということはそれ自体，言葉によってものを立ち止まらせることである。絶えざる変化を繰り返し，相関関係によって規定を変化させるものについては，正確に言語を使用することは不可能であり，自己同一性も認められない[35]。そしてこのことは，「人間尺度説」における相対的な記述にも当てはまる。「風が私にとって冷たい。」という記述もまた，言葉によってものを立ち止まらせているゆえに禁じなければならない。これは，相対化すれば世界について「ある」と語れる「人間尺度説」と，一切の「ある」を排除する「感覚論」との乖離とを示すものでもある。そして②～④における「ある」使用禁止以降も（158a2, 5-7, d4, e5-6, 159d4-6, 160b5-c2. etc.），「人間尺度説」は依然として「各人にとって『Fである』」という記述を排除できない。これは，この両説の距離を如実に現わしている。しかしながら，バーニエット以降多くの研究者はこの距離に気づかず，「感覚論」は個々の感覚認識がどれも個別に相関的に生じることを説明するのであるから，「人間尺度説」と一致すると単純に考えている[36]。

　「人間尺度説」と相対主義と「感覚論」の相関関係と運動による感覚経験の説明との間の距離は，これ以外に少なくとも二点ある。まず第一に，「人間尺度説」において，事物の可感的性質が相対化されるのは，認識主体としての「私」や「あなた」に対してであって，「目」に対してではない。つまり，「人間尺度説」では認識主体が尺度なのであって，各感覚器官が尺度なのではない。これは哲学的に重要な点であり，後にプラトンは感覚主体は感覚器官ではなく魂であることを強調する[37]。

---

35) これは，第一部後半部（160d5-187a8）で展開される反駁の重要な論点である。『テアイテトス』183a10-c4 を参照。
36) ファインはこれに疑問をなげかけた。Cf. G. Fine, op. cit., pp. 105-106, ただし論者は，ファインの解決法には反対である。この点については本章註7を参照されたい。

38　　第一章　「知識は感覚である」という定義をめぐって（151d7-160d4）

　第二に，「人間尺度説」を説くプロタゴラスは，そもそも，あらゆる人の感覚経験の成り立ちを普遍的な仕方で説明することはできない。プロタゴラスにできるのは，「プロタゴラスにとって」感覚経験はどのように成り立っていると思うかを説明することである。つまり，プロタゴラスは，「プロタゴラスにとって」世界がどんなあり方をしているかは語れるが，万人の世界について一切語れない。「人間尺度説」が真であれば，プロタゴラスのみならず，だれもが万人の世界について語れないはずである。「感覚論」が説明する世界が相対的な世界と一致すると言う人は，それは各人に成立する認識を鳥瞰的にみる，ある意味で超越的な視点に立っている。そのような絶対的な視点に立てる人がいない，というのが「人間尺度説」の主張なのである。この点は，第一部後半のプロタゴラスの自己反駁において，さらに明らかになる。
　したがって，認識主体としての各人に感覚対象の性質が相対化されるということと，感覚対象と感覚器官との相関関係により可感的性質が決定するということとは厳密に区別しなければならない。そして「人間尺度説」と「運動生成説」とは「ある」の使用について異なった見解を持つ，性格の違う説であり，同一だとはいえないのである。

Ⅶ　「人間尺度説」と「感覚論」との関係

「感覚論」はソクラテスの考えではなく，テアイテトスの考えである，とソクラテスは言う（157c1-d5）。それは「『それ自体一である』否定説」に与してパルメニデスに対峙するのは，「人間尺度説」を根拠に第一定義を主張するテアイテトスだからである。
　そしてソクラテスは，感覚以外，善や美についても「人間尺度説」が成立することについてテアイテトスの同意を得た後に[38]，残された難問を解

---

　37)　バーニエットはこの問題を第一部最終議論（184b3-187a8）で取り上げている。彼は，認識主体の同一性をヘラクレイトス説が確保できないこと，そして感覚器官が感覚主体たりえないことを指摘している。Cf. Burnyeat, "Plato on the Grammar of Perceiving", *Classical Quarterly* N. S. 26, 1976, pp. 29-51
　38)　「感覚論」は感覚能力と可感的性質という双子の運動が不可欠であるので，善と美

決しようと言う。それは，夢や精神病，錯覚（$\pi\alpha\rho\alpha\iota\sigma\theta\acute{\alpha}\nu\varepsilon\sigma\theta\alpha\iota$）では，「虚偽の感覚（$\psi\varepsilon\upsilon\delta\varepsilon\hat{\iota}\varsigma\ \alpha\iota\sigma\theta\acute{\eta}\sigma\varepsilon\iota\varsigma$）」が最も多くわれわれに生じるので，当人に現われているとおりに「ある」とは言えないのではないか，という問題である。これは「第一定義」および「人間尺度説」の反例となりうる。これに対しては，まず，夢と現，正常と異常，それぞれの状態に相対的に現われが併存し，いずれの状態の現われであるかについて当人が判定できない，と論じる。そして次に，病気のソクラテスと健康なソクラテスの味覚の差異を例に挙げ，「感覚論」によって相対的な現われが併存し，いずれも真であることを説明する。以下，議論構成をみていくことにする。

§1　偽なる感覚（157e1-158b4）

① 夢や病気（精神病，錯聴・錯視等錯覚一般）において，「虚偽の感覚」が最も多く生じる（157e1-158a2）。例えば，夢や狂気の状態の人々は，「自分は神である。」あるいは「自分に翼があり，空を飛んでいる。」という「偽なる思いなしを持つ（$\psi\varepsilon\upsilon\delta\hat{\eta}\ \delta o\xi\acute{\alpha}\zeta o\upsilon\sigma\iota\nu$）」（158b1-4）。

② 「偽なる感覚」は，「当人に現われているとおりに『ある』」のではなく，反対に，現われていることは何一つ『ない』ことを示す（cf. 158a2-3）。

③ それゆえ「偽なる感覚」は感覚を知識とする「第一定義」および「人間尺度説」を反駁する論拠となる（cf. 157e4-5, 158a5-b4）。

§2　現われの併存（158b5-e4）

① われわれは，今起きているのか，それとも眠っていて今考えていることすべてを夢見ているのか，いずれかの「証拠（$\tau\varepsilon\kappa\mu\acute{\eta}\rho\iota o\nu$）」を示すことはできない（158b8-c7）。今，私たちが議論していることを，何の障害もなく，夢の中で互いに議論している，と考えることができる。

をそのまま包含できるとは思えない。ここに何の例示も論証もなく，美と善においても「秘密の教説」が成り立つとプラトンが言うのは，「秘密の教説」はパルメニデスに対峙する以上，感覚に限らない包括的な説と考えているからであろう。

② 眠っている時間と目覚めている時間が等しいものだとすると，どちらにおいてもわれわれの魂は，各々の時に現にあり，そう思われているものを何より真だと強く主張し，どちらも譲らない。
③ 時間が等しくないという点以外では，病気，特に精神病も同種である。
④ 真理は時間の長短によって決定されるものではない。

①は，現われている当人の視点から，すなわち〈私への現われ〉のみを語る限りにおいて成り立つ。第三者は，私が眠っているか起きているか，健康か病気かを観察により証言することはできる。しかし，第三者の証言，例えば「今まであなたは眠っていた。」「あなたは精神病で幻影を見ていたのだ。」という証言も，私に現われている限り，その証言すらも，夢あるいは幻影の中かもしれないと疑うこともできる。私が第三者の証言を受け入れるのは，私が，〈私への現われ〉の真偽を客観的に判断する視点に立つ場合のみである。それは〈私への現われ〉の外側に立つことである。しかしながら，「人間尺度説」に従って，「現われ」をすべて「私にとって真」だとして相対的な真理のみを認める立場に立つと，〈私への現われ〉を客観的に判断する視点を持つことができない。それゆえ①は，「第一定義」および「人間尺度説」に立つ論者の立場から構成されている。また②〜④も，夢であれそれぞれの状態の「現われ」を真だと強く主張する以上，「人間尺度説」を支持する立場に立っている。

§3　現われの併存を「感覚論」により説明（158e5-160b4）

しかしながら，異なった状態の異なった現われを認めるとしても，そのいずれかは事実に対応していないゆえに偽である，とする可能性は排除できない。相対的な真理を主張するためには（158e5-6），異なった現われが世界のあり方と符合することを示さなければならない。プラトンは感覚論にしたがって，病気の状態と健康な状態の感覚は，いずれもが事実に対応しており，感覚は相対的に真であることを論証しようとする。議論の構造は次の通りである。

Ⅶ 「人間尺度説」と「感覚論」との関係　　41

1　対象の同一性判定（158e5-159a9）
「人間尺度説」は，「相反する現われ」を相対化によって説明する。その場合，現われが異なる場合は，何らかの意味で認識主体が異なっている必要がある。それゆえ，感覚する側の機能や状態が異なっていることによって異なった現われが生じる場合，認識主体は別のものである，とする必要がある。そこでプラトンは以下二点の確認をとる。
① 機能が異なるものは，全体として（ὅλως）は別の物（ἕτερον）である（158e7-159a2）。
② 似ているものになりゆくものは同じものになるが，似ていないものへとなりゆくものは別のものになる（159a3-9）。

2　病気と健康の現われの相違を「感覚論」へ適用（159a10-b10）
ソクラテスは感覚論の枠組みを確認した後，「病気のソクラテス」と「健康なソクラテス」を別のものとして，「感覚論」へと適用する。
① 作用を及ぼす（機能をもつ）ものと作用を受ける（機能をもつ）ものは無限にある（159a10-12）。
② 互いに別のもの（A，B）がまた別のもの（C）と出会い一緒になると，それぞれ同じものではなく異なったものを生む（159a13-b1）。
③ 病気のソクラテスは健康なソクラテスとは全体として似ていない（159b2-9）。
　病気のソクラテスと健康なソクラテスは全体として別のものである（159b10-11）。
　眠っている等々，問題になっている他の状態についても同様である（159c1-3）
④ 作用を及ぼすものおのおのが，健康なソクラテスおよび病気のソクラテス（作用を受けるもの）と出会い一緒になって子供を生むと，異なったものを生む（159c4-10）。

3　「感覚論」の修正（159c11-159e6）
「感覚論」は「運動生成説」を原理としていた。それゆえ「感覚論」を構成する4項（a～d）は，すべて運動と生成変化を繰り返している。ここでプラトンは「感覚論」を「人間尺度説」に対応させるべく部分的に修正

する。
　① 健康なソクラテスが葡萄酒を飲む場合（159c11-d6）
【現われ】 その葡萄酒は（健康な）ソクラテスに甘くおいしく現われる。
【「運動生成説」を原理とする「感覚論」による説明】
　「(a)作用を及ぼすもの」と「(b)作用を受けるもの」とが「(c)甘さ」と「(d)感覚」という同時に運動する双子を生んだ。「(d)感覚」は「(b)作用を受けるもの」から出て、舌を感覚する舌に仕上げた。「(c)甘さ」は「(a)葡萄酒」から出て、「(a)葡萄酒」の周囲を運動して、「(a)当の葡萄酒」を「(b)健康な舌」に対して甘く「あり（εἶναι）」かつ「現われる」ように仕上げた。
　② 病気のソクラテスが葡萄酒を飲む場合（159d7-159e6）
【現われ】その葡萄酒は（病気の）ソクラテスに苦く「現われる」
【「運動生成説」を原理とする「感覚論」による説明】
　舌のあたりには「(d)苦味の感覚」が生じ、酒の周囲には「(c)苦味」が生まれ、運動している。そしてそれらのもの(c)(d)は葡萄酒を「(c)苦味」というものにするのではなく、苦きものとするのであって、私（ソクラテス）を「(d)感覚」ではなく感覚する者とするのである。

　プラトンが「感覚論」に修正を加えたのは二点である。第一点は、①の傍点で、「感覚論」では葡萄酒を甘く仕上げるとすべきところを「甘く『あり（εἶναι）』かつ『現われる』ように仕上げるとしている。ここには明らかに「人間尺度説」に即して現われと存在とを一対一対応させる意図が現われている。しかし「葡萄酒を甘く『ある』ように仕上げる」ことは、「運動生成説」に反する。なぜなら「運動生成説」はあらゆるところから「ある」を排除する立場をとり、「葡萄酒が甘く『ある』」ことは認められないからである。それゆえ、これは「感覚論」の原理である「運動生成説」の根幹をゆるがす重大な修正であり、本来修正してはならない点である。逆に言えば、これほど重大な修正をしないかぎり、「感覚論」と「人間尺度説」とは近づかないほど両説には距離がある。
　第二の修正点は②の傍点である。ここで注目すべきことは、共通であるべき(b)が、①と②では異なっている点である。①の適用例では、「舌を感覚する舌に仕上げる」となっているが、②の適用例では「私（ソクラテ

ス）を感覚ではなく感覚する者とする」となっている。これまでの「感覚論」の文脈では，（b）は感覚器官（舌）であり，人（ソクラテス）ではなかった。しかし感覚器官のままでは，感覚器官に対して相対化することになり，各人に相対化できなくなる。この文脈では，「人間尺度説」と「感覚論」とを結び付ける必要上，（b）をソクラテスに読み替えている。先に述べたとおり，認識主体が舌であるか，ソクラテスであるかは決して些細な問題ではない[39]。

　以上修正箇所二点には，「運動生成説」を原理とする「感覚論」と，相対主義を説く「人間尺度説」との隔たりが如実に表われている。相関関係により可感的性質が決定することと相対化とは，哲学的には異なった文脈での説明である。それを全く同じように論じようとする試み自体が，上記のような無理を抱えているのである。

4　「修正感覚論」から「人間尺度説」を導出（159e7-160b4）

　以上論じてきたとおり，ソクラテスは以下の二点「感覚論」に修正を加えている。すなわち，「現われ」に対応する「ある」の使用を認め，感覚器官との相関関係ではなく，各人との相関関係へと変更したのである。その結果，可感的性質は「何か（感覚者）に対して（τινι）」成立することになり，各人への「現われ」が相対的な存在と一対一対応することになる。「感覚者に対して（τινι）」を「誰かにとって（τινι）」と読み替えれば（次頁②傍点），「誰かにとって（τινι）Fである」という「人間尺度説」の定式を導くことができる。「何か（誰か）にとって（τινι）」という表現は，以上のような読み替えを許容する。しかし感覚器官との相関関係と，各人への相対化とが同義ではないことは，すでに指摘した通りである[40]。

① 「作用を及ぼすもの」と「作用を及ぼされるもの」との相関関係によって，生じる感覚は異なる（159e7-160a8）。

---

39) 第一部最終議論（184b3-187a8）ではプラトンはこの点を取り上げる。これが哲学的に重要な区別であることはバーニエットが指摘するところであり，彼は，認識主体の同一性をヘラクレイトス説が確保できないこと，そして感覚器官が感覚主体たりえないことを指摘している。Cf. Burnyeat, "Plato on the Grammar of Perceiving", *Classical Quarterly* N. S. 26, 1976, pp. 29-51.

40) 本章VI§3, 3 pp. 36-39を参照されたい。

② 感覚する者（作用を及ぼされるもの）は「何かの」感覚者であり，感覚する者でありながら，何ものも感覚者でないものはない（160a8-b1）。かのもの（作用を及ぼすもの）は「誰かにとって」甘いとか苦い等々になるのであり，甘くありながら，誰にとってでもなく甘くあること，はありえない（160b1-4）。

以上の議論にしたがえば，プラトンは「相反する現われ」の併存を，修正した「感覚論」に適用し，「何か（誰か）にとって（τινι）」の両義性を用いて「人間尺度説」を導いている。

VIII 結 び——諸説の関係

プラトンは最後に，「運動生成説」と「人間尺度説」との橋渡しをした「修正感覚論」から，「『それ自体一である』否定説」を導出する。そして，その説がパルメニデスに対峙する諸説が帰着する共通の立場であることを確認し，「人間尺度説」も「運動生成説」も「第一定義」も「同じ点に帰着する」として前半部の議論を終える。

§1 「『それ自体一である』否定説」（160b5-c3）

「運動生成説」を原理命題とする「感覚論」に修正を加えて「人間尺度説」を導いた後，プラトンは「修正感覚論」から「『それ自体一である』否定説」を導出する。先に確認したとおり，「修正感覚論」は「運動生成説」と「人間尺度説」とを架橋するために，「ある」の使用を認める。それゆえ「修正感覚論」は，「運動生成説」を原理とするゆえに，一方で「ある」を禁じて相関関係による「なる」の使用を説きつつも，他方相対化された「ある」の使用を認めることになり，その結果「ある」と「なる」とを並記する形となる。そしてこれこそ，「人間尺度説」と「運動生成説」とが異なった説であることの証である。すなわち，両説は「『それ自体一である』否定説」によって二義的にしか結び付けられないのである。「『それ自体一である』否定説」はパルメニデスに対峙する諸説が行き着く一つの結論として提示されているが，それは異なった諸説を包括する表現であり，

VIII 結　び

一義的なテーゼではないことがここから読み取れる。

以下，テキストをそのまま引用する。下線は相関関係および相対化を示し，波線は「ある」と「なる」の並記を示している。ここでは「『それ自体一である』否定説」はパルメニデスに対峙する諸説が行き着く一つの結論として提示されている。

> すると結局残るところは，僕（ソクラテス）とそのものとがお互いにとって「ある」なら「ある」，「なる」なら「なる」ということになるのだと思う。なぜなら，僕の「ありよう（ουσία）」とそのものの「ありよう」とは必然によって結び合わされているのであって，僕とそのもの以外のなにものにも結び合わされてはいないのだし，またそうかといって，僕の「ありよう」は僕自身にだけ，そのものの「ありよう」はそのもの自体にだけ結び合わされているのでもないからだ。つまり，残るところは僕とそのものとの「ありよう」がお互いに結び合わされているという場合だけになる。したがって，もし誰かが何か「ある」という言葉を用いる場合には，その人はそれを「誰かにとってある」とか，「何か（誰か）のである」とかあるいはまた「何か（誰か）との関係においてある」とか言わなければならない。そしてこのことは「なる」という言葉の場合も同様である。これに反して，「何かそれ自体でそれ自体にとどまったまま『Fである』とか『なる』とかというものは，この場合自ら口にしてはならないばかりではなく，また他の者が言っていてもこれを許容してはならないというのが，われわれが論じてきた議論の示すところである。(160b5-c3)

修正前の「感覚論」から導かれた「『それ自体一である』否定説」は，「何ものもそれ自体一であることはなく」，「何か（誰か）にとってなる」と言うべきだということであり，相対的な述語であっても「ある」の使用は一切認めていなかった。ところが，この箇所における「『それ自体一である』否定説」は，「修正感覚論」から導かれる以上，相対主義と運動生成という二種類の立場を並記したものとなる。すなわち，「何ものもそれ自体あることはなく」，相対化あるいは相関関係による生成に即して，「何か（誰か）にとって」「ある」あるいは「なる」と言わなければならない，

となっている。また，下線部に注目すると，相関関係を示すもの（「お互いにとって」「何か（誰か）との関係において」）と相対化を示すもの（「誰かにとって」）とが曖昧な仕方で並記されている。

　本章の考察に従えば，プラトンは第一部前半で，パルメニデスに対峙して「それ自体一である」という規定を満たすものを想定せずに，世界についても認識についても語れるとする立場を一括することを目的としている。この箇所の「『それ自体一である』否定説」は，その目的を果たすべく，運動生成する世界と相対主義的な認識論とを一つにまとめている。しかしこの箇所の「『それ自体一である』否定説」は一つの説ではなく，「運動生成説」と「人間尺度説」との二つの説の融合である。哲学的に異なった性格の両説をパルメニデスに対峙する立場として一つにして扱うという意図がなければ，両説は結び付けられることはなかった。

　したがって「『それ自体一である』否定説」は，「運動生成説」と「人間尺度説」の融合である以上，容易に「人間尺度説」および「第一定義」を導くことができる。以下，ソクラテスは「『それ自体一である』否定説」から両説を導出してみせる。以下の議論は明快で簡潔なために，テキストをそのまま引用することが最も適当である。

§2　「人間尺度説」の導出（160c4-10）

「『それ自体一である』否定説」は，修正された「感覚論」を通して「運動生成説」と「人間尺度説」とを結び付けた。それゆえ，相関関係によりソクラテスの感覚が成立することから相対化による「ある」の使用が基礎づけられ，そこから「人間尺度説」が導かれる。以下テキストをそのまま引用する。

① 相関関係（160c4-6）

したがって，そもそも僕に対して作用を及ぼすものというのが，僕にとってこそそれなのであって，他の者にとってはそうでないのだとすると，またこれを感覚しているのも，それは僕であって，他の者ではないのだということになるのではないか。

② 相対化（160c7-8）

したがって，僕の感覚というものは僕にとっては真なのだ。なぜなら，それは常に僕にとっての「ありよう（$o\vartheta\sigma\iota\alpha$）」の感覚なのだから。

③ 「人間尺度説」(160c8-10)

　すなわち僕は，プロタゴラスの言うとおり，僕にとって「あること」については「ある」ということの，「あらぬこと」については「あらぬ」ということの「判別者（$κριτής$）」なのだ。

§3 「第一定義」の導出 (160d1-4)

　「修正感覚論」から導かれた「『それ自体一である』否定説」が，「人間尺度説」を導出すれば，第一部冒頭 (152b1-152c7) の議論が示したとおり，そこから「第一定義」を容易に導くことができる。以下，テキストをそのまま引用する。

　　それならば，「誤ることがなく（$ἀψευδής$）」「あること，あるいはなること（$τὰ\ ὄντα\ ἢ\ γιγνόμενα$）」について「思考上（$τῇ\ διανοίᾳ$）つまづくことがない者（$μὴ\ πταίων$）」である僕が，いやしくも何かを感覚するものである限り，まさにそのものを「知っている者（$ἐπιστήμων$）」になる (160d1-4)。

　第一部冒頭の議論では，「『各人にとってＦである』世界観」から「人間尺度説」を導き，そこから「第一定義」を導出したので，知識は「あること」にしか関わらなかった。しかしこの文脈では，「修正感覚論」から導かれた「『それ自体一である』否定説」から「人間尺度説」を導出し，そこから「第一定義」を導出している。したがって，「運動生成説」が前提されている以上，「あること」についてのみならず「なること」も並記する結果になっている。

§4 諸説の関係 (160d5-e2)

　ここで，議論の文脈を再認識すると次のようになる。「修正感覚論」から導かれた「『それ自体一である』否定説」は，「運動生成説」と「人間尺度説」とから二義的に解釈されている。したがって，この箇所の「『それ自体一である』否定説」からは，「人間尺度説」および「運動生成説」を容易に導くことができ，「人間尺度説」から「第一定義」を導くことができる。以上の議論にしたがって，第一部前半に登場する諸説を関係づけると

次のようになる。「運動生成説」,「人間尺度説」および「第一定義」は「『それ自体一である』否定説」を支持するという点において同じ立場に立つ。このことをプラトンは次のような仕方でまとめている。

> ホメロス,ヘラクレイトスなどのああした一族のものが全体となって唱えている「あたかも流れるもののごとく万物は動いているのだ」というもの,またこの上ない知者のプロタゴラスが主張する「すべてのものの尺度であるのは人間だ」ということも,これらが正しいとすると,「感覚は知識だということになる」という断定も,畢竟は「同じこと」に帰着してしまうのだ（160d5-e2）。

　議論構成をたどれば,「運動生成説」と「人間尺度説」および「第一定義」は,「修正感覚論」から導かれた「『それ自体一である』否定説」に帰着する。それゆえこの「同じこと」は,「『それ自体一である』否定説」を指している。このことは直前の箇所（160b5-c3）で「『それ自体一である』否定説の内容が確認され,「これがわれわれの議論が論じてきた議論が示すところだ」と明記されていることを受けている。第一部前半の議論構成から考えても,諸説の主張内容の論理的関係からも明らかである。
　ソクラテスが第一定義を直接検討することを避け,「人間尺度説」と「運動生成説」とを導入したのは,パルメニデスと対立する立場として第一定義を捉え,その点において同じ立場に立つ「人間尺度説」と「運動生成説」とを合わせて検討する意図があったからである。「第一定義」は「人間尺度説」から導かれ,「人間尺度説」と「運動生成説」は,パルメニデスに対峙して「それ自体一である」ものを認めないという立場に立つ。それゆえプラトンは「『それ自体一である』否定説」に与するという点において反パルメニデスという立場を一括し,「第一定義」「人間尺度説」「運動生成説」三者がその点で立場を同じくすることを論証する。プラトンは第一部前半の議論を通して,『それ自体一である』という言葉の使用を否定する相対主義や万物流転の思想を根拠に「知識は感覚である」と主張する諸説を示し,第一部後半でそれらを反駁する手法をとった。
　しかし,これまでの考察が示すとおり,「『それ自体一である』否定説」において諸説を一括する試みそれ自体には困難があった。特に「感覚論」

VIII 結び

を媒介にして「運動生成説」を「人間尺度説」と架橋するために，プロタゴラスには論理的な必然性がないにもかかわらず「運動生成説」を認めさせ，「感覚論」に対しては「運動生成説」に反する修正を加えなければならなかった。プラトンが，このような困難にもかかわらず諸説を一括しようとしたのは，おそらく「それ自体一である」ものを立論することなしに存在論と認識論が一貫性をもって構築できるのかどうかについて，強い関心があったためである。「それ自体一である」という表現が中期ではイデアを指していたということを考えれば，『テアイテトス』第一部は，中期以降のプラトンの思想の動向を探る上で重要である。

『テアイテトス』は知識を論じながらも，二世界論的イデア論について明示的な言及はない。しかしこのことは，プラトンがイデアを立論する必要がなくなったことを意味しない。第一部でプラトンが，「それ自体一である」ものを立論することなしに知識について語る諸説を一括し，後半で反駁することを考えると，イデア論への言及がないゆえにイデア論を破棄したとするのは早計である。しかしだからといって，『パルメニデス』において難点が指摘された以上[41]，『テアイテトス』でも中期と同様なイデア論がそのまま保持されているとするのも早計である。イデア論への言及の有無から，保持か破棄かを論じるのは，あまりに表面的であり，そして，この問いを立てること自体が早計である。

『テアイテトス』第一部前半において，プラトンの思考は「それ自体一である」ものを立てるということ自体，中期の思想の根幹を問い直し，彼の認識論の出発点を確認することへと向かっている。第一部後半から第二部，第三部と，プラトンの思考を追うことによって，われわれはこの問題の手掛かりを得ることができる。

---

41) プラトン『パルメニデス』128c5-135c4 を参照。

第二章

知識とことば（160d5-187a8）

プラトンは，『テアイテトス』第一部後半（160d5-187a8），「知識は感覚である」というテアイテトスの定義の成否を論じる文脈で，「人間は万物の尺度である」というプロタゴラスの説と，「万物は運動と生成からなる」という知者の説をそれぞれ反駁し，最後にテアイテトスの定義を反駁する（テアイテトスの定義を「第一定義」，両説をそれぞれ「人間尺度説」「運動生成説」と略記する）。第一部後半には9種類の反駁が提示されている。順に「第一反駁」「第二反駁」……と呼ぶことにする。第一反駁から第七反駁までは「人間尺度説」に対する反駁（161b9-179b9），第八反駁は「運動生成説」に対する反駁（181b8-183c7），第九反駁は「第一定義」に対する反駁である（184b3-187a8）。

これら九種類の反駁と「第一定義」の成否との関係は，「人間尺度説」および「運動生成説」と「第一定義」との内的な連関を明確にしない限り読み解けない。本章は，第一部後半部の議論構成から三者の関係を考察し[1]，プラトンが三者を反駁した意図を探ることを目的とする。

I 諸 解 釈

われわれは，まず諸解釈をみてみよう。
　F.M. コーンフォードに代表される伝統的解釈は，二世界論的イデア論

---

[1] 第一部前半のテキスト解釈については，本書第一章を参照されたい。

を前提して『テアイテトス』を次のように理解する。現象界は，プロタゴラスが説く相対主義的な世界であり，万物が運動生成を繰り返す流動的な世界である。プラトンはイデアこそ知識の対象だと『国家』で明言している以上，現象界では知識について語れない。プラトンは『テアイテトス』で，意図的にイデアに言及せずに知識を語る試みをし，それが失敗することを示した[2]。つまり，プラトンが三者を反駁した意図は，イデア論の必要を説くことにあった，と。

ところが，『パルメニデス』以降プラトンがイデア論を保持しているかどうか疑問視されるようになり，伝統的解釈が再検討されることになる。M. F. バーニエットはこの解釈に立って，論理的な議論構成という観点から伝統的解釈に反対する[3]。バーニエットは，「人間尺度説」「運動生成説[4]」「第一定義」に三者の論理的同値関係を認め[5]，「運動生成説」反駁に成功した段階で帰謬法による「第一定義」反駁が成立した，と解する。つまり，帰謬法によって『人間尺度説』および「運動生成説」が反駁されたのであるから，現象界では両説が成立するという解釈は成り立たないのである。伝統的解釈を再評価する動きはわずかにあるものの[6]，現在でも多くの研究者がこの解釈を支持している[7]。

---

2) Cf. F. M. Cornford, *Plato's Theory of Knowledge*, 1953, London, pp. 29-60 esp. pp. 58-59., プラトン『国家』517c8-d2, 479a1-3, 479d7-9.

3) Cf. M. F. Burnyeat, *The Theaetetus of Plato*, Cambridge, 1990, pp. 7-65. esp. pp. 9-10.,『パルメニデス』問題については，本書 p. 23, n26 および，プラトン『パルメニデス』128e5-135c4 を参照。

4) バーニエットは「運動生成説」を「ヘラクレイトス説」としているが，テキストではヘラクレイトスを含む複数の知者の名が挙げられ，プロタゴラスもそれに含まれている。「プロタゴラス説」との対比およびその内容を考えるとこれは適切ではない。この点について詳細は，本書第一章 pp. 16-21, 23-25 を参照。

5) バーニエットの解釈とその問題点については，本書第一章，特に註 2，4，5，10，11 を参照されたい。

6) Cf. A, Silverman," Flux and Language in the *Theaetetus*", *Oxford Studies in Ancient Philosophy* vol. XVIII. Summer 2000, pp. 109-152; D. Sedley," Three Platonist Interpretation of the *Theaetetus*", C. Gill&M. M. McCabe ed., *Form and Argument in Late Plato*, Oxford, 1996, pp. 79-103;

7) Cf. D. Bostock, *Plato's Theaetetus*, 1988, Oxford, pp. 48-51; R. M. Polansky, *Philosophy and Knowledge: A Commentary on Plato's Theaetetus*, 1992, Bucknell University Press. pp. 74-75; G. Fine," Conflicting Appearances: Theaetetus 153d-154b, "*Form and Argument Late Plato*, 1996, Oxford, pp. 105-106, 108, 116-117; Bernard Williams. ed

しかし第一部後半の議論構成からは帰謬法という解釈は疑わしい。仮に帰謬法であれば，「人間尺度説」「運動生成説」「第一定義」いずれかのうちただ一つから明らかな不合理を導きさえすれば論証は完了するはずである。しかしプラトンは「人間尺度説」の反駁の成功を認めた後，「運動生成説」反駁へ向かい，その反駁の成功後もさらに，「第一定義」反駁をもまた行っている。帰謬法であれば，プラトンが三者それぞれに対して反駁を行う論理的な位置づけは不明であり，プラトンが論理的に不必要な議論を行ったことになる。

われわれは，第一部後半の議論構成を再検討する必要がある。

II 議論構成

第一反駁から第五反駁は，「予備的な」「表層的な反駁」[8]として軽視されているが，この箇所を分析することにより第一部後半の反駁方法が明確になり，第一部全体の議論構成を探ることができる。

§1 反駁方法の検討

「第一反駁 (161b9-162a7)」は，「人間尺度説」の問題点を次のような仕方で指摘する。

「人間尺度説」が説く相対主義的な世界では，各人が尺度である以上各人が知者であり，人間の間での知恵の優劣はありえない。しかしわれわれは，社会通念上，知恵の優劣を認めている。感覚能力を持っている動物と人間とが知恵において同等であると考えず，また人間の知恵も神と同等だとは考えない。さらに，知恵あるソフィストに謝礼を払って知識の教授を受けるからには，人間の間での明らかな知の優劣を人々は認めている。知の優劣を認めることは「人間尺度説」と矛盾する (cf. 161b9-162a3)。

Theaetetus, 1992, Introduction by Bernard Williams pp. x-xii; M. M. McCabe, *Plato's Individual*, 1994, Princeton University Press, pp. 133-161. esp. p. 133, n4, 135-137.

8) 「第一反駁」から「第五反駁」は，いずれも短く，反駁の方法の不備が指摘されることから，解釈者は「第一定義」反駁の文脈からは外している。例えば，M. Burnyeat, op. cit., pp. 19-21, D. Bostock, op. cit., pp. 84-85. 等を参照。

これに対しては，次のようなプロタゴラスの反論が予想される。すなわち，提示された反駁は大衆受けのするまことしやかな議論であって論証としては不適切である（162c2-163a3），という反論である。プロタゴラスは，知者である自分の見解を無知な大衆が理解できないことを示唆し，知者の説と大衆の思いとの落差を問題にする。これは第六反駁で展開される主要な論点であるが，次章で詳しく取り上げるのでここでは立ち入らない。

　次にソクラテスは，「知識は感覚である」という第一定義から生じる矛盾を列記して，プロタゴラスに反論する（163a7-c4）[9]。反駁は四種類ある。まず「第二反駁（163b1-7）」では，習得していない外国語を音声で聞いたり，文字を見たりする場合を問題にする。「感覚は知識である」ならば，その外国語を感覚していないとすべきなのか，その外国語を知っているとすべきなのか。これに対してテアイテトスは次のように答える。外国語の発音や形については，感覚して知っているとすべきである。しかし外国語の教師が教授するものは知らないとすべきだ[10]，と（163b8-c4）。

　ソクラテスは，テアイテトスの反論を評価し，同種の反駁を例示する。これが「第三反駁（163c5-164b12）」である。「第一定義」によれば，何かを感覚している人は，当の対象を知っていることになる。例えば，見ることによって知るようになった対象について記憶している場合，目を閉じているならば，感覚していない以上，記憶していても知らないことになる，と。ソクラテスは，このような反駁方法そのものが不適切だという。つまり，その論証が「知っている」と「感覚している」という「ことばの使用範囲の一致（164c8-9）」のみを問題にしており，「反対するために論を組み立てる専門家の手法（$\dot{\alpha}\nu\tau\iota\lambda o\gamma\iota\kappa\tilde{\omega}\varsigma$, 164c8）」だと批判するのである。

　さらにソクラテスは，同種の不適切な手法の反駁を挙げる（「第四反駁

---

9) 第一定義を提起したのはテアイテトスであるのに，ソクラテスはプロタゴラスに第一定義反駁を向け，テアイテトスではなくプロタゴラスが第一定義を擁護している。理由は，第一部前半の議論構成にある。第一部の前半でテアイテトスが第一定義を提起した後，第一定義を正当化する説として「人間尺度説」が導入されている。それゆえ第一部前半では，第一定義を正当化する根拠は「人間尺度説」にある。「人間尺度説」のみが直接第一定義を正当化する理由を提示している以上，文脈上，第一定義の反論に答えるのはプロタゴラスなのである。

10) この論点は，第一部の最終議論において重要な「感覚すること」と「知っていること」との差異につながる。『テアイテトス』184b3-187a8 を参照されたい。

(165b7-d1)」,「第五反駁 (165d2-e4)」)。すなわち,片目で見ていて片目で見ていない場合,知っていて知らないことになる。また,「感覚する」に使用可能な副詞「くっきりと」「ぼんやりと」「激しく」「おだやかに」は,「知っている」には使用できない,と。

ソクラテスは,第二反駁から第四反駁までは簡単に退ける。しかしこれらの反駁が,「知識は感覚である。」という定義の反駁として本当に不適切かどうかは疑問である。なぜなら,定義の成否を検討するにあたって,定義項と被定義項との外延を比較することは,一般的で正当な手続きだからである。われわれは,ソクラテスがこれらを退ける理由に注目してみよう。

§2 プロタゴラスの反論

ソクラテスは第一から第五反駁が不適切である理由を三点,プロタゴラスの立場から説明する。ソクラテスは,上記の反駁は,第一部全体の議論から逸脱した形式的な反駁であるゆえに,退けるべきだと言う。以下順に論点①②③とする。

① 作用を及ぼされて受け取ったことのあるものを人が記憶して思い出している,その記憶というものは,人がもはやその作用を受けていない時において,なおその作用を受けていた時のように,何かそうした受動の状態のままで現にその人に「ある」とはいえない。人が(以前と)同じものでなく「なりゆく」ものでありながら,それがそのようになりゆく以前のものと同じものである,ということは承認しがたい (166b2-c2)。
② われわれの各々に「なる」ところの感覚は,決して各個にだけ特別「なる」ものではない,という反駁をすべきである (166c4-5)。
③ たとえ各々にだけ特別「なる」ものだとしても,それだからといって,そこに現われているものがとにかくそれが現われているところの,その者にのみ「なる」のだとか,あるいはまた「ある」という語を用いるべきものだとすれば〔その者にのみ〕「ある」ということは決してあるまい,という反駁をやるべきである (166c5-7)。

論点①から③は第一部前半の議論と深い関係があり,この論述のみから

は理解できない。そこで論点①から③の根拠となる前半部のテキストを挙げ，第一部前半の議論とのの関係を確認しよう。

1 「運動生成説」との関係

論点①は第一部前半の「運動生成説」が成立することを前提にした反論である。まず第一部前半で「運動生成説」が導入された箇所を確認しておこう。

> あらゆるものは，運動あるいはさらに一般的な動きというものからなり，また相互の混和からなる。…〈中略〉…何ものもいかなる時においても「ある」ということはないのであって，終始「なる」のだから（152d7-e1）。

さて，「運動生成説」は，プロタゴラスが弟子たちに教えていた「秘密の教説」に与するという理由から導入されている（152c8-11）。「秘密の教説」は，「何ものもそれだけでそれ自体一であることはない（ἓν μὲν αὐτὸ καθ' αὑτὸ οὐδέν ἐστιν, 152d2-3）。」——「『それ自体一である』否定説」と略記する——という立場に立つ複数の説で構成されており，多くの知者が賛同する「実に容易ならぬ言説」である。そして「『それ自体一である』否定説」に立ち，あらゆるものに「運動生成説」が成立するとするならば，対象に固定的に内在していると考えがちな諸性質，例えば「白」という性質についても，何らかの「動き」あるいは「相互の混和」から成り立っているはずである。そこで，単独で「白いもの」が，運動や生成変化から独立に「白くありつづけること」を否定し，可感的な性質はいずれも感覚者と感覚対象という能動受動の相互関係において性質が決定するという図式が整う（153d8-154a4）。

それゆえ感覚者の状態も絶えず変化し，感覚者との関係で性質が決定する感覚対象も時々刻々変化することになる。すなわち，「それが同じものとして現れるなんてことは君自身にとってさえないことなのではないか。なぜなら，君自身にとって君自身の身の持ち方は決して同様の時がないのだから（154a7-8）。」，と。

このように論点①は，感覚者と感覚対象とが，能動受動の相互関係にお

いて絶えず生成変化を繰り返すことを前提にしている。したがって①の反論は、この前提を突き崩すべく、「『それ自体一である』否定説」に立つ「運動生成説」を反駁せよ、という趣旨になる。

2 「感覚論」との関係

次に論点②を考察してみよう。この論点は、第一部前半の「感覚論（156a3-157c2）」を念頭においている。「感覚論」とは、論点①で確認した感覚者と感覚対象との相互関係の図式において、その時々の感覚と感覚性質とが、感覚者に固有に生じることを具体的にモデル化したものである。感覚対象と感覚者との相互の交わりによって、可感的性質と感覚との双子が生まれ、それらがそれぞれ感覚対象と感覚者とに作用を及ぼし、感覚対象は感覚性質を帯びたものに変化し、感覚者は感覚している者に変化する、という構造になっている。

「感覚論」では「運動生成説」を原理とし（「あらゆるものは運動であり、それに反するものは何一つない、156a4-5」）、「何ものもそれ自体一であるということはない、157a8-9」という立場に立つことが明記されている（156a3-5, 157a7-b3）。

> あらゆるもの、あらゆる性質は、動から、相互の交合によって生成するものなのだ。なぜなら、これらのものどもにあって作用を及ぼすとか、受けるとかするものさえも「単独で何かである」と固定的に考えることは、彼らの主張に従う限り不可能なのだから（157a1-4）。

そして「感覚論」の最後は、次のように「『それ自体一である』否定説」を結論としてまとめられている。

> これらすべてからの結論は、はじめから言っていたことなのだが、何ものもそれだけでそれ自体一であるものはなく、何かに対して常になりゆくものなのであることである（157a7-b1. cf. 156e7-157a2）。

つまり「運動生成説」を原理とする「感覚論」によれば、万物は常に何かとの関係で「なる」のであり、習慣や無知から使用されている「ある」

は物事が一つのものに留まっていることを意味するがゆえに，われわれの言語から排除すべきだ，と主張するのである（cf. 157b1-c1）。

したがって論点②では，「運動生成説」を原理とし「『それ自体一である』否定説」に立つ「感覚論」を崩すような反駁を行うよう命じていることになる。すなわち，感覚者と感覚対象との相互関係において感覚が各個に成立することを反駁しない限り，「第一定義」は反駁されない，というのである。

3 「人間尺度説」との関係

それでは論点③はどうか。論点③と論点②との相違は，論点②では「感覚論」がモデル化する世界は「ある」の使用を一切禁じて「なる」の使用のみを認めるのに対して，論点③では「ある」の使用を認めている点である。このように「なる」と「ある」との併用を認めているのは，第一部前半では「感覚論」と「人間尺度説」とを関係づける以下の箇所である。

> 僕の有は僕自身にだけ，そのものの有はそのもの自体だけに結び合わされているというのではない。…〈中略〉…僕とそのものが，お互いにとって「ある」なら「ある」，「なる」なら「なる」ということになるのだと思う。なぜなら，僕のありようとそのもののありようとは必然によって結び合わされているのであって，僕とそのもの以外のいかなるものにも結び合わされてはいないからである（160a9-b8）。

これは，「『それ自体一である』否定説」を感覚者と相対的に対象のあり方が定まるという相対主義の立場から解したものである。この解釈によると，「そもそも僕に対して作用を及ぼすものというのが，僕にとってこそそれなのであるが，他の者にとってはそうではないとすると，またこれを感覚しているのも，それは僕であって，他のものではないということになり（160c4-6）」，「感覚論」から相対主義が導かれることが示されている。つまり，万物が生成変化する，という理由で「それ自体一であるもの」を認めないという論点①とは異なり，各個に対する現われが実在と一対一対応しているという「人間尺度説」の立場である。

4 「『『それ自体一である』否定説」との関係

このように，論点①は「運動生成説」と，論点②は「感覚論」と，論点③は「人間尺度説」と結びついている。そしていずれの論点も，ものが変化せずに「ある」ことと他との関係なしに「ある」ことを否定する「『それ自体一である』否定説」に立っている。「第一定義」は，「『それ自体一である』否定説」に与する「運動生成説」および「人間尺度説」から導出されることが第一部前半で示された[11]。それゆえ第一部前半の議論に基づいて「第一定義」を反証するためには，「感覚論」を介して「『それ自体一である』否定説」で架橋された「運動生成説」および「人間尺度説」全体を相手にしない限り，反駁としては不適切である。プロタゴラスの反論の末尾には，次のような論述がある（168b3-7）。

> 君は敵対心や闘争心を捨てて，和らいだ理解をもって，われわれが「すべてのものは動いている（運動生成説）」あるいは「各人に思われていることは，その各個が私人であっても公共体であっても，各人にとってまたそうありもする（人間尺度説）」ということで何を言っているかをわれわれと一緒の立場まで降りてきて，それこそ本当によくみるようにしてくれなければ。そしてそれら二説から，知識と感覚が同じものであるか，それとも全く違ったものであるか，さらによく見るようにしてもらいたいものだ。

第一部前半の議論の目的は，第一章の分析によれば，「何ものもそれ自体『一である』ことはない」という立場に与する説として「人間尺度説」と「運動生成説」とを導入し，感覚論を修正しながら「運動生成説」と「人間尺度説」とを架橋することにあった[12]。それゆえ，第一定義を正当

---

11) 本書第一章，特に pp. 44-48 を参照されたい。
12) 本書第一章を参照されたい。第一部の議論構成は，以下のように図示できる。
① 「人間尺度説」⇒「第一定義」(151d7-152c7)
② 「運動生成説」⇒「『それ自体一である』否定説-運動生成解釈」
　「人間尺度説」⇒「『それ自体一である』否定説-相対主義解釈」(152c8-e10)
③ 感覚論（「運動生成説」+相関関係による可感的性質規定）⇒「『それ自体一である』否定説-運動生成および相関関係規定解釈」(153a1-157c6)
④ 修正感覚論（「運動生成説」+相対化による可感的性質規定）⇒「『それ自体一で

化する位置にあるのは、一言で言えば「『それ自体一である』否定説」であり、それを具体化したのが「人間尺度説」と「運動生成説」を原理とした「感覚論」なのである。したがって、第一部前半の議論を踏まえて第一定義を反駁するには、第一定義を正当化する位置に置かれた「人間尺度説」と「運動生成説」を原理とした感覚論とを反駁の対象にすべきである。

　第二から第五反駁は、第一部前半部の諸説の関係を無視して「第一定義」のみを切り取り、「知っている」ということばの使用範囲の一致のみを問題にしている（164c8-9）。それゆえ「反対するために論を組み立てる専門家の手法（$\dot{α}ντιλογικῶς$, 164c8)」だとプロタゴラスは批判するのである。一般に、定義の場合には定義項と被定義項の厳密な意味での同一性が要求されるので、二つの語の外延が一致するかどうかチェックすることは重要であり、それだけで反駁が不当だとは言えない。ここでこれらの議論が退けられるのは、第一部前半の哲学的文脈から逸脱しているという点においてのみである。

　したがって、「人間尺度説」と「運動生成説」とが第一定義と論理的に同値とし、反証は帰謬法により構成されると解する場合、第二から第三反駁の不当性は説明できなくなる。論理的に同値であるならば、定義項と被定義項の外延が一致しないことが証明できれば、帰謬法による反駁が成立する。そしてプロタゴラスが反駁の不当性を指摘することは全くの的外れとなる。

III 「人間尺度説」の反駁

最後にプロタゴラスは、第一反駁に対して反論する。すなわち、世の中には尺度たりえる知者と、尺度たりえない無知な大衆が存在するという第一反駁に対して、プロタゴラスは次のように言う。万人は尺度であり、偽な

　　　　ある』否定説－運動生成および相対主義解釈」⇒「人間尺度説」⇒「第一定義」
　　（157e1-160d4)
　⑤　「人間尺度説」⇒「『それ自体一である』否定説」
　　　「運動生成説」⇒「『それ自体一である』否定説」
　　　「第一定義」⇒「『それ自体一である』否定説」（160d5-e2)

る思いはないが，よりよい感覚とより悪い感覚の差異はある。しかし愚かな者は，よりよい感覚を「真なる思い」，より悪い感覚を「偽なる思い」と誤解し，万人が尺度だとはいえないと考えている，と (cf. 166d1-167d4)。

　「人間尺度説」は全称命題で構成されているので，ただ1つの反例を示すことによっても反駁は可能である。すなわち，尺度たりえない人，あるいは事柄が1つでもあれば，「人間は万物の尺度たりえない」。しかしプロタゴラスは，愚かな者が素朴に反例と思われるものを「誤解」として退け，知者たちは事の真相を自説に整合的に説明できる，と反論するのである。ここでは知者対愚者という対置図式の中で，愚者の不正確な言葉と知者が使用する言葉との対比が鮮明になっている (cf. 167b1-4)。それゆえ，プロタゴラスから見て不正確な言語使用をしている愚者の側に立って反駁を行う限り，プロタゴラスに言語の使用を正されることに終始する。これに対してプラトンは，第六反駁で「人間尺度説」そのものの成立基盤を問題にし，その主張内容が，両説が使用している言葉の成立そのものを脅かすことを示す方法をとる。

§1　プロタゴラスの自己反駁

　プラトンは第一部後半6番目の「プロタゴラスの自己反駁 (168c8-171d8)」——以下「自己反駁」と略記する——は，正当かつ有力な反駁と位置付けている。「自己反駁」は，周知のとおり，相対主義的な真理説を説く際に陥る自己反駁の典拠と解されており，古代懐疑論のテキストもそれを傍証している[13]。ところがこの反駁の論理的正当性は次のような理由で疑問視されている[14]。それは，「自己反駁」の議論の末尾で「誰にとっても『人間尺度説』は偽である」と結論するが，論証の過程で，「人間尺度説」の真偽の判断について「プロタゴラスにとって」あるいは「反対者

---

13)　Cf. M. F. Burnyeat, op. cit., pp. 29-31; M. F. Burnyeat, 'Protagoras and Self-Refutation in Plato's *Theaetetus*', *Philosophical Review* 85, 1976, pp. 172-195

14)　Cf. Georgy Vlastos, *Plato Protagoras*, Indianapolis, 1956, pp. xiv; W. G. Runciman, *Plato's Earlier Epistemology*, Cambridge, 1962, p. 16; Kenneth Sayre, *Plato's Analytic Method*, 1969, pp. 87-88; David Bostock, *Plato's Theaetetus*, Oxford, 1988, pp. 90-92.

にとって」という限定句をプラトンは外しているからである。真理について相対主義を採ると，少なくとも「人間尺度説」を主張するプロタゴラス当人にとっては真であるはずだ。限定句を周到に外すことによって，「自己反駁」の結論を論理的な要請よりも強いものとして提示しているのであれば，「自己反駁」は成功していないと解さなければならない。諸解釈者は，限定句問題でプラトンの旗色が悪いので，テキストから離れ，プロタゴラスの主張内容（命題レヴェル）は相対的な真理だが，プロタゴラスがそれをメタレヴェルで客観的な真理だと思っている矛盾を指摘し，お茶を濁しているような感じを受ける[15]。

この種の嫌疑は，相対化する限定句さえつければ相対主義は自己反駁に陥らないという前提に立っている。すなわち，相対主義者はどんな精緻な反対論に対しても，「反対論者にとって真である」と言いさえすれば，反論をかわすことができる，と。プラトンはこの前提そのものを覆えそうとする。限定句に関する細かいテキスト解釈は次章に譲り[16]，本章では反駁の論理構造のみを問題にする。

§2 「人間尺度説」

われわれはまず，「人間尺度説」の内容を第一部のテキストを振り返って確認してみよう。「人間尺度説」は，各人への現われが，「当人にとってある」実在と一対一対応していることを説いている（152a6-9）。例えば，同じ風が吹いている場合，震えている人には寒く，震えていない人には寒くない。またある人は少し寒く，ある人はひどく寒い（152b2-4）。つまり，「〔風は〕寒い人には冷たく〔あり〕，寒くない人には冷たくなく〔ある〕（152b3）」。この立場は，「風それ自体（αὐτὸ ἐφ' ἑαυτοῦ τὸ πνεῦμα）が冷たい，あるいは冷たくない（152b6-7）」という立場を退けている。つまり，各人への現われとは独立に客観的な事実が成立しているのではなく，各人への現われが事物のあり方をそのまま映している。それゆえ，プロタゴラスにとっては，各人がその「冷たさ」を感知できないことも，誤って

---

15) Cf. Bostock, op. cit., p. 90; K. Sayre, op. cit., pp. 85-91, esp. pp. 88-90; K. Dorter, *Form and Good in Plato's Eleatic Dialogues: The Parmenides, Theaetetud, Sophist*, University of California Press, 1994, pp. 84-86; R. Polansky, op. cit., pp. 131-132.

16) 本書第三章を参照されたい。

風の性質を判断することもありえない (152b1-2, b6-7)。つまり，各人の判断に対して，対等の信憑性を認め，客観的な判定基準を置かないものである。それは当人の直接的な感覚についての思いは，不可訂正性をもつからである。その意味で偽がない[17]。それゆえ，感覚はものの「ありかた」を映し，誤りがないので，それは知識のようなものだ，という。このように，「人間尺度説」は「それ自体『ある』」ということばを拒否する立場をとり，「第一定義」を導出するのである (152c5-6)。

さてプラトンは，「知者プロタゴラスは大衆には謎めいた言葉で語ったが，弟子たちには秘密で次のような教説を教えていた (152c8-11)」という。すなわち，「何ものもそれ自体一であることはなく (152d2-3)」，何かとも，どのようにかとも正しく言うことはできず，大きいと述定すると小さくも現われ，重いと述定すると軽く現われ，あらゆるものは同様である (152d3-6)。何ものも一であることも，何かであることも，どのようにかであることもないのである (152d6)。

「秘密の教説」では，愚かな人々が無知のために「限定抜きに『ある』」ということが成立するかのように語っている，と指摘する (152d8-e1, 157b1-3)。つまりわれわれは愚かにも，客観的な事実の確定や学問探求において「ある」の限定抜きに用いるが，それは言語の不正確な用法であり，相対化されている「ある」こそ言語の正確な用法なのである。それゆえプロタゴラスは，前者を禁止して後者へと変換するように命令する (160b8-c2)。すると彼は，「われわれの不正確な言語」を用いて奥義を説明する一方で，われわれが愚かにも用いる限定抜きの「ある」を，相対的な「ある」へと変換すべきだと主張することになる。つまり，われわれが愚かにも限定抜きに「ある」と言っていることは，実は相対的な意味で「ある」ということであり，われわれはすべて尺度であり (cf. 167d2-4)，われわれは元来相対化された世界の住人である，というのである。プロタゴラスによれば，われわれは愚かにも限定抜きの「ある」を用いて相対化されない世界に住んでいると幻想している，ということになる。

---

17) この箇所でプラトンは，「偽」と対立する「真（$ἀληθές$）」という述語を用いずに，「誤りがない（$ἀψευδές$）」という語を用いて慎重に区別している (152c5)。

§3　自己反駁と「ことば」の問題

このような議論は，相対主義者を知者として，われわれ相対主義無理解者および反対者を愚かな大衆と対置する図式の下に成立している。そしてその図式と「人間尺度説」とは第六反駁で根本的な齟齬をきたすようになる。仮に，プロタゴラスの主張どおり，世界はすべて各人に相対化されており，「ある」の正確な使用法は相対化された用法しかないのであれば，プロタゴラスは賢明にも世界のあり方に対応した言語を使用していることになる。しかし愚かにもそれに理解を示さず，相対化されない「ある」を使用している大衆は「人間が万物の尺度である」とは思っていないので，プロタゴラスの言う真の世界像に対応しない言語を使用し，限定抜きの真偽を語ってしまう。

　プロタゴラスは，「人間尺度説」を採る以上，「各人に思われていることは，思われている各人にとって何かそのようにある（τὸ δοκοῦν ἑκάστῳ τοῦτο καὶ εἶναί φησί που ᾧ δοκεῖ, 170a3-4)。」と主張し，あらゆる人の思いなしは（当人にとって）真だという（cf. 170d6-8）。すると「人間は万物の尺度でない」と思っている大衆にとっては，人間は万物の尺度ではなく「人間尺度説」は成立しない。そして「人間尺度説」はプロタゴラスにとっては真であるが，プロタゴラスの反対者にとっては偽である，と相対化する限定句をつけることは，プロタゴラスの反対者にとって「人間尺度説」が成立していないことを認めることになる（cf. 170e7-171a5）。ここで，「人間尺度説」は部分的に崩れることになる。

　この状況を回避するためにプロタゴラスは，「人間尺度説」を信じない大衆に対して，本当は「人間は万物の尺度である」と説得する必要がある。しかし愚かな大衆が「プロタゴラスの説は間違っている」と主張しても，プロタゴラスが万人は尺度であると信じているならば，彼は相対主義を採らない人の思いをも「（当人にとって）真だ」と認めなければならない（171a6-10）。それゆえプロタゴラスは，「プロタゴラスの思いなしは偽である」という反対者の思いが限定抜きに偽である，と反論できない(cf. 171b1-9)。なぜなら，「人間が万物の尺度ではない」という思いは偽である，とプロタゴラスが主張するならば，その主張自体が「人間尺度説」に反するからである（cf. 171b10-c7)。「人間尺度説」は各人の思いが事実と

一対一対応していることを説くのである以上，事実と対応していない思いが存在することを認めることはできないのである。それを認めることは，思いとは独立に，「人間尺度説」が「限定ぬきに真である」という，相対化されないあり方を認めることになるからである。

　全世界の人々がすべて相対主義者であり，「人間尺度説」を信じているならば，「人間尺度説」はあらゆる人にとって真であり，プロタゴラスにとって問題はない。しかしプロタゴラスに反対する人が存在する場合，プロタゴラスは反対者に対して自説を正当化することができないのである。

　このようにして「人間尺度説」は自己反駁に陥る。第六反駁では，事実として世界が相対的に成立していないことを証明しているわけではない。プロタゴラスは相対主義ゆえに，相対的な真理をプロタゴラスの反対者に説くことができない，ということを証明している。逆にいえば，プロタゴラスが自己反駁に陥っても，世界は各人に相対的にあるのかもしれない。もしかすると，相対的真理を整合的に説明できる，相対主義で閉じた「ことば」をわれわれがもたないだけかもしれない。しかし真理を整合的に説明する「ことば」を持たなければ，われわれは知識を語ることができない。それゆえ，われわれは少なくとも「人間尺度説」を根拠に知識論を構成することはできないのである。このように第六反駁は，万人が尺度ではない，ということを事実として証明することに主眼はない。プラトンは相対主義を説く「ことば」の問題に切り込んでいる。

§4　「人間尺度説」反駁

「第七反駁（177c6-179b9）」では，相対主義が実際に成立するかどうかを問題にする。政治については国家間の相対主義が成り立つ。しかし法律は将来に向けて「為になる」ことを制定した法律に限らず，感覚の領域でも将来に向けて「あるべき」ことについては，個人の思いなしではなく専門家の判断が権威を持つ。つまり，将来のあるべき感覚については，知者の判断は大衆の判断を凌駕しているのである。残るのは，現在の感覚である。そしてプラトンは次のように言う。（179c1-d1）

　　「人間尺度説」については，「あらゆる人の思いなしがすべて真ではない」ということを示すことによっても反駁は可能だが，現在の受動の

状態から感覚が生じ，その感覚に即して思いが生じる場合，その感覚が真ではないと反論することは難しいかもしれない。……つまり，それらの感覚が明々白々であり，おそらく知識であると主張する人々に出くわすなら，彼らは難攻不落な人々であろう。そして，このテアイテトスが「知識は感覚である」と定義したのも的外れなことを言ったわけではない。

　バーニエットは複雑な上に大部な第一部の議論構成を読み解くに当たって，上記のような，議論と議論との間に置かれている「ト書き」を手がかりにする，効率のよい方法をとっている[18]。われわれもこのト書きを手がかりに，議論構成を確認しよう。ソクラテスは第七反駁の最後に，「知識をもっていない人は尺度たりえない（179b2-4）」ということが医学等様々な知識について証明されたとし，その結果，プロタゴラスの「人間尺度説」が成り立たないことを確認する（179b6-9）。ここで，「人間尺度説」はあらゆる人間を尺度と認める限り，成り立たないことが確認される。帰謬法であれば，この時点で論証は成立するはずである。しかしこのト書きからは，「人間尺度説」を反駁し，「運動生成説」と「第一定義」とを帰謬法によって一挙に倒そうとするプラトンの意図を読み取ることはできない。先に確認したとおり，第一部前半で，現在の受動の状態から感覚が生じ，その感覚に即して思いが生じることを論じた箇所は「感覚論」である。「感覚論」は「運動生成説」を前提し，「それ自体一である」否定説に与していた。「人間尺度説」が反駁された後，「感覚論」を根拠に第一定義を主張する道が残されたことがここに明記されている。われわれは第八反駁に進もう。

---

18)　Cf. Burnyeat, op. cit., p. 9.

IV 「運動生成説」の反駁

§1 「運動生成説」反駁の位置づけ

「第八反駁 (181b8-183c7)」の議論の骨子は次の通りである。万物流動を前提すると生成変化するものを「ことば」で記述することは不可能になり，「Fである」とも「Fでない」ともいえない。それゆえ「知識は感覚である（第一定義）」とも「知識は感覚でない」ともいえない，というものである。

第八反駁は紙面が少なく簡易な構成の論証であるにもかかわらず，過度に重視されてきた。バーニエットによれば，「運動生成説」そのものを反駁する議論であり，帰謬法の結論を示す重要な箇所になる。また最近，シルバーマンは言語使用可能性を問う重要な議論と解し，イデア論を要請する議論だと主張する[19]。

しかしこの議論が，「運動生成説」そのものを反駁する，あるいは言語使用可能性を真っ向から問う議論であるかどうかは疑問である。仮に帰謬法による反駁が成功しているのであれば，万物が流動していない，という結論が導かれるか，あるいはある種のものが静止しているということが証明されたことになる。しかし第八反駁の最終段階で，流動する事象が否定される証拠も，静止している事象が提示されているわけでもない。流動する事象について如何にして語れるか，ということそのものを哲学的に問題にしている。この難問を避けて，言語使用不可能が不合理であるから「万物が動く」という説は間違っている，とするのはあまりにも安易である。

先にみたト書きによれば，第八反駁は，万物の生成流転を原理とする理論から第一定義を導出できないという論理的な関係を示す証明である。第八反駁も第六反駁同様，説そのものを倒すことではなく，感覚を知識とする立場との論理関係を論じる。すなわち，万物は流転しない，と論じるのではなく，「運動生成説」から「第一定義」が導出できないことのみを論

---

19) Cf. A, Silverman, op. cit., pp. 109-152. Cf. D. Sedley, op. cit., pp. 79-103.

証する。以上の点をテキストの分析を通して明確にしたい。

§2 「運動生成説」反駁の構造

われわれがまず確認すべきことは,「運動生成説」では感覚を動くものとして,それを「あるもの（οὐσία）」と措定している,とプラトンが解している点である（179c2-d5）。つまり,感覚が「あるもの」であるゆえに知識である（cf. 152c5-6）,という図式の下に知識を考える立場が問題になっている。

「あるもの」が運動するか静止しているかについては,古来から,ホメロスをはじめとする運動を説く人々とパルメニデスとが対立していることが説明され（179e3-181b7）,「万物は運動している」という立場の検討に向かうことが確認される（181b8-c2）。

さて,運動には場所の移動と同一地点での性質変化という二つの様態があり（181c3-d7）,「万物は運動している」という以上,移動と変化の両方の様態で万物は運動している,という結論に達する（181d8-182a3）。そして「感覚論」が移動と変化の両方の様態で万物は運動していることをモデル化していたことを想い起こす（182a4-b8）。その際,「感覚論」が「『それ自体一である』否定説」に立つことが確認される（182b3-4）。

万物が運動している以上,移動と変化の両方を同時に行わなければならない,という主張は,第一部前半の「運動生成説」と区別して[20]「極端なヘラクレイトス説」と解されてきた[21]。二つの様態で動くという前提を立てたがゆえに,事物の指示が不可能になるとすれば,この条件は極端すぎると考えられるかもしれない。実際,性質変化はないが運動している場合,あるいは静止しているが性質変化している場合はいずれも「運動している」とは言えなくはない。それゆえ,運動と変化いずれかの様態であれば「運動している」とすることも可能である。

しかしわれわれは,「運動生成説」はパルメニデスと対峙する「『それ自体一である』否定説」と結びついていることに注意しなければならない。『テアイテトス』第一部では,そもそも歴史的なヘラクレイトスの学説が

---

20) Cf. J. McDowell, *Plato Theaetetus*, Oxford, 1973, pp. 179-184.
21) Cf. Cornford, op. cit., p. 95; Bostock, op. cit., pp. 101-110.

IV 「運動生成説」の反駁　　　69

反駁の対象にされているわけではない[22]。ここでは，事物が運動か変化かいずれかの意味で，1つの規定に留まり続けることを否定している。つまり，運動していればよいわけではなく，静止していない，という点が重要である（181e5-8）。つまり，性質変化はないが移動している場合には，性質については静止していることになる。また，移動せずに性質変化している場合には，移動については静止していないことになる。それゆえ，いずれかの意味で静止している「それ自体一である」ものを一切排除するために，万物が運動と生成を同時に繰り返すことが要請されたのである。

　それゆえ「白いもの」も場所の移動と性質変化の途上にある以上（182d1-4），別の色のものへと変化する。するとそのものの色を言うことができない（182d4-7）。さらに感覚者の方も見ている状態から聞いている状態等，別の感覚へと変化するので，「見ている」とも「見ていない」とも言えない（182d8-e7）。それゆえ，「知識である」とも「知識でない」とも言えない（182e8-183a1），と論は展開する。そして，物事が運動変化を繰り返す以上，「～である」と言っても「～でない」と言ってもいずれも正しいことになるが（183a2-9），ただ，ことばの上で「～である」と静止させることも本当は避けなければならず，生成流転論者は何か別の言語を制定しなければならなくなる（183a10-b6）。

　この反駁の意味については，われわれはさらに考察しなければならない。

§3　「ことば」と運動

まず「感覚論」は，少なくとも，事物の絶えざる場所の移動と性質変化を感覚の場面でモデル化することに成功している。特定の時点で，事物の性質や感覚している状態を正確に言うことができないことは，このモデルの致命的な欠陥とは言えない。だから，白いか白くないかをわれわれが正確に述べられないことと，「感覚論」あるいは「運動生成説」が間違っているかどうかは別の問題である。なぜなら，実際にめまぐるしい場所の移動と変化を繰り返す事物のありさまを「われわれの言語」が正確に記述することができないゆえに，事物が動いていない，ということにはならないからである。それゆえ，「運動生成説」から「言語使用不可能」という不合

---

22)　第一章，特に pp. 23-25 を参照されたい。

理が導かれるゆえに帰謬法が成立する，というのは乱暴な議論である。

　私たちが通常，対象を指示してその対象の性質を述べる場合，必ず'時間差'が生じる。例えば，満天輝く星の光は，私たちの目に届いた時にはもう過去何万年も前の光である。今，その星について述べたとしても，その星はもう存在しないかもしれない。同様に，私が今述べている対象のありさまは，数秒前のありさまかもしれない。しかしわれわれは時間差がありながらも，デネブやシリウスについて語っている。同様に，生成変化する事物についても，私たちの日常的な指示と述定は，事物のありさまとずれがあるかもしれない。指示と述定が時間差に縛られる以上，われわれの言語が事物のありようを刻々と実況中継するような機能をもっていない，といえよう。しかしだからといって，われわれが事物について語ることそれ自体，言語そのものが不可能だと結論するのは早計である。

　プラトンが問題にするのは，「白さ」という性質そのものが流動し，色について「規定する（$προσειπεῖν$）」ことができなくなることである（182d1-5）[23]。われわれが対象について語るとき，特定の対象を言語によって指示して，その対象を他の対象から区別するために１つの名辞をあてがう。その際，性質を記述する表現を用いることがある。例えば私は「その白い雲」という表現で，ゆっくりと動いている夕刻の空の雲を指すことができる。その時私は，特定の雲について「白い」か「白くないか」を判断し，「白い」と述定してその雲について語ろうとする。一瞬後，夕刻の空は西に沈む赤く燃える太陽の色を映し出し，時々刻々変化する。その白い雲はにわかに赤みを帯びて輝き，私は「その白かった雲は赤くなった」と言う。その白い雲はもはや白くはない。赤みを帯びたかと思うと夕焼けの赤紫色にのまれていく。風は強くなり，雲も刻々と動く。私は，ある時点で「白」ある時点で「赤」ある時点で「赤紫」に見える雲を目で追っている。その際，雲の色は時々刻々変化したとしても，「白」「赤」「赤紫」という色は確固として自己同一性をもっていなければならない。あの雲がはじめは「白く」次に「赤く」最後に「赤紫」になった，と語ることが有

---

23) ここから中期イデア論との関係を読み込む論者もいるが，ここで問題になっているのは，イデアが存在するかどうかではなく，われわれの言語使用がどのようにして可能なのか，である。

意味であるためには,「白」という色が「白」という色でなくなっては困るのである。私の発話を聞いた第三者は,私がどの雲を指しているのかはわからないかもしれない。しかし私が特定の雲を指して,その雲の色について語っていることは,第三者も理解する。

　例えば,私が定位置から雲の見かけ上の高度を特定し,ある特定の時点から一定の時間,色の変遷をビデオカメラで撮り,それをスクリーンに写し画面を指差して説明すれば,第三者も私が語ろうとしているありさまを見ることができる。その場合,私が説明しているのは,「白」と見えた色から「赤」を経て「赤紫」に見えた色の変化である。変化がある時点から別の時点へ,特定の性質から別の性質への変化であるなら,変化のプロセスを詳細に記述できないとしても,特定の時点で特定の性質にみえた「それ」の「その色」から「それとは別の色」への変化について私は語ることができる。何から何への変化,と認識することすらできないほどの絶えざる連続と変化であれば,それについてわれわれは語ることも知ることもできない。何から何への変化といえる限りにおいて,変化の前と後の色は自己同一性をもったものとして了解されている。

　これは「白」が白いかどうかという自己述定問題ではない。また,私の見ている「白」は「本当の白」かという問題でもない。白から赤紫へ時々刻々変化していくありさまは連続した変化であっても,それを語る「白」「黄色」「赤」「赤紫」という色は,変化から独立に自己同一性を持っているものとわれわれは考えている。それゆえそれら色を示す表現を用いて,現象を記述しているのである。その色自体が別の色に変化してしまうとすると,色についてそもそも語れない。

　しかし「運動生成説」はある特定の性質をもつ「色」を認めることができない。なぜなら「運動生成説」は,場所の移動や性質の変化から独立に固定的に存在するものを認めることができないからである。われわれが感覚対象を指示してそのありようを記述する場合,その記述に用いるあらゆる「ことば」にも同様のことが言える。それゆえ「運動生成説」に従えば,「私」「それ」等の人称代名詞や指示代名詞,「石」「動物」等の名詞,「類」等の概念,すべて「運動生成説」と矛盾なく使用することはできない,とプラトンはいう (157b1-c1)。

　このように第八反駁は,「運動生成説」が「ことば」の成立を危ぶむこ

とを示唆している。しかしこの結論は，事物の絶えざる運動変化を否定するものでもなく，「ことば」の成立を否定するものでもない。私たちはその両方を何らかの意味で認めて，「ことば」を用いて事実を語ろうとしている。

　プラトンは，知識は「あること」に関わるという立場をとっている。その「あること」とは「当人にとってある」という相対的な意味だ，というのが「人間尺度説」の立場であった。しかし，第六第七反駁で，相対的な「ある」のみで知識を語ることができないことが明らかになった。また第八反駁でわれわれが言う「あるもの」とは「運動生成するもの」だとする「運動生成説」の立場についても，「運動生成するもの」を「運動生成説」が基礎づけることができないことが明らかになった。

V　第一部後半部の構造

「運動生成説」反駁が終了した直後に，プラトンはト書きで「人間尺度説」および「運動生成説」反駁と「第一定義」との関係を次のように示す (183b7-c3)。

① 「人間が万物の尺度である」ということは，人が知者でないならば，われわれは認められない。(καὶ οὔπω συγχωροῦμεν αὐτῷ πάντ᾽ ἄνδρα πάντων, χρημάτων μέτρον εἶναι, ἂν μὴ φρόνιμός τις ᾖ, 183b8-9)
② そして，「万物が動く」という道筋を通っても，「知識は感覚である」ということをわれわれは認めることができない (ἐπιστήμην τε αἴσθησιν οὐ συγχωρησόμεθα κατά γε τὴν τοῦ πάντα κινεῖσθαι μέθοδον, 183c1-2)
③ もしテアイテトスがそのこと (「第一定義」) を何か別の意味で言っているのでなければ (εἰ μή πως ἄλλως Θεαίτητος ὅδε λέγει. 183c2-3)

　①は，第六第七反駁の結果，知者以外は尺度と認めることはできない，

V 第一部後半部の構造

という「人間尺度説」反駁が成立したことを示している。そして②によれば、第八反駁は「運動生成説」そのものの反駁ではなく、「運動生成説」を前提した「感覚論」から「第一定義」が導けないという論証である。そして③は、「第一定義」を「人間尺度説」あるいは「運動生成説」に依拠せずに、別の意味で主張するなら、「第一定義」には成立の余地があることを示唆している。

バーニエットは「第一定義」反駁が帰謬法であり、第八反駁がその最終段階だと解するが、上述のト書きと第一部後半全体の議論構成から考えると、この解釈は以下の二点において奇妙である。一つは、第六第七反駁で、「人間尺度説」の反駁がすでに成立しているとプラトンがみている点である（①）。もし「人間尺度説」とヘラクレイトス説と「第一定義」とが論理的に同値であれば、第八反駁と第九反駁は不要である。さらに一つは、第八反駁の後でプラトンが第一定義を直接反駁している点である。仮にバーニエットの解釈が正しいとすると、第八反駁が最終段階になり、論理的には「第一定義」を直接反駁する必要が無くなる。したがって議論構成からすると、プラトンは第八反駁を最終段階とは考えていなかったはずである。

このト書きは、第一章第二章におけるわれわれの解釈が正しいことを示している。第一部前半でプラトンは、「知識は感覚である。」という「第一定義」を単独で検討するのではなく、第一定義を導出可能な両説を紹介し、三者がいずれも「何ものもそれ自体一であることはない」という立場に立っていることを確認している[24]。すなわち、「人間尺度説」「運動生成説」「感覚論」「第一定義」は、いずれもパルメニデスに対峙する立場をとり、「『それ自体一である』否定説」を主張するという共通点があるが、それぞれは哲学的に異なる内容の説であった。さらに、諸説を架橋する「『それ自体一である』否定説」には、「人間尺度説」に代表される相対主義的な認識論に立つ解釈と、「運動生成説」のように生成変化する流動的な存在論を根拠にする解釈とがある。プラトンは「『それ自体一である』否定説」のこの両義的な解釈を巧みに利用して諸説を結び付ける。この強引とも言える議論の背景には、パルメニデスに対峙して「『それ自体一である』否

---

24) 第一部前半でプラトンが展開した議論構成については、本書第一章、特に pp. 44-48 および本章註 12 を参照されたい。

定説」に立ち，「何ものもそれ自体一であることはない」という立場から認識論と存在論が成立するかどうかを検討するプラトンの意図を読み取ることができる[25]。第一部後半部でも，プラトンは三説とパルメニデスとの対立関係について明確に言及しており（180c7-e4），第一部全体が，三説とパルメニデスの思想との関係を基軸に展開していることは明白である。三者とも哲学的に内容を異にする説であり，それぞれがパルメニデスと対峙する「『それ自体一である』否定説」と密接な関係がある以上，おのおのについて反証が必要になる。

したがって，第一部前半の議論構成からすると，論証に少なくとも二つの段階が必要になる。第一に，「第一定義」を直接導出する「人間尺度説」が成り立たないことを証明する。そして第二に，「人間尺度説」を介さずに，「運動生成説」と相関関係による性質規定とを前提して「感覚論」を導き，そこから直接「第一定義」を導くことができないことを証明する。以上の二段階の論証が成功すれば，第一部前半に登場する諸説に依拠して，第一定義を正当化する道は塞がれたことになる。

この二段階の論証は，あくまでも「第一定義」に対する間接的な反証である。この論証は，「『それ自体一である』否定説」から知識論が成立するかどうかを検討する，というプラトンの目論見に即した議論ではあるが，直接「第一定義」そのものを反駁するものではない。「第一定義」が両説に依拠しない仕方で正当化できるならば，両説から「第一定義」が導出できないとしても「第一定義」の反駁が成立したとはいえない。それゆえ第一定義の成否を検討するためには，どうしても直接「第一定義」を反駁する第三の論証が必要である。

プラトンは『テアイテトス』第一部後半で，まさにこの三段階で議論を構成している。まず第一に，「人間尺度説」に対して反駁を行う（161b9-179b9）。そして第二に「運動生成説」を前提にする「感覚論」から第一定義が導けないことを論証する（181b8-183c7）。そして第三に，他説に依拠せずに「第一定義」に対して直接反駁を行う（184b3-187a8）。

---

25) この解釈については，本書第一章，特に pp. 25-26, 48 を参照。

VI 知識とことば

このように，第一部後半の「人間尺度説」「運動生成説」両説の反駁は，両説を根拠に「第一定義」が正当化できないことを示す目的で行われていることが明らかになった。プラトンは，両説そのものを反駁する方法をとらず，両説が固持している「『それ自体一である』否定説」という，パルメニデスに対峙する立場を守りきれないことを示すのである。すなわち，プロタゴラスが「ある」は相対化されている，と語る「ことば」，あるいは，絶えざる運動生成するもののあり方を語る「ことば」が，両説の内部で成立しないことをプラトンは明らかにする。これは，知識とは世界のあり方，真相を語る「ことば」で表現される以上，両説において知識を語ることはできないことを示している。それゆえ両説を根拠に，「感覚は知識である」という「第一定義」を正当化することはできない。第一部の最後でプラトンは，知識を語る「ことば」は，「感覚」ではなく「思考」の側にあることを明らかにし，「第一定義」の反駁を終える。

われわれの考察によれば，「人間尺度説」の自己反駁は，世界が事実として各人に相対化されないことを証明しているのではない。プロタゴラスが相対化された「ある」のみを認め，「何ものもそれ自体一であることはない」という立場に立つ限り，相対的な真理をプロタゴラスが整合的に説明する「ことば」を持たないことを示している。真理を語る整合的な「ことば」を持たないなら，知識を語ることはできない。つまり，「それ自体一である」否定説に立って「人間尺度説」を根拠に知識論を構成することはできないのである。

そして「運動生成説」反駁は，感覚することと感覚対象を「ことば」で記述することとのずれを示し，「運動生成説」が「ことば」の成立を危ぶむことを示唆している。つまり，世界が事実として運動生成していないということを証明しているのではなく，「運動生成説」が運動生成するものについて「何かで『ある』」と記述することを基礎づけることができないことを示している。ここでは，対象が1つの規定に留まることを一切認めないという意味で「なにものもそれ自体一であることがない」という立場

に立つと，われわれが世界について記述する可能性を奪い，「ことば」も知識も否定することになることが明らかにされている。

　残された問題は，感覚対象について語るわれわれの「ことば」がいかにして成立するか，である。「第九反駁（184b3-187a8）」はまさにこの点を問題にし，「第一定義」を直接反駁する。第九反駁の詳細は第四章にゆずるが[26]，第九反駁でプラトンは，事物の絶えざる運動変化を感覚器官との相関関係によって感覚することと，感覚対象について魂が感覚器官から独立に思考することを区別する。そして，色や音，硬さや柔らかさが「ある」ことや，相互に異なる性質であること，各々の性質の同一性や差異性については，魂が思考する事柄だと説明する。つまり，「運動生成説」反駁で問題になった性質の同一性が確保されるのは，感覚においてではなく，魂による思考においてだというのである。先にみたとおり，「白」が「白」であること，その同一性はわれわれが特定の対象を「白い」と記述する「ことば」が成立するために不可欠であった。その「ことば」が成立してはじめて，その真偽を問題にすることができ，それが真であればその対象についての知識といえる。したがって，知識は感覚器官との相関関係のなかで時々刻々変化する「感覚」にではなく，魂が感覚器官から独立に「あること」について考察する「思考」にある。このことを確認することによって，「第一定義」は反駁され，第一部は終了する。

　プラトンは，知識は「あること」に関わるという立場をとっている。プロタゴラスは「あること」とは「当人にとってある」という相対的な意味だという意味で「『それ自体一である』否定説」に立つ。そして「運動生成説」は，「あるもの」とは「運動生成するもの」であり一切静止はないという意味で，「『それ自体一である』否定説」に立つ。いずれの立場からも「それ自体一である」という規定を排除することによって，知識について語る「ことば」の成立が危ぶまれる結果となった。つまり相対的ではなく，何らかの意味で1つの規定に留まる「ある」が，わたしたちの言語および知識の成立に欠くことができないことが明らかになった。そしてプラトンは，そのような「あること」は，われわれの感覚にではなく思考の側

---

[26] 拙論「感覚と思考——プラトン『テアイテトス』184b4-187a8 の構造」日本西洋古典学会『西洋古典学研究』XLVI 22-32，1998年4月，を合わせて参照されたい。

VI　知識とことば

に位置づけることで第一部の考察を終えている。

　プラトンは世界が相対的に成立していない，あるいは事実として万物が運動変化をしていないことを証明したわけではない。したがって「あること」が相対的でもなく流動を免れて存在することを証明しているのではない。相対主義者であっても自説を正当化する文脈では相対的でない真理について関与し，流動論者であっても「白」という性質を認めてはじめて「白いもの」が「白くなくなった」と言える。このような場面でわれわれが関与し，認めている「あること」の存在論的な身分はいまだ不明確である。われわれの思考上想定されただけのものかもしれない。しかし，それなしでは相対主義者も生成流転論者も知識を語ることができないという点は明らかになった。プラトンはこの地点に立っている。

第三章

プロタゴラスと相対主義（169d3-171d8）*)

　プラトンは『テアイテトス』第一部後半（160d5-187a8）で，「人間は万物の尺度である（152a2-4）」というプロタゴラスの説——以後「人間尺度説」と略記する——に対する反駁を試みる。最初の五つの反駁は不適切だと退けるが，六番目の「プロタゴラスの自己反駁（169d3-171d8）」——以下「自己反駁」と略記する——は，正当かつ有力な反駁とプラトンは位置づけている。「自己反駁」は，周知のとおり，相対主義的な真理説を説く際に陥る自己反駁の典拠と解されており，古代懐疑論のテキストもそれを傍証している[1]。ところが，この反駁の論理的正当性を疑問視する研究者が多い。しかし論者は，「自己反駁」は巧妙かつ精緻な議論であり，成功していると考えている。「自己反駁」は，プロタゴラスが，自説の反対者に対して，首尾一貫した仕方で自説の正統性を説くことばを原理的に持ち得ないことを鮮明にする議論である。本章の目的は「自己反駁」の構造を明確にし，プラトンの相対主義反駁の視座を明らかにすることにある。

---

　*) 翻訳に際して，「思いなし（$\delta\delta\xi\alpha$）」と「思い（$o\emph{ἴ}\eta\sigma\iota\varsigma$）」は，ギリシャ語の相違に対応して訳し分けたが，テキストでは，交替可能になっており，「思いなし」と「思い」の意味上の違いはない。

　1) Cf. M. F. Burnyeat〔1〕, 'Protagoras and Self-Refutation in Later Greek Philosophy', *The Philosophical Review* LXXXV 1 (January 1976), pp. 44-69; M. F. Burnyeat,〔2〕' Protagoras and Self-Refutation in Plato's Theaetetus' *The Philosophical Review* LXXXV, 2 (April 1976), pp. 172-195; M. F. Burnyeat〔3〕, The Theaetetus of Plato, Cambridge, 1990, pp. 29-31.

I 問題の所在

§1 「自己反駁」の論理的正当性

「自己反駁」の論理的正当性に対する疑問は，次のように要約することができる。プラトンは「自己反駁」の議論の末尾で，「誰にとっても『人間尺度説』は偽である」と結論するが，真理について相対主義を採ると，少なくとも「人間尺度説」を主張するプロタゴラス当人にとっては真であるはずだ。しかし論証の過程でプラトンは，「プロタゴラスにとって」あるいは「反対者にとって」という重要な限定句を外している。限定句を周到に外すことによって，「自己反駁」の結論を論理的な要請よりも強いものとして提示しているであれば，「自己反駁」は成功していないと解さなければならない[2]。

これに対してバーニエットは，限定句の有無は，相対主義の構造と深くかかわっていることを指摘する。プロタゴラスが「人間尺度説」を主張する際には，自説がプロタゴラスのみならず他の人にとっても真であるという意味を内含するゆえに，プロタゴラスは自己反駁に陥るのである。すなわち，何かを主張する際には，主張内容がいわば客観的に真であることを内含している以上，相対主義的な真理説の主張が自己反駁に陥ることは不可避である，と[3]。

確かにわれわれが自説の正当性を他人に対して「主張する」場合には，主張内容が他人にとっても真であると考えて発話しており，当人にとってのみ真だという意味で「主張する」わけではない。しかし問答の場で，狡猾な相対主義者がこれをあっさりと認めるだろうか。プロタゴラスは，

---

[2] Cf. Georgy Vlastos, *Plato Protagoras*, 1956, Indianapolis, pp. xiv; W. G. Runciman, *Plato's Earlier Epitemology*, 1962, Cambridge, p. 16; J. McDowell, *Plato Theaetetus*, Oxford, 1973, p171; K. Sayre, *Plato's Analytic Method*, 1969, pp. 87-88; David Bostock, *Plato's Theaetetus*, Oxford, 1988, pp. 89-92.

[3] Cf. Burnyeat〔2〕pp. 192-195., esp. p. 195. 同種の指摘は，McDowell, op. cit., p. 171. にもみられる。

I 問題の所在

「あなたがたの『真』」を不当にわれわれ相対主義者に押し付けていると反論するだろう。すなわち，プロタゴラスは「主張する」という語を「客観的に真である」という意味ではなく，「相対的に真である」という意味で使用する，と。これは，限定句を付与すれば「人間尺度説」は自己反駁に陥らないという議論と表裏一体である。

限定句は相対主義者には極めて有効に働く。相対主義者はどんな精緻な反対論に対しても，「それは反対者にとって真である」と言いさえすれば，何の論証を提示しなくとも反論をかわすことができる[4]。今直面しているのは，客観的な真偽の判断を容認するわれわれと相対主義者との間に問答は可能か，という問題である。

諸解釈者は，限定句問題ではプラトンの旗色が悪いので，テキストから離れ，プロタゴラスの主張内容（命題レヴェル）では相対的な真理だが，プロタゴラスがそれをメタレヴェルで客観的な真理だと思っているはずだと指摘し，お茶を濁しているような感じを受ける[5]。しかしプロタゴラスはそう思っていたとしても，問答の場面では，自説に反する思いを持っていることを簡単には認めないだろう。問答で重要なのは，明らかな矛盾を突く問いかけではなく，相手が矛盾に気づかない巧妙な切り口から相手の合意をとることである。プラトンは，限定句付与という切り口から実に巧妙な議論を展開する。

---

4) 「人間尺度説」によれば，当人のあらゆる思いなしがすべて当人にとって真となる。それゆえ，「当人にとって真である」ということは「当人が思いなしている」ということ以上には何も言っていない。この点においてボストークはバーニエットを批判する。Cf. Bostock, op. cit., pp. 90-92. この批判を避けるために，「人間尺度説」のように個人に対して相対化する相対主義を捨て，例えば概念図式に相対的に「真である」という判断が成り立つ，という仕方で相対主義を擁護する論者もいる。Cf. C. Swoyer, 'True For', J. W. Meiland and Michael Krauz ed., *Relativism-Cognitive and Moral*, University of Nortre Dame, 1982, pp. 84-109（『相対主義の可能性』常俊宗三郎，戸田省二郎，加茂直樹訳，1989 年，産業図書，146-201）, 入不二基義「相対主義の追跡」，『哲学者は授業中』1997 年，ナカニシヤ出版，42-104 頁，特に 42 頁から 65 頁。入不二基義「相対主義と時間差と無関係」『哲學』53 号を参照。

5) Cf. Bostock, op. cit., p. 90; K. Sayre, op. cit., pp. 85-91., esp. pp. 88-90; K. Dorter, *Form and Good in Plato's Eleatic Dialogues: The Parmenides, Theaetetus, Sophist*, University of California Press, 1994, pp. 84-86; R. Polansky, *Philosophy and Knowledge: A Commentary on Plato's Theaetetus*, Bucknell University Press, 1992, pp. 131-132.

§2 限定句の有無

実は，プロタゴラスの言明に限定句がないことは「自己反駁」に限らない[6]。第一部前半で「人間尺度説」を導入する引用文Mにも限定句はないのである（151e8-b8）。

> M 万物の尺度は人間である，「『ある』ことについては『ある』ということの（τῶν μὲν ὄντων ὡς ἔστι τῶν μὲν ὄντων ὡς ἔστι）」，「『あらぬ』ことについては『あらぬ』ということの（τῶν δὲ μὴ ὄντων ὡς οὐκ ἔστιν）」（尺度である）（152a2-5）。

プラトンは知者の箴言Mの「ある」に限定句「当人にとって」を付与して次のように解説する。
> M* 個々の事物が私に現われるような仕方で，「個々の事物は私にとってある（οἷα μὲν ἕκαστα ἐμοὶ φαίνεται τοιαῦτα μὲν ἔστιν ἐμοί）」。またあなたに現われるような仕方で，あなたにとって「ある」。そして人間とは，あなたと私である（152a6-9）。

M*は，各人への現われが，「当人にとってFである（Fは述語）」事態と一対一対応していることを説明する。例えば，同じ風が吹いている場合，震えている人には寒く，震えていない人には寒くない。またある人は少し寒く，ある人はひどく寒い（152b2-4）。プラトンは，M*の基盤となる世界観を明確にするために，対立する二つの世界観X，Yを示す。

> X 「風それ自体（αὐτὸ ἐφ' ἑαυτοῦ τὸ πνεῦμα）」が冷たいあるいは冷たくない（152b6-7）。
> Y （風は）寒い人にとっては冷たく，寒くない人にとっては冷たくない（152b7-8）。

---

[6] ファインはこの点から，相対主義反駁と解するバーニエットを批判するが，論者は限定句がないことから相対主義批判ではないとするのは早計だと考える。Cf. G. Fine, "Relativism and Self-Refutation: Plato, Protagoras and Burnyeat", edited by Gentzler, *Method in Ancient Philosophy*, Clarendon Press, 1998, Oxford, pp. 137-162. esp. pp. 161-163.

相対主義者プロタゴラスがよって立つ世界像はYである（152b1-2, b7-8）。風の可感的性質は各人に相対的に成立しており，感じる人によって異なったあり方をしている。それゆえ「ある」には必ず「当人にとって」という限定句をつけて相対化しなければならない。Yと対立するのは，各人への現われが事物のあり方をそのまま映しているのでなく，各人への現われとは独立に客観的な事実が成立しているという立場，Xである。Xに立てば，各人にどのように現われていようが，それとは独立に「風それ自体が冷たい」というあり方を認めることになる。それゆえ，風の性質について偽なる思いをもつこともありうる。

　それでは，われわれはXなのかYなのか。われわれは，風の冷たさ等可感的な性質についての思いには，通常Yに立って「当人にとって」という限定句をつけ，相反する現われの両方を認める。直接的な感覚に関する思いは不可訂正性をもち，思いの真偽をめぐる論争は起こらないからである[7]。しかしわれわれは，学問的な探求や客観的な事実の確定の際には，見解が違えば，互いの思いなしの真偽を論じることになる。そのような場面では，われわれはXに立ち「当人にとって」という限定句はつけない。われわれはこのように，XとYとを場面によって使い分け，相対化が必要な場面を特定するために限定句を付与している。それゆえわれわれは，限定抜きに「ある」と「当人にとってある」と，二つの「ある」いずれをも許容する言語を用いていることになる。以後，この二つの「ある」を許容する言語を「われわれの言語」と呼ぶことにする。

　さて，プロタゴラスが自説を説くにあたって重要な機能をもつ「にとって」という限定句は，Mばかりでなく，プロタゴラスが説く「秘密の教説（152c8-d6）」の前半部S*でも消失している。「プロタゴラスは大衆にはなぞめいた言葉で語ったが，弟子たちには秘密で次のような教説を教えていた（152c8-11）」とプラトンは言う。

---

[7] プロタゴラスが直接的な感覚判断について「真である」というのは，「不可訂正性」に近い概念であることが予想される。各人の判断に対して，対等の信憑性を認め，客観的な判定基準を置かない。その意味で偽がない。プラトンは，これに対して，「偽」と対立する「真（$ἀληθές$）」という語を用いずに，「誤りがない（$ἀψευδές$）」という語を用いて慎重に区別している（152c5）。

S＊　何ものもそれ自体一であることはなく（ἓν μὲν αὐτὸ καθ᾽ αὑτὸ οὐδέν ἐστιν, 152d2-3))」，何かともどのようにかとも正しく言うことはできず，大きいと述定すると小さくも現われ，重いと述定すると軽く現われ，あらゆるものは同様である。何ものも一であることも，何かであることも，どのようにかであることもないのである（152d2-6）。

　S＊を相対主義者プロタゴラスの教説と解すと[8]，何ものも限定抜きで「一である」「何かである」「どのようにかである」とは言えず，常に「当人にとって」という限定句を付与して「ある」と語らなければならないはずである。しかしこの箇所の「大きい」「小さい」「重い」「軽い」という述語にも限定句はない。M＊にもS＊にも限定句がないのはなぜか。
　論者は，プロタゴラスが相対主義を貫徹し，自分に相対化された世界内で発話している限り，限定句は必要ないと考える。なぜなら，いわば「プロタゴラスの言語」では，限定抜きの「ある」は存在せず，「ある」はすべて相対的な意味を持つからである。そもそも限定句は，XとY両方を認める「われわれの言語」において，相対化が必要な場面Yを特定するために用いられている。プロタゴラスはXを認めない以上，限定句を付与して両者を区別する必要はない。それゆえ，相対主義で閉じたプロタゴラスの世界で使用される「ある」と「われわれの言語」の「ある」とは意味が異なっている。「自己反駁」の限定句問題について先取りして言えば，プロタゴラスの言明において，「ある」に「当人にとって」と相対化する限定句がないのは当然なのである。なぜなら，「プロタゴラスの言語」では「ある」には相対的な意味しかないので，プロタゴラスの用いる「ある」はすべて「われわれの言語」で「当人にとって『ある』」を意味しているからである。限定句の有無はテキストでは一つ一つ慎重に検討されているのである。

　8）　本書第一章 pp. 17-18 および拙論「『テアイテトス』151d7-153a4 の構造——「なにものもそれ自体一であることはない（hen auto kath'hauto ouden estin, 152d2-3)」をめぐる考察——」，日本哲学会編『哲學』第53号，2002年4月，pp.167-176，特に pp.170-172 を参照。

§3 相対主義言語への変換

ところで，S*はプロタゴラスに相対化された世界についてのみ語っているわけではなく，いわばどの人にも普遍的に成り立つ事柄を弟子たちに語っている。しかし厳密に言えば，プロタゴラスは普遍的な事柄を語ることは許されない。それゆえS*は少なくとも公に語れず，秘密にしか弟子たちに語れない「秘密の教説」なのである。このことは重要である。つまり，プロタゴラスは自説を弟子達に説く際に，相対主義で閉じた言語から外に出て，普遍的に成り立つ事柄を語りうる「われわれの言語」に関与しなければならないのである。

そして「秘密の教説」は，愚かな人々が無知のために「限定抜きに『ある』」ということが成立するかのように誤って語っていることを指摘する (152d8-e1, 157b1-3)。つまり，「ある」に限定抜きの用法をも認める「われわれの言語」を言語の不正確な用法として，相対化されている「ある」を言語の正確な用法とし，前者を禁止して後者へと変換するように命令するのである (160b8-c2)。プロタゴラスによれば，われわれは愚かにも限定抜きの「ある」を用いて相対化されない世界に住んでいると幻想しているが，実はわれわれすべて尺度であり，元来相対化された世界の住人なのである。それゆえS*は，相対主義が理解できず，愚かにも反対するわれわれと知者プロタゴラスとの対比の下で，プロタゴラスがわれわれの無知を正すという図式の下に成立している。したがって，プロタゴラスと問答が可能なのは，プロタゴラスがわれわれに対して，「当人にとって」という限定句をあらゆる思いなしへと適用するべきだと説く場面，すなわちM*が機能する場面なのである。プラトンはここに照準を定める。以下「自己反駁」のテキストを分析し，議論展開を明らかにする。

II 「自己反駁」議論構成

§1 問題点の確認（169d3-9）

「人間尺度説」反駁の最初（第一反駁）に，思いなしの真偽をめぐる次の

ような議論がある (161c2-163a3)。プロタゴラスは各人が尺度であると説くが、われわれは、感覚能力を持っている動物と人間とが知恵において同等であると考えず、人間と神の知恵も同等だとは考えない。また、知恵あるソフィストに謝礼を払って知識の教授を受ける際には、人間同士でも明らかな知の優劣があることを認め、知者は真なることを思いなし、愚か者は偽なることを思いなす、とわれわれは考えている。これは「人間尺度説」と矛盾する (cf. 161c2-162a3)。

　これに対してプロタゴラス側は、次のように反論する (cf. 162c2-163a3)。「人間尺度説」が知恵の優劣と矛盾するというのは大衆の誤解である。感覚（思い）はいずれも真であるが、ただよりよいものとより悪いものとの差異がある。大衆は無知ゆえに、その差異を思いなしの真偽と誤解している、と。ここでも、〈相対主義者の正確な言語使用〉と、〈相対主義に反対する愚かな大衆（われわれ）の言語使用〉とが明確に対比されている。プラトンは「自己反駁」で、第一反駁とプロタゴラスのこの反論とを再検討する (169d3-9)。

§2　同意事項 (169d10-170a5)

プラトンは「他人の証言を用いずに、プロタゴラスの言説だけから (169e8)」議論を構成する方法をとり、「人間尺度説」Mの解釈M*に照準を定める。ただし、M*における「現われる ($\varphi\alpha i\nu\varepsilon\tau\alpha\iota$)」は、感覚の場面では「感覚する ($\alpha i\sigma\theta\acute{\alpha}\nu\varepsilon\sigma\theta\alpha\iota$)」に変換され (152b10-13)、思いなし一般には「思われる ($\delta o\kappa\varepsilon\hat{\iota}$)」に変換されている (cf. 158e5-6)。「自己反駁」では「思いなし ($\delta \acute{o}\xi\alpha$)」が問題になるので、M*の代わりに「思われる」の定式Pが用いられる。

> P　各人に思われていることは、思われている各人にとって何かそのようにある（$\tau\grave{o}$ $\delta o\kappa o\hat{\upsilon}\nu$ $\dot{\varepsilon}\kappa\acute{\alpha}\sigma\tau\omega$ $\tau o\hat{\upsilon}\tau o$ $\kappa\alpha\grave{\iota}$ $\varepsilon\hat{\iota}\nu\alpha\acute{\iota}$ $\varphi\eta\sigma\acute{\iota}$ $\pi o\upsilon$ $\hat{\omega}$ $\delta o\kappa\varepsilon\hat{\iota}$, 170a3-4)。

§3　あらゆる人の「思いなし ($\delta\acute{o}\xi\alpha$)」(170a6-d3)

「人間尺度説」を採る限り、無知な人は気づかない真理や、人間の認識と

は独立に存在している法則や原理が客観的に成立していると認めることはできない (cf. 160b5-c3)。それゆえ「人間尺度説」自体も客観的な真理と位置づけることはできず、プロタゴラスの思いの一つとなる。プラトンはすべての人の「思いなし」を問題にする (170a6-7)。

自分の身に危険が降りかかる重大な事態（戦争、病気、災害）に遭遇したとき、われわれは、知恵ある人の判断を仰ぐ。そしてそのような事態において、人は①自分自身が他の人々よりも知恵があると考えているか、あるいは②他の人々が自分自身よりも知恵があると考えているかのいずれかである (170a7-b5)。このような場合、人間の間には知恵と無知とがあり (170b5-8)、「知恵は『真なる考え（$\dot{\alpha}\lambda\eta\theta\dot{\eta}\varsigma\ \delta\iota\dot{\alpha}\nu o\iota\alpha$）』であり、無知は『偽なる思いなし（$\psi\varepsilon\upsilon\delta\dot{\eta}\varsigma\ \delta\dot{o}\xi\alpha$）』である (170b9-11)」と人々は考えている。

プロタゴラスは、万人を尺度とするので、「人間は常に真なることを思いなす」という二階の思いなし (A) をもっている (170c3)。われわれはプロタゴラスとは異なり、他人の思いなしの真偽を語りうると考えているので、「人間は真と偽両方を思いなす。」という二階の思いなし (B) をもっている (170c3-4)。

この議論では思いなしの階層が問題になるのでここで整理しておく。例えば、a が「X は F である」と思いなす場合（但し a は人、X は個体、F は述語）、a の「X は F である」という思いなしを「a の一階の思いなし」とする。これに対して、「a の一階の思いなし」についての思い、すなわち b が「a の『X は F である』という思い」が真であると思いなす場合（但し b は a とは別人）、この「b の思いなし」は「a の一階の思いなし」のメタレヴェルの思いなし、つまり「b の二階の思いなし」である。プロタゴラスによれば、各人の一階の思いなしが記述した事柄は、当人に相対化された世界内で成立している[9]。そして他人に相対化された別の世界では別の事柄が成立している。例えば、a には「X は F である」が、b には「X は F でない」が成立していたとしても、「人間尺度説」によれば、いずれか一方の思いなしのみが真ということにはならない。a の一階の思いなしは a にとって真であり、b の一階の思いなしは b にとって真である。

---

9) Cf. M. F. Burnyeat〔2〕pp. 181-183.

さて，次は真偽に関する二階の思いなしについて考えてみる。「人間尺度説」に従えば，当人が自分の思いなしについての尺度である以上，誰も他人の思いなしの尺度にはなりえない。それゆえ，「ａの一階の思いなし」についてｂが偽であると判定することはできない。ｂは，「ａの一階の思いなし」については，「ａにとって真」と追認するのみで，ａにとってであれ，限定抜きであれ「偽」と判定することはできない。したがって，どのように不合理に見えることを思いなしていても，当人がそう思っている限り，それは当人にとって真であり，他人が「その人は（限定抜きに）偽なる思いなしを持っている。」と判定することはできないのである。

　テキストでは，プロタゴラスの思いなしＡに「当人にとって」という限定句がない。これをプラトンの意図的な過誤だとする論者もいるが[10]，それは誤解である。Ａは，いわば〈プロタゴラスの思いなしの文脈〉の中で成立している言明である。先に明らかにしたとおり（Ⅰ§2），「プロタゴラスの言語」では「真」には「当人にとって真である」という一つの意味しかない。しかしわれわれが〈プロタゴラスの思いなしの文脈〉の外からこれを解釈するときには，これに限定句をつけて，限定抜きの「真」と区別しなければならない。さらに，思いなす当人が尺度であると信じる限り，〈プロタゴラスの思いなしの文脈〉の中では，他人の思いなしについて「偽である」と判定を下すことはありえない。これに対してわれわれは，「われわれの言語」で限定抜きの「ある」の使用を認める以上，〈われわれの思いなしの文脈〉では限定抜きの「真である」「偽である」両方の表現を自分の思いなしに対しても他人の思いなしに対しても使用する。例えばわれわれが知者に判断を委ねるような場合，〈われわれの思いなしの文脈〉では知者の判断を限定抜きに「真である」とし，自分を含めた大衆の思いなしは限定抜きに「偽である」とする（cf. 170a7-c1）。「真である」という表現はプロタゴラスもわれわれも同一であるが，それぞれの思いなしの文脈で，意味が異なるのである。このことは重要である。

§4　テオドロスの思いなし（170d4-e6）

プラトンはプロタゴラスの思いなしを検討する前に，テオドロスの思いを

---

10)　本章註2を参照されたい。

取り上げる。「誰かの思いなしについて，テオドロスが一人で判断して，私に表明する場合（170d4-5）」，すなわち他者の思いなしに関してテオドロスがその真偽を判断する場合，テオドロスは他者の思いなしについて二階の思いなしを持つことになる。その二階の思いなしは，「人間尺度説」によれば「テオドロスにとって真である」ことになる（170d5-6）。それではテオドロスの二階の思いなしについて，われわれテオドロス以外の人間は，どう判断するのだろうか。選択肢は三つある。

① あなた（テオドロス）の判断についてわれわれ他人は判断できない（cf. 170d6-7）。
② あなた（テオドロス）は常に真なることを思いなすとわれわれは判断する（cf. 170d7-8）。
③ しばしば多くの人が，偽なることを判断し，考えたとして，あなた（テオドロス）の思い違いをあなた（テオドロス）に対して非難する（cf. 170d8-9）。

テオドロスは，ホメロスを引いて多くの人々の意見対立があることを事実として認め，③をとる。つまり，多くの人が「誰かの『XはFである』という一階の思いなしに関するテオドロスの判断（二階の思いなし）」は偽である。」という，他人の三階の思いなしが成立していることを認めるのである。しかし「人間尺度説」に従う限り，各人の思いなしが相対的に成立している事態と一対一対応している以上，思いなす当人以外は「ある」「あらぬ」を判定することはできない。それゆえプロタゴラス学徒テオドロスは，他人の思いなしを偽だと判定する③を認めてはならず，①か②を採らなければならない。ところがテオドロスは，彼に反対する人々が「テオドロスの思いなしが（限定抜きに）偽である」と思う事実を認めざるをえない。そして反対者の思いを「人間尺度説」Pに適用すると，「『テオドロスの思い』は反対者にとって偽である」ということになり，テオドロスの思いなしは次のようになる。

P* あなた（テオドロス）はそのとき，「あなたにとって真なること（$\sigma\alpha\upsilon\tau\hat{\omega}\ \mu\grave{\epsilon}\nu\ \grave{\alpha}\lambda\eta\theta\hat{\eta}$）」を思いなしているが，「多くの人にとっては偽なること（$\tau o\hat{\iota}\varsigma\ \delta\grave{\epsilon}\ \mu\upsilon\rho\acute{\iota}o\iota\varsigma\ \psi\epsilon\upsilon\delta\hat{\eta}$）」を思いなしている（170e4-6）。

テキストでは，P*が「人間尺度説」から必然的に導かれることが確認されるが（170e6, cf. 171a4-5），これに対するテオドロスの態度は表明されていない。なぜなら，テオドロスが「人間尺度説」を首尾一貫した仕方で保持しようとするなら，P*を認めることはできないからである。「人間尺度説」によれば，直接的な感覚経験の場合のように，思いなしを持つ当人（この場合テオドロス）以外の人が，「テオドロスの思いなしが（限定抜きに）偽である」と判定することはできない。しかし相対主義の立場からは禁じられているそのような判定を人々が実際に行っているという事実を容認し，そのような人々の思いなしをPに適用すると（P*），テオドロスの思いなしが「他人にとって偽」という帰結が導かれる。つまり，多くの人々が持つ「プロタゴラスの思いなしは偽である」という思いなしに含まれる「偽」が，Pを通してテオドロスの思いなしの中に「多くの人にとって偽である」という仕方で入り込んだのである。

そしてテオドロスがP*を認めるならば，テオドロスはあらゆる人の思いなしを鳥瞰する視点に立ってしまう。「人間尺度説」は各人は各人に相対化された世界の真理のみを語りうるのであるから，テオドロスの思いなしが他人にとって真であるか偽であるかは，本来テオドロスには語れない。「人間尺度説」は超越的に真偽を語る視点はないという主張であったのに，P*はあらゆる人の思いなしがどうなっているかを超越的な視点から語ってしまうのである。

図式化していえば，あらゆる人間は尺度であり真を思いなす（A）を前提し，人は真偽両方を思いなすという人々の思いなし（B）を適用すると，そこから導かれるのは，人は常に真のみを思いなす（A）ではなく，真偽両方を思いなす（B）である（cf. 170c5, d1-2, e4-6）。つまり，「テオドロスにとって真」（A）ではなく，「テオドロスにとって真だが，反対者にとって偽」（B）なのである。

III 二つの選択肢

§1 「自己反駁」第一段階 (170e7-171a5)

今度はテオドロスではなく,プロタゴラスとソクラテスは想定問答する(170e7)。「人間尺度説」によれば,各人に相対化された世界内で各人の思いと事態とが一対一対応するのであるから,「人間は万物の尺度である。」と思いなしている人の世界では,人間は万物の尺度であり,そう思わない人の世界では,人間は万物の尺度でない。それゆえプロタゴラスには論理的に二つの選択肢がある。

> 1-1 彼自身(プロタゴラス)が人間が尺度であるとは考えず,他の多くの人もそう考えない場合,彼が著した『真理』は,彼らが思っていないとおりに「誰にとってもあらぬ ($\mu\eta\delta\epsilon\nu\grave{\iota}$ $\delta\grave{\eta}$ $\epsilon\tilde{\iota}\nu\alpha\iota$)」(170e7-171a1)。
> 1-2 プロタゴラスが(人間が尺度であると)思い,大衆が同意しない場合,まず第一に,「(彼の『真理』は)思われている人より多くの人に思われていないだけ,それだけ『ある』よりも多く『あらぬ』($\H{o}\sigma\omega$ $\pi\lambda\epsilon\acute{\iota}ovs$ $o\tilde{\iota}s$ $\mu\grave{\eta}$ $\delta o\kappa\epsilon\hat{\iota}$ $\mathring{\eta}$ $o\tilde{\iota}s$ $\delta o\kappa\epsilon\hat{\iota}$, $\tau o\sigma o\acute{v}\tau\omega$ $\mu\hat{\alpha}\lambda\lambda o\nu$ $o\mathring{v}\kappa$ $\check{\epsilon}\sigma\tau\iota\nu$ $\mathring{\eta}$ $\check{\epsilon}\sigma\tau\iota\nu$.)」(171a1-3)。

プロタゴラスは,当面 1-2 を採る。すると,人間を尺度と思わない大衆(われわれ)にとっては,「人間尺度説」はあらぬ,つまり成立しない。これは「人間尺度説」に立って,「思いなしにしたがって,『ある』あるいは『あらぬ』とするならば,必然的に帰結する (171a4-5)」。この帰結は重要である。ここで,大衆の二階の思いなしは一切「当人にとって真」という仕方で相対化されない,つまりPの適用を受けないことをプロタゴラスは認めることになる。一方,「人間尺度説」はプロタゴラスには成立するので,プロタゴラスの思いなしはPの適用を受け,「当人にとって真」と相対化される。この非対称が「自己反駁」の要である。

反対者の思いなしをPに適用できないということは，プロタゴラスにとっては深刻である。Pは「人間尺度説」の真意を「われわれの言語」で解説し，プロタゴラスからみて不正確なわれわれの用法を正すものであった。それゆえプロタゴラスは，これ以後，自説を解説し相手の誤りを正すPを問答の場面で使用できなくなる。つまり，〈プロタゴラスの思いなしの文脈〉で使用されている「プロタゴラスの言語」を，Pによって「われわれの言語」に変換して解説することも，〈反対者（われわれ）の思いなしの文脈〉で使用されている「われわれの言語」をPによって正すこともプロタゴラスにはできない。それゆえ，〈プロタゴラスの思いなしの文脈〉で使用されている言語は，Pを介することなく〈反対者の思いなしの文脈〉で理解されることになる。つまり異なった概念図式の下に発話された言語表現が翻訳されることなく，別の概念図式で理解されることになる。Pは，あらゆる人の思いなしを相対化する翻訳装置であり，あらゆる人は実は個人に相対化された世界に住んでいることを説得する機能を持っていた。問答の場面でプロタゴラスの痛手は大きい。

§2 「自己反駁」第二段階（171a6-b9）

第二段階（171a6）では，反対者とプロタゴラスとの問答になる。従来，この第二段階のみが「自己反駁」の議論として解釈上問題にされている[11]。しかし今まで論じてきたとおり，この段階以前に，「自己反駁」の議論の道具立てはすでに整えられている。第二段階のみをとりあげ，限定句を外す単純なトリックがあると解すると，「自己反駁」全体を構成したプラトンの視座を見失ってしまう。

> 1-2-1　プロタゴラスは「プロタゴラスは間違っている（ἐκεῖνον ἡγοῦνται ψεύδεσθαι）」と考えている，彼に反対する人々の思いを「真であると認めなければならない（συγχωρεῖ που ἀληθῆ εἶναι）」，「あらゆる人が（あること）を思いなしていると同意し

---

11) Cf. Vlastos, op. cit., pp. vii-xxiv.; Runciman, op. cit., p. 16; E. N. Lee, "Hoist with His Own Perard': Ionic and Comic Element in Plato's Critique of Protagoras (Tht. 161-171),' in E. N. Lee, A. P. D. Mourelatos, R. M. Rorty, eds., *Exegesis and Arguments, Studies in Greek Philosophy presented to Gregory Vlastos*, Assen, 1973, pp. 225-261.

III 二つの選択肢

た以上は（ὁμολογῶν τὰ ὄντα δοξάζειν ἅπαντας）」（171a6-171a9）。

　プロタゴラスは，各人の思いなしが各人に相対化された事態と一対一対応しているという意味で，あらゆる人が「あること」を思いなしていると同意した。これは，プロタゴラスが「人間は常に真なることを思いなす」という二階の思いなしAを持つことに等しい。それゆえプロタゴラスは，反対者の二階の思いなしを真であると認めなければならない。しかし「プロタゴラスの言語」では，これはあくまでも相対的な意味である。なぜなら，〈プロタゴラスの思いなしの文脈〉では「真である」という述語は相対化された意味しかないからである。それゆえ，プロタゴラスは当然「反対者にとって真である」という意味で認めるのである。

　しかし反対者は，プロタゴラスの承認を別様に解釈する。〈反対者（われわれ）の思いなしの文脈〉では，相対化が必要な場合には限定句をつけるので，限定句がない「真である」は，文字通り限定抜きの意味をもつ。それゆえ，「反対する人々の思いが真である」とプロタゴラスが認める際に，反対者はこの言明を「（限定抜きに）真である」という意味に解する。これに対してプロタゴラスは，「『限定抜きに真である』は存在しないので，Pに適用し，『真である』を『当人にとって真である』に変換すべきだ。」と主張することはできない。なぜなら，第一段階で反対者の思いなしについては「人間尺度説」が成り立たないことをプロタゴラスは認めた以上，反対者の思いなしをPに適用して「反対者の思いなしは反対者にとって真である」と反論することはできないからである。プロタゴラスにできるのは，「本当は反対者にとって真なのだ」と〈プロタゴラスの思いなしの文脈〉で思いなすことだけである。

1-2-2 「プロタゴラスが間違っている（αὐτὸν ψεύδεσθαι）」という反対者の思いが「真である（ἀληθῆ εἶναι）」ということに同意するならば，「プロタゴラスの思い（人間尺度説）が偽であることを認めることになる（τὴν αὑτοῦ ἂν ψευδῆ συγχωροῖ）」（171b1-3）。

「プロタゴラスが間違っている」という思いは，「プロタゴラスの思いが（限定抜きに）偽である。」という反対者の二階の思いなしである。しかるに，反対者には「人間尺度説」が成立していないので（1-2-1），プロタゴラスは，ここでも，反対者の二階の思いなしをPに適用し「反対者にとって偽である。」と反論することはできない。

他方プロタゴラスは，1-2-1を承認した以上，「反対者の二階の思いなしは反対者にとって真である」という三階の思いなしをもっている。プロタゴラスには「人間尺度説」が成立しているので（1-2-1），この三階の思いなしはPの適用を受ける。それゆえプロタゴラスは，「『人間尺度説』は偽である。」という反対者の二階の思いなしが反対者にとって真であることを〈プロタゴラスの思いなしの文脈〉で認めることになる（1-2-2）。その時プロタゴラスは〈プロタゴラスの思いなしの文脈〉で，反対者の思いなしの中に含まれる「限定抜きに偽である」という意味での「偽である」の使用を認めることになってしまう。プロタゴラスは，自説が限定抜きに偽であるという反対者の思いなしに反論できないどころか，その思いなしが（反対者にとって）真であることを認め，「限定抜きに偽である」という判断をも認めなければならない[12]。

これに対して反対者は，プロタゴラスの言明を〈反対者の思いなしの文脈〉で解釈する。〈反対者の思いなしの文脈〉では，「真である」は「限定抜きに真である」という意味である。つまり反対者は，「プロタゴラスは（限定抜きに）間違っている」が（限定抜きに）真であるとプロタゴラスが認めたと解するのである。しかしプロタゴラスはこれに対して「それはあなたがたにとって真である」と反論できない。なぜなら，反対者の思いなしにはPを適用できないので，反対者の思いなしを相対化して訂正することはできないからである。

> 1-2-3 「他の人々（反対者）は，「自分たちにとっては間違っている」ということを認めない（Οἱ δέ γ' ἄλλοι οὐ συγχωροῦσιν ἑαυτοῖς[13] ψεύδεσθαι)」（171b4-5）。

　12）この点については，金子善彦「相対主義は自己論駁的か？──『テアイテトス』のプロタゴラス批判を手がかりにして──」中部哲学会紀要29号，1977，pp.1-20を参照。

「プロタゴラスが間違っている」という思いなしに「反対者にとって」という限定句をつける方法は，唯一つしかない。「人間尺度説」によれば，思いなしは各人に相対化された世界と一対一対応するのだから，反対者が「自分たちにとって」と限定句を付与した思いなしを持てば「人間尺度説」は形式的には保持できる。反対者が「プロタゴラスは自分たちにとっては間違っている」という思いなしを持てば，プロタゴラスはその思いなしが反対者にとって真だと認めることができ，「人間尺度説」は形式的には成り立つからである。またそうであれば，「限定抜きに偽である」という判断がプロタゴラスの思いなしに入り込む余地もない。

しかしそのためには，あらゆる人が「人間は常に（当人にとって）真なることを思いなす」という二階の思いなしAをもち，「人間尺度説」を信じなければならない。すなわち，反対者に対して「ある人が別の人に対して無知であるとか，偽なることを思いなしていると考えることはない，と『人間尺度説』を保持する人は強弁せざるを得ない（170c6-d2）。」のである。しかし反対者は，「人間尺度説」そのものに反対しているのであるから，絶対にこれは認めない。ここでプロタゴラスが反対者の思いなしを相対化するあらゆる道が塞がれる。

1-2-3において「自分たちにとって」という限定句は，議論展開上非常に重要である。反対者の思いなしにPが適用できない場合には，反対者自身がみずから限定句を付与して相対化した思いなしをもつしかない。つまり，相対主義者にならなければならないのである。しかしほとんどの研究者は，限定句を明記している有力写本があるにもかかわらず，限定句のない別の写本を採用している。これが整合性のある「自己反駁」の解釈を困難にしていた。

 1-2-4 「彼（プロタゴラス）はまたその（自分たちは間違っていないという反対者の）思いなしが真であることに同意しなければならない（'Ο δέ γ' αὖ ὁμολογεῖ καὶ ταύτην ἀληθῆ τὴν δόξαν）」，彼が書いた内容からすれば（171b7-9）。

 13） 通常W写本が採用され対格に読むが，論者はBおよびT写本に従い与格（ἑαυτοῖς）と解する。

さらにプロタゴラスは，反対者の「自分たちは間違っていない」という限定句のない思いなしが真であることを認める。これは〈プロタゴラスの思いなしの文脈〉では「反対者にとって真である」という意味であるが，〈反対者の思いなしの文脈〉では「限定抜きに真である」という意味だと理解される。

　プロタゴラスが，反対者に反論をすることができなくなった原因は，第一段階1-2で，反対者をも万物の尺度と認めて，「人間は万物の尺度ではない」という反対者の思いなしが反対者にとって真だと認めたことにある。その結果，反対者の思いなしをPによって相対化できなくなってしまった。プロタゴラスがこの苦境から脱するためには，相対化を拒む反対者の思いなしはそもそも真ではなく，尺度たりえないとすればよい。しかしこれは皮肉にも，知と無知とを認め，思いなしに真偽があると考える点で，反対者である大衆に同意することなのである。これが「人間尺度説」に反することは言うまでもない。

　　1-2-5　反対者が「真なることを思いなしている（$\alpha\lambda\eta\theta\hat{\eta}\ \delta o\xi\acute{\alpha}\zeta\epsilon\iota\nu$）」，とプロタゴラスが認める時，その時プロタゴラス自身もまた，犬でもだれでも，「自分が理解していないことについて人は万物の尺度ではありえない（$\check{\alpha}\nu\theta\rho\omega\pi o\nu\ \mu\acute{\epsilon}\tau\rho o\nu\ \epsilon\tilde{\iota}\nu\alpha\iota\ \mu\eta\delta\grave{\epsilon}\ \pi\epsilon\rho\grave{\iota}\ \dot{\epsilon}\nu\grave{o}\varsigma\ o\tilde{\upsilon}\ \check{\alpha}\nu\ \mu\grave{\eta}\ \mu\acute{\alpha}\theta\eta$.）」ということを認めるであろう。したがって，プロタゴラスをはじめあらゆる人が（「人間尺度説」を）反駁することになる，むしろプロタゴラスは（反対者に）同意することになるだろう（171b10-c4）。

　プロタゴラスは，この段階で，「人間尺度説」に無理解な人々を尺度だと認めないことを明言し，自説を擁護するために，万人を尺度と認める自説を自ら反駁してしまう。その結果プロタゴラスは第一段階で提示された二つの選択肢（1-1と1-2）のうち，先に選択した1-2を捨て，1-1を採らざるをえなくなり，議論は1-1（170e7-171a1）に戻る。

　　1-2-6　あらゆる人によって反駁されるので，プロタゴラスの『真理』は「何者にとっても，すなわち，他の誰かにとっても，彼自身に

とっても真ではない（οὐδενί ἄν εἴη……ἀληθής, οὔτε τινί αλλῳ οὔτ' αὐτῷ ἐκεινῳ (171c5-7)。

IV 結　び

　プロタゴラスを追いつめるプラトンの戦略は，次の通りである。Ｐは，相対的な「ある」と相対化されない（限定抜きの）「ある」とを併せ持つ「われわれの言語」を，すべて相対化して解釈する翻訳装置である。しかし〈反対者（われわれ）の思いなしの文脈〉には翻訳装置Ｐが存在しないので，〈反対者の思いなしの文脈〉はプロタゴラスの用いる「真」は限定抜きに解釈されてしまう。これが反対者であるわれわれ大衆との問答においては，プロタゴラスに極めて不利に働く。プロタゴラスは，自説の正当性を反対者に説く問答の場面で，反対者の思いなしをＰに適用できず，反対者の思いなしを批判して相対主義に適うように正すことができないのである。そして，〈プロタゴラスの思いなしの文脈〉で使用されている「真」が〈反対者の思いなしの文脈〉で一人歩きして限定抜きに解釈されてしまい，プロタゴラスはそれを止めることができない。

　プロタゴラスが反論するためには，〈プロタゴラスの思いなしの文脈〉から外に出て，超越的な視点から語ることを自ら認めなければならない。そして，「真理は相対的であり，相対主義に反対する人々の思いなしは限定抜きに偽である」と主張しなければならない。そのためにプロタゴラスは，反対者の思いなしが真実を射当てていないこと，彼らが尺度ではないことを，認めなければならない。これは，「万人が尺度である」という「人間尺度説」が成り立っていないことを自ら認めることに他ならない。ここでプラトンの「自己反駁」は成功をおさめる。

　プロタゴラスの苦境の根源は，実はＰである。Ｐは，相対主義が本来認めてはならない，鳥瞰的に世界をみる超越的な視点に立っている。プロタゴラスはこの視点から，本来語ることができない他者（「人間尺度説」反対者）の思いなしの真偽について言及してしまい（Ｐ*），その結果「他人にとって偽である」という判断を自ら下してしまう。しかしＰなしには，プロタゴラスはわれわれに相対主義を説くことができない。プラトンは巧

妙である。「当人にとって」という限定句を付与しさえすれば相対主義は貫徹できると思い込んでいる相対主義者との問答の場面を拓き、「当人にとって」という仕方で相対化する装置そのものが自己矛盾をかかえ、限定抜きの真偽の判断に関与してしまうことを明らかにした。

　「人間尺度説」の根本的な問題は、反対者に自説の正当性を説く言語が、自説で閉じていないという点である。それは、「人間尺度説」「秘密の教説」の真意を我々に説明するために「われわれの言語」を使用せざるをえなかったことに象徴されている。プラトンは「自己反駁」で、〈当人の思いなしの文脈〉の外に立ち、世界を鳥瞰する超越的な視点で限定抜きの「ある」を使用することが、相対主義が自説の正当性を説く場面でも不可避であることを鮮明にした。

　残された問題は、〈当人の思いなしの文脈〉の外に立ち限定抜きに「ある」と語ることはどこで成り立つか、である。これは、知識がどこで成り立つか、と同義である。この問題を解くにあたってプラトンは、真偽について語る「われわれの言語」の成立基盤に目をむける。「われわれの言語」の成立は、知識の定義を探求する『テアイテトス』の深層にある問題である。プラトンは第一部最終議論でその暫定的な結論を出し、第二部の探求へつなげていると論者は考える[14]。

---

14) 本書第四章および拙論「感覚と思考——プラトン『テアイテトス』184a4-187a8 の構造——」日本西洋古典学会『西洋古典学研究』XLVI, pp. 22-32 を参照されたい。

知泉書館

出版案内

2025.8　ver. 66

新刊

精神指導の規則　〔知泉学術叢書38〕

フッサール現象学批判　他人と私の間

倫理学講義　第二巻

倫理学講義　第三巻

霊性の人間学

古典の挑戦　第2版　古代ギリシア・ローマ研究ナビ

ルネサンス教育論集　〈イタリア・ルネサンス古典シリーズ〉〔知泉学術叢書39〕

書のひととき　中国書道史漫歩

偶然性と実存　実存思想論集 XL（40号）

経済学史研究 67巻1号

Ad fontes Sapientiae

〒113-0033　東京都文京区本郷1-13-2
Tel：03-3814-6161／Fax：03-3814-6166
http://www.chisen.co.jp

＊表示はすべて本体価格です。消費税が別途加算されます。
＊これから刊行するものは時期・タイトル等を変更する場合があります。

新刊

精神指導の規則

ルネ・デカルト著／山田弘明訳　〔知泉学術叢書38〕

学院の卒業後に兵役やヨーロッパ遍歴をへた若きデカルトが，それまでに行なってきた数学や自然学の研究を踏まえ，自身の学問観とその方法論をまとめた学問探求の方法論『規則論』は，デカルト哲学の「原基」である。50年ぶりの新訳・決定版。

【目次】 精神指導の規則(規則Ⅰ～ⅩⅩⅠ)　付録　デカルト『方法序説』第二部　『ベークマンの日記』　アルノー/ニコル『ポール・ロワイヤル論理学』第2版　ボワソン『デカルト『方法序説』注解』　バイエ『デカルト氏の生涯』　『学芸雑誌』　訳者解説

ISBN978-4-86285-439-1
新書判246頁・3000円

フッサール現象学批判　他人と私の間

村上勝三著

フッサール現象学によれば，在るかどうか，真であるかどうか，善いかどうかは「私」の経験に依存する。本書はデカルト哲学を参照軸として，こうした相対主義を正面から批判する。極めて相対主義的で利己主義的な現代社会の風潮に一石を投ずる哲学研究である。

【目次】 フッサール現象学の存在論的前提　「スペチエス」と「スペキエス」について　「スペチエス」概念のその後　フッサールによるロック「観念」説への批判　「超越」と「還元」　還元」と「エポケー」『形式的論理学と超越論的論理学』における「相互主観性」　デカルト哲学批判―『デカルト的省察』と『危機書』　『デカルト的省察』と『危機書』の閉ざされた宇宙

ISBN978-4-86285-438-4
A5判272頁・4500円

倫理学講義　第二巻

山田晶著／小浜善信編

愛の諸相について語られ，自明性と多義性という両面性と愛の意味を知るために愛の諸形態として三つの見方を考える。プラトン『饗宴』の「エロス」，アリストテレス『ニコマコス倫理学』の「ピリア」，『新約聖書』の「アガペー」のうち「エロス」を中心に考察。

【目次】　愛の諸形態―エロス愛について(13章＋補講)　愛の経験(14章)　好きと嫌い(19章)　プラトンのエロス論(28章)　「あなた方の父」なる神(1.「あなた方の父」なる神/2. イエスと群衆)(23章)

ISBN978-4-86285-434-6
四六判416頁・3500円

倫理学講義　第三巻

山田晶著／小浜善信編

本巻では主にキリスト教の愛の思想である「アガペー」の豊かで深い意味を明らかにし，エロスとピリア，アガペーの三つの愛の交流を語る。旧約や新約に出てくる有名な物語を紹介し，神とイエスにより示される愛について，分かり易く説明した名講義。

【目次】　アガペーとエロス(15章)　キリスト教的愛について―自分のように人を愛するとは？　三つの愛，エロス，アガペー，愛の交わり(24章)　二つの掟，特に第二の掟について生じる諸問題の考察(24章)　律法における倫理(9章)　キリスト教と愛(11章)　自分のように人を愛するとはいかなることか(13章)　二つの掟と新しい掟(19章)

ISBN978-4-86285-440-7
四六判488頁・3500円

ニコル・オレーム『貨幣論』とその世界〔知泉学術叢書37〕
金尾健美訳著　　　　　　　　　　　　ISBN978-4-86285-431-5　　　新書判170頁・2700円

アリストテレス倫理学を踏まえ、貨幣の起源、本性、権利、改変について考察した論考である『貨幣論』の全訳と、訳者による著者と作品についての詳細な解説、さらに疫病と戦争に象徴される14世紀中頃の北フランス世界の歴史的環境についての考察を付した。

穀物輸出の代償
服部正治著　　　　　　　　　　　　　ISBN978-4-86285-433-9　　　菊判224頁・3600円

産業革命による人口集中で穀物需要は急拡大した。英国は最大の穀物輸入国に、アメリカは最大の輸出国になった。19世紀の大平原開拓と小麦増産により多くの問題に直面した。本書は輸出国の視点で土壌保全や水問題、移民、資本などの実態に迫る画期作。

哲 学　第76号　カント生誕三〇〇年／人工知能と人類の未来
日本哲学会編　　　　　　　　　　　　ISBN978-4-86285-971-6　　　B5判402頁・1800円

(2025年5～8月の新刊については，p.2～6をご覧ください)

2025年8月からの刊行予定（順不同）

カテナ・アウレア　マルコ福音書註解〔知泉学術叢書〕　トマス・アクィナス／保井亮人訳

東方キリスト教思想への誘い　大森正樹著

内在の臨界　生の現象学と現代フランス哲学　米虫正巳著

シェリング講義　同一哲学の鍵としての「反復的同一性」〔知泉学術叢書〕　M.フランク著／久保陽一・岡崎秀二郎・飯泉佑介訳

意味と時間　フッサールにおける意味の最根源への遡行　高野　孝著

倫理学講義　第四巻～第五巻　山田晶著／小浜善信編

生命操作と人間の尊厳　田坂さつき編

日本文化と宗教　「和」の伝統の功罪　岡野治子著

経済科学の曙　政治算術家ウィリアム・ペティとその時代　大倉正雄著

中國古代の淫祀とその展開　工藤元男著

第四章

感覚と思考 (184b3-187a8)

プラトンは『テアイテトス』の第一部で,「知識は感覚である」という知識の定義——以後「第一定義」と呼ぶ——を反駁する。プラトンはまず,プロタゴラスの「人間尺度説」とヘラクレイトスに代表される「運動生成説」とを入念に批判し,両説を根拠に「第一定義」を正当化する道を封じる。そして九種類の反駁を提示するが,その最後に直接「第一定義」を反駁する。今回問題にするのは,その最後の「第九反駁 (184b3-187a8)」——以後「最後の反駁」と呼ぶ——である。プラトンはここで,感覚経験と魂が行う思考活動とを区別し (184b4-186a1),「あること ($οὐσία$, $εἶναι$)」が思考活動にのみ関わるという理由から (186a2-c6),「第一定義」を退けている (186c7-187a8)。

　最後の反駁において,「ある」の解釈は重要である。伝統的解釈では,イデア論を前提して「ある」を「存在」と解する[1]。これに対してバーニエットは,イデア論を前提することに反対し,「ある」を「コプラ」と解して,「ある」は判断一般を表示すると主張する[2]。現在,バーニエットを支持する研究者は多い。バーニエットによれば,「この葡萄酒は甘い」

---

　1) 「ある」を「存在」ととる伝統的解釈は次のとおりである。cf. F. M. Cornford, *Plato's Theory of Knowledge*, London, 1935, pp. 102-109, esp. p. 108; I. M. Crombie, *An Examination of Plato's Doctrines*, Volume II, London, 1963, pp. 3-33, esp. pp. 13-14; K. M. Sayre, *Plato's Analytic Method*, University of Chicago Press, 1969.
　2) cf. M. F. Burnyeat, [1] 'Plato on the Grammar of Perceiving', *Classical Quarterly*, N. S. 26, 1976. pp. 29-51, esp. pp. 44-45; [2] *The Theaetetus of Plato*, Cambridge, 1990, pp. 52-65, esp. pp. 58-61.

というように，現に感覚している対象の可感的性質を「ある」を用いて記述することは，思考活動に属し感覚経験には属さない。つまり感覚経験は判断を含まない[3]。感覚されるのはこの味であり，「この葡萄酒は甘い」という命題ではないのである。この解釈に従えば，「ある」が思考活動にのみ係わるということは，思考内容が命題構造をとることを意味し，「ある」は命題構造をとるあらゆる判断を指していることになる。一方C.H.カーンは，「コプラ」としての「ある」にも「存在」の意味および「真である」という意味が内含されているとする解釈を提唱し[4]，支持を集めている。それゆえ，「ある」を判断一般ととる解釈は，「ある」を「存在」ととる解釈をも包括して，広く支持されるようになった[5]。

　「ある」を判断一般ととる解釈は，感覚経験と思考活動との二分法を命題構造の有無に重ねようとするもので，感覚経験と思考活動との区別を形式的に明解にするという利点はある。しかし論者は，この解釈には次のような難点があると考える。

　バーニエットの解釈をとると，最後の反駁は，その前後の議論と論理的なつながりを失うことになる。感覚には判断が含まれないと解する時，感覚を知識とする「第一定義」は説得力を持たない。そして，判断は相対的だとする「人間尺度説」は「第一定義」とはそもそも関係がなくなり，プラトンが第一部の多くの部分をプロタゴラス説批判に裂いたことは全くの

---

[3]　Cf. M. F. Burnyeat [2], pp. 59-60; D. Bostock, *Plato's THEAETETUS*, Oxford, 1988, pp. 110-145, esp. pp. 128-142.

[4]　Cf. C. H. Kahn, 'Retrospect on the verb 'to be' and the concept of being', S. Knuuttila and J. Hintikka (eds.), *The Logic of Being*, D. Reidel Publishing Company, 1986, pp. 1-28, 'Some Philosophical Uses of "to be" in Plato', *Phronesis* 26 N. 2, 1981, pp. 105-134, esp. pp. 105, 119-127.

[5]　Cf. D. Bostock, op. cit., pp. 128-130; H. Teloh, *The Development of Plato's Metaphysics*, Pennsylvania State University Press, 1981, pp. 204-207; R. Desjardins, *The Rational Enterprise*, State University of New York, 1990, p. 99., etc. これらの解釈に異を唱えるものとして，J. Cooper, 'Plato on Sence-Perception and Knowledge: Theaetetus 184-186', *Phronesis* 15, 1970, pp. 123-146. esp. pp. 138-141; D. K. Modrak, 'Perception and Judgement in the *Theaetetus*', *Phronesis* 26, 1981, 35-53. esp. pp. 48-51. 尚，ボストークはマクダウェルが「あること」を本質（essence）と解しているとするが，これは誤解である。マクダウェルは「コプラ」解釈にも好意的である。Cf. J. McDowell, *Plato: Theaetetus*, Oxford, 1973, esp. pp. 185-193, esp. p. 187, 191. なお「本質」と解するのは，J. Xenakis, 'Essence, Being and Fact in Plato: An Analysis of one of *Theaetetus* "Koina"', *Kant-Studien* 49, 1957-8, pp. 167-181. である。

見当違いとなってしまう。また，これに続く第二部で，プラトンは何の説明も加えずに，問題にする判断の形式を同一性判断に限定している。バーニエットの解釈では，プラトンは最後の反駁で判断一般を知識の候補としておきながら，続く第二部冒頭で同一性判断に限定して議論をすすめていることになってしまう。

　論者の見解では，最後の反駁は「われわれの言語」を成立させている根本的な了解事項を問題にしている。「ある」はその了解事項を確認する文脈でのみ用いられており，判断一般を表示しているわけではない。本章の目的は，この点を論証することにある。テキストに即して議論をするために，最後の反駁を5部分に分けて論を進めることにする。

I　「感覚する」ことに関する基本了解（184b4-185a3）

ソクラテスとテアイテトスは，まず，次の二点に同意する。

1-1　人は，感覚（器官）に・よ・っ・てではなく，感覚（器官）を・通・し・て，われわれ自身の同じ一つの部分（魂）によって感覚する。われわれが感覚する際に，それらを通して（διά）感覚する当のものども（感覚器官）は身体に帰属する。（cf. 184b7-e7）
1-2　そして一方の感覚（器官）を通して感覚している事柄を，別の感覚（器官）を通して感覚することは不可能である――視覚を通して感覚する事柄を聴覚を通して，あるいは聴覚を通して感覚する事柄を視覚を通して，というように――。（cf. 184e8-185a3）

　われわれの眼前に広がる風景は様々の色から構成されている。その色は，目を閉じれば即座に消滅する。その色は，目を閉じている限り，耳を澄ませても手で触れようとしても感覚することはできず，視覚を通してのみ感覚することができる。それゆえわれわれは，身体に帰属する感覚器官固有の感覚能力を通して（1-1），各感覚器官に固有の能力に対応する性質を感覚するのである（1-2）。

　ところが個々の「感覚の現場」では，多様な感覚性質をわれわれは同時

に受容している。例えば今，私は眼前に広がっている木々を見て蟬の声を聞いている。それぞれの木の葉に固有の緑色が，風に揺れて光を浴び多様な色に見える。そして，幾つかの種類の蟬の声が折り重なって聞こえる。しかしながら，今ここで目を閉じて，これらの色が視覚を通して感覚されることを確かめるまでもなく，これらの色は視覚を通して感覚していることを私はすでに了解している[6]。それゆえ1-1と1-2は，個々の「感覚の現場」でそのつど確認されることではなく，「感覚する」ということそのものに関するわれわれの基本的な了解事項なのである。

　風や光線の微妙な変化によって，木々の緑は時々刻々変化する。深緑の木の葉が風に揺れ，一瞬強い西日に輝くが，また枝の影に隠れて明るい色を失う。またベランダにとまった蟬は，声高にしばらく鳴いたかと思うと急に沈黙し，音をたてて飛び立つ。今も蟬の声は折り重なって聞こえるが，どれが今飛び立った蟬の声かはわからない。今見えている黄緑色は今ベランダで鳴いている蟬の声とは異なる，と語る間もなく，葉の色は変化し，蟬は飛び立つ。受容される感覚は時々刻々変化し，言語でそれを実況中継することはできない。それゆえ，ヘラクレイトスは「万物は流転する」と主張し，「何ものもそれ自体一であることはない」という立場をとった (cf. 152d2-e10)[7]。

　それでも私は，木の葉の色の変化を観察し，蟬の声に聞き入っている。私は次の瞬間見えるであろうあの色を見ようとはじめから意図して，目を開いたわけではない。私には，次の瞬間どのような色が見え，どのような音が聞こえるかはわからない。しかし色を見よう，音を聞こうとして，目を開き耳を傾けている。私は感覚する以前に，すでに色と音とを区別して考えている。たとえ目を閉じて耳を塞いだとしても，「色と音とは異なっている」と考えることには何の支障も生じない。その時われわれは，目を閉じ耳を塞いだことにより消滅したあの色とあの音の残像を比較して，色と音との相異を確認しているわけではない。

---

　[6]　この点については，松永雄二先生に御教示いただいた。
　[7]　本書第一章 pp. 16-25, 第二章 pp. 67-72 を参照されたい。

II 色と音の双方について「考えている」こと (185a4-b6)

ソクラテスは続ける。

> 2-1 すると，いま両方のもの（視覚を通して感覚する事柄と聴覚を通して感覚する事柄）について，もしあなたが何かを「考えている（διανοῇ）」とするならば，あなたはその一方あるいはまた他方の感覚器官の片方だけを通して，両方について感覚するというわけにはいかないだろう。(185a4-6)

2-1 は 1-2 から直接導くことができる。つまり，色は視覚を通してのみ，音は聴覚を通してのみ感覚できる以上，色と音の両方を，視覚か聴覚か，いずれか一方を通して感覚することは不可能なのである。テアイテトスは 2-1 を認め，次のソクラテスの発言にも同意する。

> 2-2 さて，ところで，音と色について，そもそもまず第一に，君がこれら両方について考えていることは，まさに①双方がある，ということである。それからまた，②双方はおのおの互いに異なるものであるとともに，それ自体は同じものである，ということをも考えている。また，③双方は二つであるが，おのおのは一つである，ということも考えている。それからまた，④双方が互いに似ているか似ていないかを君は吟味することができる。(185a8-b6)

IとIIの議論は密接に関連している。2-2 の「色」と「音」は，1-1 の「視覚を通して感覚する事柄」と「聴覚を通して感覚する事柄」とを指している。視覚を通して感覚する色と聴覚を通して感覚する音とが互いに異なることは，この議論の出発点でそうであったように（1-1 と 1-2），「感覚する」ということについての基本的な了解事項である。ソクラテスはその了解事項を 2-2 で確認しているのである。

ここで次の点に注目してみる。色と音を指す「両方」という語は，考え

ている内容文の外では「両方について（περὶ ἀμφοτέρων）」と複数になっている。ところが内容文の中では、「双方（ἀμφοτέρω）」と双数に変化している。また同時に、内容文の中の動詞「ある」は双数になっている。古典ギリシャ語において、双数は二つのものが相互に密接な関係を持つとみなされた場合にのみ用いられ、そうでない場合にはたとえ二つのものであっても複数で表現するのが普通である。考えている内容文の中でのみ双数が使われているのは、考・え・て・い・る・当・人・が、色と音とを双数で捉えていることを示している。つまりテアイテトスが、思考可能なさまざまの事柄の中から色と音とを同時に取り上げ、両者を相互に密接な関係を持つ「双方（双数のもの）」とみているのである。

　それでは、どのような仕方で色と音とを双数で捉えているのか。それは、色と音とを単独に捉えるのではなく、音とは別のものとして色を捉え、色とは別のものとして音を捉える、という仕方である。つまり、色と音は、それぞれ自己同一性を持つ一つのものであるが（②③）、互いに異なっている（②）二つのものである（③）と考えている。また、双方を比較して、類似性を吟味することもできる（④）のである。

　そして①から④は各々独立のことではなく、それぞれが相互に関係している。まず①において「色」と「音」その双方が「ある（双数）」ということは、それぞれが双数で数えられる別のものであり、他から区別されたもの（②と③）であることを含意している[8]。次に②から④において「色」と「音」とをそれぞれが他から区別された別のものとして捉えることは、それぞれが独立した「ある」もの（①）であることを前提している。さらに色と音双方がそれぞれ別の異なった一つのものとしてある（①～③）ならば、双方を比較することができる（④）。このように①～④は相互に密接に関連している。そして①から④を「考えている」ということは、「色」と「音」とがそれぞれ別の一つのものとしてあり、他とは異なる比較可能なものとして捉えていることを表している。われわれは便宜上、このような仕方で対象を異なった二つの「ある」ものとしてそれぞれを捉えていることを、「対象把握」と呼ぶことにする。

　　8）　拙論「感覚と思考――プラトン『テアイテトス』184b4-187a8 の構造――」日本西洋古典学会編『西洋古典学研究』XLVI, 1998 年, pp.22-32, 特に pp.26-28 を参照されたい。

このような議論の文脈で，両方についてまず第一に①「双方がある」と考える，とはどのように解すればよいのか。色と音とを互いに異なる二つのものとして捉える際には，色と音とが何らかの意味で「ある」と考えているはずである。①のみに「まず第一に」という語が付加されていることは，慎重に解されなければならない。これは，それぞれの同一性・差異性・数・類似性を考えることに先立って，「まず第一に」色と音とが「ある」ことを存在措定しているという意味にとるべきである。つまり①は②〜④よりも論理的に先行しているのである[9]。このような意味で「双方がある」と措定し，それぞれの同一性・差異性等を捉えることが，ここで問題になっている「対象把握」なのである。

　それゆえこの箇所の「ある」は，述定を表示してはいない。この箇所で問題になるのは，むしろ，述定が成立する前段階である。①では，例えば「色を記述しよう」と意図する際に了解している色の存在が問題になっている。このような意図を持たなければ，色を記述する述定文を作成することはない以上，「色」の存在措定は，述定を行う前提条件である。そして，「色」と「音」とをそれぞれ異なる別のものとして「対象把握」していなければ，人が"色"と"音"という表現を的確に用いて，個々の色や音について語ることはできない。しかしこれは，述定そのものではない。したがって，バーニエットのように，この箇所の「ある」を述定を含む判断一般と解することはできないのである。

III　魂が自ら吟味する（185b7-186a1）

ソクラテスは2-2①—④の判断が「何を通して」かを問題にする。

　3-1　双方が塩辛いか塩辛くないかを探求することが可能であるならば，味覚によって吟味する。（cf. 185b9-c2）
　3-2　「これに対して，何を通して，すべてに共通のこと，それはつまり今問題にしている事柄（色と音と味）について共通のことを明ら

---

9)　『ソフィステス』250a8-b4を参照せよ。

かにするのか。共通のことに対して君が当てる名前というのは，『あること』『あらぬこと』とか，ちょうど今し方，それら（色と音）についてわれわれが問いを重ねて来た時に用いられたものがそれなのだが（185c4-7）。」

これに対してテアイテトスは，共通のことの具体的内容（「あること」「あらぬこと」，「似ていること」「似ていないこと」，「同一であること」「異なっていること」，「一つであること」「他の数であること」，「偶数であること」「奇数であること」等）を確認した上で（185c9-d3），次のように答える。

　3-3　これらのものには，かのもの（色と音と味）のように固有の感覚器官はなく，魂がそれだけですべてについて共通のことを吟味しているように思われる。(185d7-e2)
　3-4　「魂が自らを通して吟味すること」と「魂が身体の感覚器官を通して吟味すること」とがあるように思われる。(cf. 185e6-186a1)

　先に2-2④において「双方が互いに似ているか似ていないかを君は吟味することができる（185b4-5）。」と，色と音との相違を調べる可能性が示唆された。そこで登場した「吟味する（$\epsilon\pi\iota\sigma\kappa o\pi\varepsilon\hat{\iota}\nu$）」という語とその同類語が3以降頻出する（185e2, e7, 186a11）。
　私は先程，毎日見ている庭木が一本だけ葉がたくさん落ちているので，病気ではないかと観察していた。常に，木の葉や木の幹をこのように見つめているわけではない。多くの場合，たとえ目を開いていても，色の変化や特別の輝きには気を留めない。しかし，私は見馴れた木々を目を通して見て，木の葉の色を吟味しようとしていた。単に感覚を受容する受動的態度ではなく，受容されたものを正確に判定しようとする態度をとっている。これは，いわば探求する態度である。われわれは，色を調べたい時には目を凝らし，音を調べたい時には耳を澄ます。このような態度をとる時，色は目を通してのみ，音は耳を通してのみ感覚するという基本的な了解事項が鮮明になる。
　ソクラテスが，3-1で「塩辛いか塩辛くないか。」という問いを立てた

III 魂が自ら吟味する (185b7-186a1)

理由は，探求する態度をとり，「何を通して」かを問うためである。ところが 3-3 において，「共通のこと ($τὰ$ $κοινά$)」については，「何かを通して感覚する」という仕方ではなく，魂がそれだけで吟味することが明らかになる。

ところで，「共通のこと」の具体的内容が，2-2 の議論を受けていることは明らかだが (185c6-7)，相違点もある。3-3 では，共通のことの名前として，2-2①〜④とは別に「あること」「あらぬこと」をプラトンは挙げている。この点は注意深く解さねばならない。

「ある」の肯定形と否定形が併記されている場合，「ある」を存在あるいは本質ととると，否定形については解釈上困難が生じる。なぜなら，存在や本質を探求することは可能だが，非存在あるいは非本質を探求することは想定し難いからである。したがって否定形については 2-2①のように存在措定ととることはできない。論者は，この箇所の「あらぬ」は同一性判断ととるべきだと考える。つまり，この箇所の「ある」「あらぬ」は，「色は色である」「色は音でない」等の判断を表示していると解するのである。

ここで注目したいのは，II で用いられている「考える ($διανοεῖσθαι$)」という語である。これと同じ語は第二部でも用いられている。そこではいわば定義のような仕方でこの思考活動が説明されているが (189e4-190a8)，その説明は最後の反駁の IV とほぼ一致している。重要なことは，第二部のその箇所で例示されている思考内容が，2-2①〜④ではなく，同一性判断の形式をとっている点である。そして，そこで例示されているものの中には，4 で挙げられる美醜と善悪や 2 と 3 で挙げられた数の判断が含まれている (190b2-9)。

一方，「ある」の肯定否定両形が示されるのは 3 のみで，4 では 2 と同様肯定形のみになる。したがってプラトンは，「ある」について二つの表現を用いていることになる。それは，色と音について言えば，「双方がある」という表現と「色は色である」「色は音でない」という表現である。色と音について「双方がある」と存在措定することは，「色は色であり，色は音でない」という同一性判断を行う前提といえる。また，「色は色であり，色は音でない」と判断する際には，「色は音と異なり，色は色と同じである (2-2②)。」あるいは「色と音とは二つであるが，色は一つで

ある（2-2③）。」と考えているとみることができる。色と音との類似性を吟味することが可能であるのは（2-2④），「色は色であり，色は音でない」というように色と音とをすでに区別して捉えている場合である。2-2①～④と同一性判断とがこのような密接な関係を持つのは，どちらも，色と音との双方をそれぞれ区別して捉える思考活動，すなわち「対象把握」を表現しているからである。

　プラトンはまずⅡで，色と音とを区別して捉える際の思考活動を2-2①～④という仕方で表現している。次にⅢでは，それに加えて，これとは別な表現法である「ある」と「あらぬ」を併記している。プラトンは，存在措定と同一性判断という二つの意味で「ある」を用いているが，いずれも「対象把握」を表現している以上，議論に飛躍は生じない。

Ⅳ　感覚経験と思考活動との差異（186a2-c6）

次に，「あること」がとりわけ魂がそれだけで到達する事柄に属することをソクラテスとテアイテトスは確認する（186a2-5）。そして類似性や同一性・差異性に加えて，美醜や善悪も魂がそれだけで到達する事柄に属するとした上で（186a6-9），次の点に同意する。

- 4-1　魂は，「美しいこと」「醜いこと」「善いこと」「悪いこと」等の「あること」を，既存のことや現在のことや未来のことへ関係させて，自分自身の内で「勘考する」[10]，という仕方で相互の関係において検討することが，最も多いように思われる。（186a10-b1）
- 4-2　硬いものの硬さ，硬いものの軟らかさは触覚を通して感覚する。（186b2-5）
- 4-3　「あること」すなわち「双方（硬さと軟らかさ）がある」こと，そして双方お互いの反対性，さらにまた反対性の「あること」等は，

---

10)　「勘考する（ἀναλογίζεσθαι）」とは，2-2③で例示された，事柄を数で捉える思考活動を示唆している。訳語については，田中美知太郎訳『テアイテトス』岩波書店，1976年，に随った。

魂が自らおもむいて，相互に比較しながら，われわれのために判別を試みるのである。(184b6-9)

4-3では，「双方がある」と「双方が反対である」という感覚性質間の関係に加えて，「反対性のあること」が例示されている。これは，次のように解釈することができる。「硬さと軟らかさは反対である」ということを考えている人は，思考上「硬さ」「軟らかさ」「反対性」を措定している。「反対性のあること」を勘考するとは，魂が自ら「反対性は反対性であり，硬さでも軟らかさでもない」という仕方で相互に比較しながら，「反対性」が他の事柄とどのような関係の下に措定されているかを明確にするのである。それゆえ，魂が自ら執り行う探求とは，硬さと軟らかさ等の感覚性質のみならず，反対性，さらに美醜や善悪等，すでに「対象把握」されている事柄の中から幾つかを取り上げて，それらの相互関係を明らかにする作業をも含むのである。

　色と音とについて語っている時には，色と音とはすでに「対象把握」されており，すでに互いに区別されている。円滑に会話が進められているならば，それを確認する必要はない。どのような仕方で思考上措定されているかについては，語っている当人は意識していない。通常その区別は文で表現されることはなく，「ことば」を使用する前提条件として暗黙に了解されている。「あること」を勘考するのは暗黙の前提を言語で確認する作業である。人は通常，「対象把握」を意識していない以上，この作業は自明なことを確認するのではなく，成立しているはずの前提を言語化していく営みである。それは思考可能なすべての事柄について同時に行うことはできない。2で示した通り，まず二つの事柄を相互に区別して双数で捉え，それを2-2①～④という文で表現して確認する。あるいは3で示したように，二つの事柄について「ある」と「あらぬ」を用いて同一性を判定するのである。『テアイテトス』第二部では，このように「対象把握」を確認する営みにおける「誤り」の問題へと議論は移行していく。そして，「ある」ものを思考上措定することそのものがどのような仕方で客観性を獲得できるのか，という問題が第三部で論じられる。

V　感覚は知識ではない（186c7-187a8）

　プラトンは，これまでの議論を踏まえて，次のような仕方で，「知識は感覚である。」という第一定義を反駁する。まず，「感覚する」ということは感覚器官を経由して受容された感覚性質が魂に達する受動的経験だとプラトンは説明する（186b11-c2）。そして，五感を通して感覚することは，生まれ落ちるとすぐに，動物にも子供にも備わっているが，感覚された事柄（色や音）について「あること」や有用性について勘考することは，長年比較検討を積み重ね，教育を経て苦労して可能になる，という（186c2-5）。プラトンここで，「感覚すること」と「感覚された事柄について『あること』等に関して勘考すること」とをはっきりと対比する。無反省に複数の感覚を同時に受容する態度においては，「あること」に触れないゆえに真理にも触れず，知識へと到達することはできない。それゆえ，受容された事柄の内にではなく，受容された事柄について勘考することの内に知識を定位するのである（186d2-3）。そして，感覚は知識たりえない，と結論する（186d10-e12）。

　したがって，最後の反駁（Ⅰ～Ⅴ）は次のように構成されていることになる。まず，「感覚する」ということに関する基本了解を確認する中で（Ⅰ），各人が色と音とを双数で「考えている」場面を析出し，色と音とを思考上措定して，双方の同一性・差異性や数を判定していることを明らかにする（Ⅱ）。そしてこれは，魂が感覚能力から独立に行う思考活動であり，「色は色であり，音でないこと」，「双方（色と音）があること」や同一性・差異性・類似性・数等について魂が吟味することである（Ⅲ）。中でも「あること」について勘考するのは，色と音のみならず，すべての事柄に及び（Ⅳ），「感覚する」こととは明確に区別される。

　そして最後に，知識が定位された「受容された事柄について勘考すること」を「魂が『あること』について仔細を尽くすこと」と言い換えられ，それは「思いなすこと（$\delta o \xi \acute{\alpha} \zeta \epsilon \iota \nu$）」と命名される。第二部でプラトンは，「思いなし」を知識候補として検討するが，それは第一部全体の探究の成果なのである。したがって，第二部で問題になる「思いなし」は，魂が感

覚から独立に，思考上措定された対象について対象把握の成立を確認することになる。第二部では，「対象把握」を確認する際に用いられた「色は色である」「音は色でない」等，「ある」の肯定否定を用いた同一性判断の真偽が問題になり，そのような「思いなし」の内実についてはさらに検討が加えられる。

　以上，議論構成の分析に従えば，最後の反駁における「ある」は一貫して，われわれが個別的対象の性質をことばで捉えようとする際に，すでに「対象把握」されている事柄について用いられている。すなわち，思考上措定されている対象の相互関係を確認する同一性判断および，そのような判断の前提となる存在措定に際して「ある」が用いられているのである。

　それゆえ最後の反駁では，「感覚の現場」で今感覚している対象の感覚性質を記述する述定は問題になっていない。問題になっているのは，例えば今感覚している対象の色を記述しようと思っている人が，音ではなく色を記述しようとする限りにおいて必要となる了解事項なのである。したがって，最後の反駁における「ある」は，述定に際して成立する判断を表示してはいない。それゆえ，この箇所の「ある」が判断一般を表示するという解釈は成立しない。

　このように最後の反駁を理解することは，『テアイテトス』全体の議論展開からみても適切である。第一部で，「人間尺度説」と「運動生成説」は，感覚が相対的であり流動的であるという理由から，「感覚の現場」において客観性や永続性の含みのある「ある」を用いて記述することは不可能だと主張する。このように，感覚の不可訂正性を盾に，「感覚を受容している状態（$\pi\acute{\alpha}\theta o\varsigma$）」を正確に記述していくことにより真理に到達するという立場を最後の反駁でプラトンは否定するのである[11]。プラトンは，魂独自の思考活動において，色や音・美醜や善悪等の事柄の正確な分別を

11）プロタゴラスは，他人に訂正不可能だという意味で，この種の判断を真だとして，「人間尺度説」を主張した。そしてこの点において「第一定義」は説得力をもったのである（cf. 179c1-d1）。しかし最後の反駁のVで「真理に触れる」というのは，感覚経験における不可訂正性とは全く異なっている。なぜなら，偽なる同一性判断は他人にも訂正可能であり，「あること」の把握は客観的真理を目指す探究となりうるからである。したがって，『テアイテトス』のこの箇所に関する限り，カーンらが，現に感覚している対象の可感的性質を記述する判断においても「ある」に「真である」という意味を読み込む点には賛成し難い。カーンの解釈については本章註4を参照されたい。

行うことを追求していく中で，真理へと到達する可能性があると考えている。それゆえ続く第二部では，事柄の同一性に関する判断のみを問題にするのである。第二部で問題が限定されたのは，最後の反駁ですでに事柄の同一性・差異性等の判断を行う思考活動に問題が絞り込まれていたからである。

『テアイテトス』に続く『ソフィステス』では，魚釣り術や，ソフィストの定義を探求する際に，一語で定義するのではなく，同一性と差異性とを明確にしていく方法をとっている。また，『ソフィステス』では，同一性・差異性の判断が「ある」「あらぬ」を用いる同一性判断に変換可能であることが明記されている[12]。いずれも，最後の反駁にみられるプラトンの路線とぴったりと重なる。

プラトンは最後の反駁で現象を記述することに真理を見出そうとする道はとらずに，われわれの「ことば」を成立させている根本的な了解事項の中に真理を求めた。最後の反駁はプラトン後期の思索の入り口である。

---

[12] 『ソフィステス』254d4-256a9 を参照せよ。

第二部

〈思いなし〉

『テアイテトス』第二部の冒頭で,「知識は真なる思いなしである」という知識の定義が提示されるが,「偽なる思いなし」の有無をめぐる議論へと移行し, 第二部のほとんどはそれに費やされる。この箇所は, 通常命題の真偽や, 信念の文脈における指示の透明不透明の問題として解釈されることが多いが, その際,「思いなし」は信念一般と解されてきた。しかし, 第4章で確認したとおり, 第二部は第一部の最後の反駁において規定された「思いなし」をそのまま受けていることはテキスト上明白であり, その意味で, 第二部は第一部の議論全体を引き受けて展開している。しかし多くの研究者は, あたかも第二部で新たな議論が始まると考えて, 第二部だけ切り取って信念一般についての議論と解釈している。この傾向は第一部が大部で難解であることも手伝って, 問い直されることなく今も続いている。

　しかし, われわれの分析に従えば, 第二部の定義における「思いなし」は, 第一部では〈当人の思いなしの文脈〉で「対象把握」を確認する判断であり, 述定文を含む信念一般とは異なった次元の判断である。例えば, 視覚を通して感覚される対象である「色」と, 聴覚を通して感覚される対象である「音」とをそれぞれ異なった一つの「あるもの」として措定し, 両者の同一性差異性を「色は色であり, 音でない」と把握する「思いなし」なのである。そのような仕方で,「色」と「音」とを「対象把握」することは, 人が個々の色や音について, 例えば「あの紫陽花の色は薄紫である」と述定できるための前提であり, その意味において, 信念一般とは位相を異にする。このように第一部の議論を踏まえて第二部の「思いなし」を理解すれば, 第二部で取り上げられる「思いなし」がすべて同一性判断になっていることに違和感を感じることもない。

　さらに第一部の議論を前提に第二部を読むことによって, 第二部でプラトンが何を問題にしていたのかがわかる。第一部冒頭から, プラトンは知識は「あること」に関わるという。プロタゴラスは「あること」とは「当人にとってある」という相対的な意味だという意味で「それ自体一である」否定説に立つ。そして「運動生成説」は,「あるもの」とは「運動生成するもの」であり一切静止はないという意味で,「『それ自体一である』否定説」に立つ。いずれの立場からも「それ自体一である」という規定を排除することによって, 知識について語る「ことば」の成立が危ぶまれる

結果となった。プラトンは世界が相対的に成立していない,あるいは事実として万物が運動変化をしていないことを証明したわけではない。したがって,「あること」が相対的でもなく流動をまぬがれて存在することを証明しているのではない。相対主義者であっても,自説を正当化する文脈では相対的でない真理について関与し,流動論者であっても,「白」という性質を認めてはじめて「白いもの」が「白くなくなった」と言える。このような場面でわれわれが関与し,認めている「あること」は存在論的な身分は未だ不明確である。しかし,それなしには相対主義者も流動論者も知識を語ることができない,という点は明らかになった。つまり,相対的ではなく,何らかの意味で1つの規定に留まる「ある」が,わたしたちの「ことば」および知識の成立に欠くことができないことが明らかになった。そしてプラトンは,そのような「あること」は,われわれの感覚にではなく,〈当人の思いなしの文脈〉において措定されたものだとして第一部の考察を終えている。

　しかし,プロタゴラスの自己反駁でも,〈当人の思いなしの文脈〉における判断の真偽は大きな問題として残されていた。それゆえ,〈当人の思いなしの文脈〉の外に出て限定ぬきに「真である」と語ることはどこで成り立つか問われねばならない。この問いと向き合うにあたって,プラトンは,第一部から一貫して「われわれの言語」の成立基盤に目をむけるのである。

　第二部は以下二章から構成される。
　　第五章　「偽なる思いなし」と知識
　　第六章　「偽なる思いなし」と対象の認知
第五章は,第二部全体の議論構成を概括的に説明する。第六章は,第五議論を中心に第二部のアポリアの解釈を展開し,第三部へ移行する際にプラトンがどのような立場にたっているのかを究明する。

第五章
「偽なる思いなし」と知識

———

　プラトンは『テアイテトス』第二部で,「知識とは『真なる思いなし』である」という知識の第二定義の検討に入る前に,「『偽なる思いなし($\psi\varepsilon\upsilon\delta\dot{\eta}\varsigma\ \delta\acute{o}\xi\alpha$)』は存在するか?」を問題にする。そこでは,「思いなし」の真偽を素朴に認める立場と「偽なる思いなしは存在しない」という立場とが正面から対立し,「偽なる思いなし」の存在をめぐって六種類の議論が登場する。前半部では,「偽なる思いなし」の存在を素朴に肯定する立場(素朴肯定論)に対して,ソクラテスは排中律を用いた単純な議論を展開し,「偽なる思いなし」が存在しないという結論を導く。そして後半部では前半部の議論を受けて,素朴肯定論に立って,「偽なる思いなし」が存在しない場面と存在する場面とを区別する。そして「偽なる思いなし」が成立する場面を,対象認知の場面に限定して説明する二つのモデルを提示する。しかしそのモデルにおいて「知っている」の規定をめぐって困難が生じ,「偽なる思いなし」の探求は破綻する。
　われわれは「思いなし」には真偽があると考えている限りにおいて,「偽なる思いなし」の素朴肯定論者である。この議論の解釈に際して重要なことは,「思いなし」の真偽を素朴に認めるわれわれに対して,「偽なる思いなし」存在否定論がどのような意味を持つかを読み解くことである。
　『テアイテトス』第二部を読み解こうとすると,二つの困難に直面する。まず第一に,『テアイテトス』第二部で検討される偽なる思いなしは,形式的にはすべて同一性判断になっている点がある。第二部では「偽なる思いなし」は相異なる二つのものXとYについて,「XがYである」と思うことだとすべて一元的に規定し,そのような思いなしの成立不成立を論じ

ている。諸解釈者は，第二部の議論の中に，「偽なる思いなし」がこのように同一性判断に限定されている理由を見出せず苦慮している[1]。そして第二に，「偽なる思いなし」の存在・非存在を議論する際に，「知っている（$εἰδέναι$)」という語が頻出する点がある。『テアイテトス』は，周知の如く，知識の定義を探求する対話編である。第二部では，まだこれに対する明確な結論が出ていない。ところが，第二部冒頭から「知っている」は何の規定もされないまま用いられている。諸解釈者は，この「知っている」の意味を第二部の文脈からのみ理解し，プラトンの知識論を探ろうと試みているが[2]，論者が見る限り成功していない。

諸解釈者の直面する困難は，第二部の冒頭から解釈をはじめることに起因すると論者は考える[3]。テキストを見る限り，第二部冒頭の「思いなし」は，第一部最終議論で限定された「思いなし」を直接受けている。それゆえ，第一部の議論を前提に，第二部の「思いなし」を解さなければならない。そしてその議論展開の中で，「知っている」の語義を考える必要がある。

われわれは，第一部の議論から第二部冒頭の「偽なる思いなし」の探求に至る経緯を確認し，第二部で問題になる「思いなし」の身分を確定することにする。

---

[1] Cf. F. M. Cornford, *Plato's Theory of Knowledge*, London, 1935, p. 113; J. Acrill, "Plato on False Belief," *Essays on Plato and Aristotle*, Oxford, 1997, pp. 53-71, p. 59; K. M. Sayre, *Plato's Analytic Method*, Chicago, 1969 p. 106; F. A. Lewis," Two Paradoxes in the *Theaetetus*", in *Patterns in Plato's Thought*, ed. J. M. E. Moravesik, Dordrecht, 1973, pp. 123-49, esp. p. 124; J. McDowell, *Plato: Theaetetus*, Oxford, 1973, p. 195; N. P. White, *Plato on Knowledge and Reality*, Indianapolis, 1976, p. 164; D. Bostock, *Plato's Theaetetus*, Oxford, 1988, pp. 162-163.

[2] Cf. W. G. Runciman, *Plato's Later Epistemoligy*, Cambridge, 1962, pp. 29-30; J. McDowell, op. cit., pp. 196-197; G. E. L. Owen "Plato on Not-Being", in *Plato I*, ed. G. Vlastos, New York, 1963, p. 245. 262-265; F. A. Lewis, "Two Pradoxes in the *Theaetetus*" *Patterns in Plato's Thought*, ed. J. M. E. Moravsik, Dordrecht, 1973, pp. 126-128; G. Fine, "False Belief in the *Theaetetus*" *Phronesis* 24: 70-80, 1979, p. 70.

[3] 第二部における「思いなし」について belief なのか judgement なのかについては，よく論じられているが，第一部末尾の議論からすると，われわれが通常用いるような意味ではいずれでもない。両者の前提となる「対象把握」を確認する特殊な「心的判断」だと論者は考えている。これは，ボストークやロイドらが judgement は occurent であるのに対して belief は disposional である，という差異とは全く関係ない。Cf. Bostock op. cit., p. 156; P. G. Lloyd, *Knowing Persons*, Oxford, 2003, p. 215. および n. 40.

I　第一部との関係

§1　第一部から第二部への推移

『テアイテトス』第一部では「知識は感覚である」という知識の定義を検討するが，第一部の最後の段階でそれが適切でないことが明らかになる。それは，感覚対象について「感覚器官を通して感覚すること」と「感覚された事柄について魂がそれだけで『あること』等に対して勘考すること」とを明確に区分したときに，前者「感覚すること」は「『あること』に触れないゆえに真理にも触れず，知識にも到達できない」からである (186d10-e12)。それゆえソクラテスは，前者「感覚すること」の内にではなく，後者「感覚により受容された事柄について勘考すること」の内に知識を定位する (186d2-3)。そして後者のような魂の活動をなんと呼ぶかと問われて，テアイテトスはそれを「思いなすこと ($\delta o \xi \acute{a} \zeta \epsilon \iota \nu$)」と答える (187a8)。つまり，知識は「感覚」ではなく，「思いなし」にあることは，第一部の最後の議論で明確になり，その結論を受けて第二部がスタートするのである。そして第二部冒頭でテアイテトスは，すべての「思いなし ($\delta \acute{o} \xi a$)」には真偽があり，「偽なる思いなし」は知識ではないから「真なる思いなし」が知識だと答え，第二定義を提示する。

　この経緯から，第二部で取り上げられる「思いなし」が第一部末尾の議論で規定されていることは明らかである。それゆえ『テアイテトス』の議論全体の文脈からすると，第二部で突然「偽なる思いなし」一般の話をしているのではなく，第一部で「思いなし」の意味内容が規定され，それを受けて「偽なる思いなし」の有無を検討していることになる。

§2　「思いなし」の内実

そこで第二部解釈上重要になってくるのは，第一部最終議論で「思いなし」と規定された思考活動の内容である。第一部最終議論では，魂が感覚器官から独立に，「あること」や同一性・差異性・類似性・数について「考えること ($\delta \iota a \nu o \epsilon \hat{\iota} \sigma \theta a \iota$)」が，第一部最後に「思いなすこと

($\delta o \xi \acute{\alpha} \zeta \epsilon \iota \nu$)」と言い換えられている。われわれはテキストを手掛かりに，第一部最終議論で説明されている「考えること」について考察を進めよう。

　第一部最終議論では，視覚を通して感覚されることがらである「色」と聴覚を通して感覚される事柄である「音」について「考えること」が次のように説明されている。

　　さて，ところで，音と色について，そもそもまず第一に，君がこれら両方について考えていることは，まさに①双方がある，ということである。それからまた②双方はおのおの互いに異なるものであるとともに，それ自体は同じものである，ということも考えている。また，③双方は二つであるが，おのおのは一つである，ということも考えている。それからまた，④双方が互いに似ているか似ていないかを君は吟味することができる。(185a8-b6)

①から④は，「色」と「音」双方について「考えている」その内容である。そして①から④は各々独立のことではなく，それぞれが相互に関係している。まず①において「色」と「音」その双方が「ある（双数）」ということは，それぞれが双数で数えられる別のものであり，他から区別されたもの（②と③）であることを含意している[4]。次に②から④において「色」と「音」とをそれぞれが他から区別された別のものとして捉えることは，それぞれが独立した「ある」もの（①）であることを前提している。さらに色と音双方がそれぞれ別の異なった一つのものとしてある（①〜③）ならば，双方を比較することができる（④）。このように①〜④は相互に密接に関連しているが，①から④を「考えている」ということは，「色」と「音」とがそれぞれ別の一つのものとしてあり，他とは異なる比較可能なものとして捉えていることを表している。このように「色」と「音」を捉えていなければ，人が"色"と"音"という表現を的確に用いて，個々の色や音について語ることはできない。われわれは，このような

---

　4)　本書第四章 pp. 103-105，および拙論「感覚と思考——プラトン『テアイテトス』184b4-187a8 の構造——」日本西洋古典学会編『西洋古典学研究』XLVI, 1998 年, pp.22-32, 特に pp.26-28 を参照されたい。

仕方で対象を捉えていることを，対象について語ることに論理的に先立つ「対象把握」と呼ぶ[5]。

　例えば，言語の取得が未熟な幼児は「あの鈴の音は銀色」と言うかも知れない。このような場合，"色"という表現で何を指し，"音"という表現で何を指すべきかがそもそもわかっていない。それゆえ「色」と「音」とをまだ知らないとみなされる[6]。このような場合，幼児は「色」と「音」双方について考えることができず，「色」と「音」とをそれぞれ別のものとして捉えていない。すなわち，「色」と「音」とを「対象把握」できていないので，物の色や音について語ることができない。

　このように「対象把握」は，特定の個物を指示し，その個物の色と音について語る前提となる根本的な了解事項である。このような了解は，先の箇所では「考える」と言われ，第一部最後で「思いなす」と言いかえられるのである。それゆえ「思いなし」とは，テキストに即して言えば，「色」と「音」，それぞれが「ある」ものであり，一性，自己同一性，他との差異性，類似性等を備えていると捉える「対象把握」であり（185a8-b6），これは「色は色である。」「色は音でない。」と「ある」の肯定形と否定形で表現することができる（185c4-5）。そして，魂が感覚から独立に「ある」ものについて勘考すること（186c2-3, 186a2-b1）が「思いなす」と名づけられ（187a1-8），第二部では，「思いなし」はすべて「ある」を用いた同一性判断になっている。このように第一部の最終議論から第二部冒頭への議論展開をみると，第二部の「思いなし」として同一性判断のみが登場することはごく自然である。第一部の議論を無視して第二部冒頭を読むときにのみ，「思いなし」が同一性判断に限定されることに違和を感じるのである。

§3　「対象把握」

第一部最後の反駁では，「色」「音」以外に，「美」「醜」「善」「悪」（186a9）「硬さ」「柔らかさ」（186b2-10）が例に挙げられる。第二部では，

---

　[5]　本書第四章 pp. 104-105, 109-112 を参照。
　[6]　論者はこのような意味での「知っている」「知らない」が第二部で問題になっていると考える。この点については，本章III§2〜§4 pp. 133-144 を参照されたい。

第一部で挙げられた「美」「醜」「善」「悪」(190b3-4) 以外に，「偶数」「奇数」「牛」「馬」「2」「1」が挙げられる (190b7-c3)。これらには第一部末尾の事例との連続性がみてとれる。しかし第二部ではこの他に「テアイテトス」「ソクラテス」「テオドロス」という人物の同一性判断が頻繁に登場し，異なった人物を同一だと思うことが典型的な「偽なる思いなし」とされる (188b8-10, 192d3-9, 192e8-193a7, 193b1-8, 193b9-d9)。

プラトンは，事例を見る限り，アリストテレスのように「美」「醜」等の普遍と「ソクラテス」「テアイテトス」等の個物を区別して論じようとはしていない。プラトンは，「ソクラテス」「テアイテトス」も「色」「音」と同様に「対象把握」を論じている，と論者は考える。すなわち，「ソクラテス」と「テアイテトス」両者について思いなす際には，当然両者が別人であり，それぞれが1人であり，双方が異なった人物として捉えていることを含意している。第二部前半の「偽なる思いなし」存在否定論では，両者について思いなす人は，「ソクラテスがテアイテトスである。」と思うことはないとされるが，これは「色が音である。」と思うことと同様にありえない。もしそのように思うなら，双方を知らないとみなされる[7]。これは，「美」についても「数」についても同様である。つまり，われわれが表現"ソクラテス"を用いて対象「ソクラテス」について語るための先行条件として，「ソクラテス」を「対象把握」していることは必要である。それは表現"色"を用いて，個々の色について語るための先行条件として，「色」を「対象把握」するのと同じである。われわれは「ソクラテス」や「色」を個別的な場面で指示して，それに"ソクラテス"や"色"をあてがう。それらの表現は「老齢の・ソ・ク・ラ・テ・ス」とか「薄紫の紫陽花の・色」等，個々のソクラテスの姿や個々の色の現われに遭遇したとき用いられるのである。それらの多様な姿や現われに対して"ソクラテス""色"という表

---

[7] もっとも，ジギルとハイドのように，1人の人物が二つの固有名を持つことはある。その場合「ジギルはハイドである。」という文はもちろん有意味である。しかしこの場合，2人の人物について思いなしているわけではなく，1人の人物について思いなし，二つの指示表現がある，という意味である。第二部で問題になっているのは，このように1人の人物について思いなす場合ではなく，2人の人物について思いなす場合である (cf. 188a1-c9)。それゆえ，2人の異なった人物について同一だと判断することがすべて「虚偽の思いなし」とされるのである。

現を用いるためには，「ソクラテス」を「テアイテトス」等他の人物と，「色」を「音」等他の性質と区別した上で，「対象把握」していなければならないのである。

　「対象把握」は，§2でみたとおり，表現を用いて対象を記述する前提となっている。例えば，テアイテトスについて思いなすためには，自己同一性を備えた1人の人物として，テアイテトスを把握していなければならない。そしてテアイテトスは，思いなす当人が把握している他の人物（ソクラテス）とは混同されることがないように，明確に区別されていなければならない。つまり，テアイテトスを1個の対象として「対象把握」することが成り立たない限り，テアイテトスについて語ることはできない。われわれはこのような仕方で，思いなしの対象を自己同一性を備えた「ある」ものと措定し，思いなしの対象となる他の対象との差異性を把握して，当の対象を思考上分別して捉えている。そしてこれは，当の対象について述定する前提条件である。

　この解釈を補強するテキストは，第二部後半の「印形モデル」と「鳥小屋モデル」にもある。両モデルの解釈の詳細については次章に譲るが，両モデルは「対象把握」を具体的にイメージする助けとなるので簡単に言及したい。「印形モデル」では，テアイテトスを「知っている」状態とは，彼の印形が魂の蠟板に押され，それがソクラテスの印形と区別されたまま保持されている状態である（191c8-e2）。テアイテトスの感覚をテアイテトスの印形に当てはめた時に，テアイテトスを認知することができる（193d10-e5）。しかし，テアイテトスの感覚をソクラテスに当てはめた時に，偽なる思いなしが生じる（193b9-d9, 193e6-194a5）。「鳥小屋モデル」では，印形の代わりに個々別々の鳥を想定し，魂の中にある鳥小屋に鳥が所有されている状態を「知っている」という。ここでは人物の事例から，数の事例へと変化する。いずれのモデルでも，魂の中に印形・鳥を所有している状態が「知っている」とされ，第二部前半の議論に対応することがテキスト上明記されている（192e8-193a7）。この状態では，それぞれの同一性判断に誤りはなく，「偽なる思いなし」は生じないことになっている。

　このように，第一部最終議論での「思いなし」とは，対象を「ある」ものとして措定し，当の対象の同一性と他の対象との差異性とを把握する「対象把握」を確認するもので，われわれの言語使用の前提となってい

る[8]。この種の「思いなし」において偽が生じる場合，私たちの認識や言語の根本が揺らぐ。「偽なる思いなし」存在否定論が登場するのはこのような場面なのである。

II 「偽なる思いなし」存在否定論の構造

プラトンは『テアイテトス』第二部において，「偽なる思いなし」をめぐり六種類の議論を展開している。提示されている順に，「第一議論」，「第二議論」……と呼ぶことにする。まず，その前半部，第一議論から第三議論までをみてみよう。

§1 第一議論（188a1–c9）

　第一議論の冒頭から，検討される「思いなし」はすべて形式上同一性判断になっており，これは第五議論まで変わらない。また第一議論では，「知っている」ものについて思いなす場合と「知らない」ものについて思いなす場合，という二分法を基軸に展開するが，続く第二第三議論は一転して，「ある」ものについて思いなす場合と「あらぬ」ものについて思いなす場合，という二分法になる。しかし第四第五議論は，再び「偽なる思いなし」の具体例を出し，基本的には第一議論の「知っている」「知らない」の二分法に従い，「ある」「あらぬ」の二分法は登場しない。したがって，第一議論は第二部の議論の位置を見極める上で重要な位置を占めているといえる。

　第一議論は以下の三つの前提からはじまる。

〈前提〉
　　〔A〕　あらゆるものひとつひとつについて，われわれは「知っている」か「知らない」かのいずれかである（188a1–2）。「学ぶ」

---

8) 本書第四章 pp. 103-105, p. 110, および拙論「感覚と思考——プラトン『テアイテトス』184b4-187a8 の構造——」日本西洋古典学会『西洋古典学研究』XLVI, 1998 年, pp. 24-26 を参照されたい。

「忘れる」という学習と忘却の過程は当面無視する（cf. 188a2-4）。
〔B〕〔何か〕を思いなす人は，自分の知っているもののうちの何かを思いなすか，自分の知らないもののうちの何かを思いなすか，そのいずれかである（188a7-8）。
〔C〕人が〔何か〕を知っていながらその同じ何かを知らないとか，また〔何か〕を知らないでいながらその同じ何かを知っていることは，不可能である（188a10-b1）。

以上〔A〕〔B〕〔C〕を前提に，プラトンは偽なることを思いなす人は以下四つの場合のいずれかであるとするが，いずれも成り立たないという。

〈論証〉
① 彼が知っているその何かを，彼が知らない別の何かだと思うことはない。なぜなら彼は実際に両者を知っていながら，両者を知らないことになるから（188b3-6）。
② 彼が知らない何かを，彼が知らない別の何かだとおもうことはない。実際テアイテトスもソクラテスも知らない人は，「テアイテトスはソクラテスである」ということも「ソクラテスがテアイテトスである」ということも思考上摑むことはありえない（188b7-c1）。
③ 人は少なくとも知っている何かをどこかの知らない何かだと思うことはない（188c2-3）。
④ 人は知らない何かを知っている何かだと思うこともない（188c3-4）。

このように第一議論では，互いに異なった対象XとYについて，両者を知っている場合，一方だけを知っている場合，両者ともに知らない場合，いずれも「XがYである。」と思うことは不可能だ，とプラトンは言う。これ以外の形式は登場しない。プラトンがこの中で挙げている具体例は②のみであり，それは人物，つまり個体の例である。第四議論ではさらに17通りの場合分けがなされるが，そこでもこの箇所同様，テアイテトスとソクラテスという個体の例のみが挙げられている。そしてそこでは，第

一議論は感覚によって対象認知をする場面ではなく，魂の中に印形を保有している場面に限定されることが明記されている。

ここで「XはYである」という形式の判断のみが限定的に扱われる点については，第一部の議論からの連続性を考えればごく自然である。先に考察したとおり，第一部最終議論での「思いなし」とは，思いなしの対象を措定し，当の対象の同一性と他の対象との差異性とを確認する判断で，「対象把握」を確認する文である。第一議論では形式的に特殊な判断のみが扱われているように見えるが，「われわれの言語」使用の前提となっているという点で，言語を用いたあらゆる判断を包括することになる。そして，具体的な対象を認知する場面ではなく，「対象把握」を同一性判断の形式で確認する場面において「偽なる思いなし」がない，というのが第一議論の結論である。

問題は，「偽なる思いなし」が如何にして不可能になるか，①〜④がどうしていずれも成り立つか，である。第四議論との対比を考えれば，「対象把握」されている状態で，感覚によって個々の対象を認知する以前の段階において，「テアイテトスがソクラテスである」と思わない，ということである。つまり，別々の対象として記憶されている限りにおいて，両者を同一だと思うことはないのである。その時，「対象把握」されている2人の人物について〔A〕のような排中律が成り立つ場合，その「知っている」という意味内容については更なる考察が必要である。これは「対象把握」の成立をめぐる問題である。われわれはこの問題を考察する前に，第一議論同様「偽なる思いなし」の存在を否定する，第二第三議論の構成を先に見てみよう。

§2　第二議論（188c1-189b9）

第一議論では，「知っている」「知らない」という二分割を基軸に場合分けがなされたが，続く第二第三議論は一転して，「ある」ものについて思いなす場合と「あらぬ」ものについて思いなす場合という二分割によって進められる（188d1）。

まず第二議論では，「何かについてあらぬことを思いなす人（$τὰ\ μὴ\ ὄντα\ περὶ\ ὁτουοῦν\ δοξάζων$, 188d3-4)」は偽なることを思いなしている，と仮定してその成否を問う（188d3-6）。しかし「あらぬことを思いなすこ

II 「偽なる思いなし」存在否定論の構造

と」そのものが成り立たないことが,「見る」「聞く」「触れる」等の感覚との対比から示される (188e4-189b3)。

すなわち「見る」ということは何かを見ることであり,「何か1つのものを見る人は,何かあるものを見る (ἕν γέ τι ὁρῶν ὅν τι ὁρᾷ, 188e11)。」ここで指摘されているのは,「思いなす」という行為が,「見る」「聞く」「触れる」と同様に,何か特定の対象に対する志向性をもち,その対象は何か1つの規定が可能なもの,つまり「何かであるもの」だ,ということである。それゆえ「思いなす」ことは,何か1つのことを思いなすことであり,あらぬことを思いなすことではない。したがって,偽なることを思いなしている場合でも,それは「あらぬこと」を思いなしているわけではない。

『ソフィステス』との対比から,この議論を疑問視する論者もいる[9]。なぜなら,『ソフィステス』では「あらぬもの」が「ある」ということが認められ,その事例として「動は静でない」場合に,動は「静でないもの」とされるからである[10]。しかし『テアイテトス』と『ソフィステス』とは,虚偽を問題にする位相が異なる。この議論展開からすると,プラトンがここで「あらぬもの」というのは,『ソフィステス』のような,動は「静であらぬもの」という意味ではない。ここでは,「静であらぬ,動であらぬ,等々」,「何かであらぬ」という規定しかあてがうことができず,「何かである」という記述が一つもできないものについて,それを思いなすことができない,ということである。つまり「対象把握」されていない事柄については,思いなすことができないのである。動と静が「対象把握」されていれば,それについて,例えば「動は静でない。」と思いなすことは可能である[11]。

この箇所は第一部の議論と深く関係する。第一部では「それ自体一であ

---

9) 例えば, J. McDowell, op. cit., pp. 198-202, 特に pp. 201-202 を参照。

10) プラトン『ソフィステス』236d9-237a9, 237b7-239c8, 240c8-241b3, 249a6-251a3 を参照。

11) 「あらぬもの」を思いなすことは不可能だ,と言われるのは,何か一つのもの,一つの規定を与えることができるものを思いなす,ということが成り立たないからである。第一部の「それ自体一である」否定説が,言語使用不可能へと行き着く議論と呼応している。本書第二章 pp. 55-73 を参照。

る」という規定を与える対象は存在しない，という立場（「『それ自体一である』否定説」）をプラトンが退けているが[12]，そのような立場の一つに「運動生成説」がある。この説に従うと，万物は常に生成変化を繰り返しているので，それゆえ事物のありようを記述することそれ自体が成り立たない[13]。すなわち，「白い石を見ている」ということそのものも成り立たず，「白い石である」という規定のみならず，「感覚する」ということそのものも成り立たなくなる。つまり，「見る」「聞く」「思いなす」等々が成り立つためには，感覚対象が「何かである」という規定可能な対象でなければならない。なぜなら「何かである」という規定は，その対象を他の対象から区別する指標だからである。それゆえ，そのような規定が可能であることが，あれではなくこれを「見る」「聞く」「思いなす」という，「感覚」という特定の対象との関係が不可欠の行為が成り立つために必要なのである。

したがって，ここでの「あらぬもの」は，1つのこととして捉えられない，つまり「ことば」で規定できないものを指している。すなわち，他と異なった1つのものとして「対象把握」されていない事柄については，思いなすことができない，ということがここで示されているのである。第一部最後の反駁にしたがえば，「対象把握」は，まず第一に「あること」すなわち「〜であるもの」として対象を把握することである[12]。すなわち「色であるもの」「音であるもの」として「色」と「音」とを把握する。すなわち，何であれ「〜である」という一つの規定が必要なのである。

§3　第三議論（189b10-190e4）

第二議論で「あらぬこと」を思いなす可能性が絶たれたので（189b4-5），第三議論では，「あるもの」を思いなす際に，「あるもの」と別の「あるもの」との「取り違え（ἀλλοδοξία）」が，「偽なる思いなし」だと規定する（189b10-c5）。しかし「思いなすこと」の内実を確認するなかで，この

---

12)　本書第一章，および拙論「『テアイテトス』151d7-153a4 の構造——「なにものもそれ自体一であることはない（hen auto kath'hauto ouden estin, 152d2-3）」をめぐる考察——」日本哲学会『哲学』第53号，2002年，pp. 167-176 を参照されたい。

13)　本書第二章 pp. 68-72 を参照。

14)　本書第四章 pp. 103-109 を参照。

II 「偽なる思いなし」存在否定論の構造　　129

種の取り違えはありえないという結論に達する (189d7-190e4)。
その議論展開は次の通りである。

〈前提〉
　〔A〕「偽なることを思いなす」ことが「取り違えて思いなすこと」だというのは，二つの異なったものについて「一方を一方としてではなく，他方として思考によって立てる（ἕτερόν τι ὡς ἕτερον καὶ μὴ ὡς ἐκεῖνο τῇ διανοίᾳ τίθεαθαι, 189d7-8)」ことを主張している (cf. 189d7-9)
　〔B〕その時，その人の思考は，「あるもの」と「別のあるもの」の両者を思いなすか，その一方のみを「考える（διανοεῖσθαι）」かのいずれかが必然である (189e1-3)。
　〔C〕「考える」とは，魂が考察の対象とするものについて，自分自身を相手に委細を分けて言うことであろう (189e6-7)。つまりそれは，私が思うに，魂が自分に問うたり答えたり，肯定したり否定したりする問答（διαλέγεσθαι）に他ならない (189e7-190a2)。そしてその決着がついたとき，魂は同じことを言い，揺らぐことはなくなるのだが，そういう場合それをわれわれは，魂の「思いなし」とするのである (190a2-4)。したがって，「思いなすこと」は「言うこと（λέγειν）」であるが，他人に対してではなく，自分自身に対して，沈黙のうちに（言う）のである (cf. 190a4-6)。

〈論証〉
①　二つの異なったものについて，一方を他方であると思いなす人は，自分自身に対して「一方が他方である」と言っていることになる (190a9-10)。
②　あなたは自分自身に対して「美が醜である」「正義が不正である。」「偶数が奇数である。」とは夢の中ですら自分自身に対して言うことはないだろう (cf. 190b2-8)。人は正気であれ狂気であれ，「牛が馬である。」「二つのものが一つである。」と自分自身に対して説得することもない (cf. 190c1-4)。

③ 自分自身に対して言うことが思いなすことであれば，（a）両者について思いなす場合，誰も両方を魂で触れながら，一方が他方であると思いなすことはできない（cf. 190c5-d6）。
④ （自分自身に対して言うことが思いなすことであれば，）（b）一方のみを思いなし，他方を思いなしていない場合，一方に触れていないのだから，「一方が他方である。」と思いなすことはありえない（cf. 190d8-11）。
⑤ それゆえ，両方を思いなす人も，一方のみを思いなす人も，「取り違えて思いなすことはありえない（190d12-e1）。したがって，別のものを思いなすことが偽なることを思いなすことだという定義は空疎である（190e1-2）。

　この議論において特徴的なのは，プラトンが「思いなし」を限定的に解釈していることである。特に，魂が二つの事柄の両方に触れており，その両者について自分自身を相手に問答をした末に達した結論を「自分自身に対して言う」ことである，という記述は注目に値する。これは，われわれが「対象把握」を自分に対して確認することに他ならない。それゆえここでの記述が，第一部最終議論での「思いなし（cf. 187a4-8）」と内容的に幾つかの点で一致する。
　まず第一に，第一部最終議論と第二部第三議論では「思いなし」の内実を説明しているが，いずれも，それが魂独自の活動であることが強調される際には，どちらも「考える」という動詞で説明されている。第二に，第一部末尾では魂の能動的な活動である「思いなすこと」が受動的な「感覚すること」と明確に対比されるが，第二部第三議論においては，「思いなし」は魂がみずから自己問答する能動的な活動であることが強調されている。第三に，第一部末尾では，魂独自の思考活動の内容が，両者であること，同一性，差異性，類似性として説明されており，第二部の議論において「思いなし」が二つの対象の同一性判断のみに限定されていることは両者の議論の明確な連続性を示すものである。両議論で挙げられている事例の重なりとその連続性からみても[15]，「対象把握」を確認する同一性判断

---

15) 本章Ⅰ§3 pp. 121-122 を参照。

II 「偽なる思いなし」存在否定論の構造

が例示されていることは明らかである。第一部最終議論では，色と音 (184e8-186a1)，硬さと柔らかさ (186b2-10) について，「両者であること。」や，両者の同一性，差異性，類似性について考えることが例示されている。第二部第三議論では，美と醜，正と不正，奇と偶，馬と牛，二と一 (190b2-c3) について，たとえ夢の中でも狂気でも，一方が他方であると思いなすことはない，といわれる。第四議論は，第一議論の人物の事例をそのまま引き継ぐが，そこでは「印形モデル」が提示され，個々の人物は，魂の蠟板にある独立の印形として区別されている。そして，それらは「あらぬもの」ではなく「あるもの」として記憶され，個々の同一性差異性が確立していることが強調される。また，第五議論の「鳥小屋モデル」では，第三議論で例示された数が，いずれも個々別々の鳥として魂の鳥小屋のなかに入っており，数相互の同一性差異性が確立していることが強調される。

以上の考察に従えば，第二第三議論においても，第一議論同様，「対象把握」を確認する際に用いられる同一性判定文が議論で扱われていることは明らかであり，「偽なる思いなし」の形式が同一性判断になっている点についての疑念は解ける。

第三議論において明確になったのは，「対象把握」を確認する同一性判断とは，「自分自身に対して」確認する際に生じることである。このことは重要である。つまり「テアイテトスはソクラテスでない」ということは，これまでに当人が蓄積したテアイテトスについての記憶とソクラテスの記憶とが，別の人物の記憶として明確に区分されており，混同されない，ということを「自分自身に対して」，自分の思いの内側から確認するのである。これはいわば，〈自分（当人）の思いなしの文脈〉における確認であって，〈自分（当人）の思いなしの文脈〉の外側から確認するのではない。

当人が「対象把握」できているかどうかを〈当人の思いなしの文脈〉の外側から確認するのは難しい。例えば，「テアイテトスは誰か？」と当人に問い，「出目で獅子鼻の男」と答えた場合，当人はテアイテトスの獅子鼻とソクラテスの獅子鼻とを区別しており，〈当人の思いなしの文脈〉では両人が区別できている場合がある[16]。しかしその「出目で獅子鼻の男」

---

16) この例は，『テアイテトス』第三部の事例を念頭においている (209b2-c10)。この箇所の解釈については，本書第六章 pp. 193-202 を参照されたい。

という記述だけでは〈他人の思いなしの文脈〉から区別ができていることはわからない。なぜならその記述はソクラテスにも当てはまるからである。当人がどのような基準で両者を区別しているかを〈当人の思いなしの文脈〉の外側から確認することは難しいのである。もちろん，当人の"テアイテトス"と"ソクラテス"という表現の使用を調査し，正確に用いているかどうか調べることも考えられる。ところが，第三部でも指摘されるとおり，正確な使用も有限回はテストできるが，常にその次は間違う可能性から逃れることはできない。しかし〈自分（当人）の思いなしの文脈〉であれば，テアイテトスとソクラテスとを別の人物として捉えていることは「自分自身に対しては」明白なのである。

III 「知っている」の排中律

§1 「対象把握」と「知っている」

これまでの考察に従えば，第二部の「偽なる思いなし」に関する議論は，第一部最終議論と密接な関係があり，第一部からの議論展開を念頭に置かないと理解できないことは明らかである。その上で，第二部で説明される「偽なる思いなし」の存在否定論の内実をわれわれは探らなければならない。われわれが直面するのは，「対象把握」を確認する「思いなし」がどうして前半の三議論においてすべて真になるかである。これは第一議論から後半部に至る議論の中心にある，「知っている」の排中律がどこで成り立つかという点と深く関わっている。

　第一部の議論からの連続性を考えると，形式上同一性判断になっている「思いなし」は，「対象把握」を確認する際に登場する。「色」と「音」についてそれぞれが一つであり，他と異なる二つであることがわかっていなければ，色と音について語ることはできない。その意味で「色」と「音」の「対象把握」は「紫陽花の色がきれいだ。」とか「電車の音がうるさくてたまらない」と述定するために不可欠である。第一部において「対象把握」は，魂がそれだけで「色は色である。」「色は音でない。」という同一性判断であるとされ，そして第二部では「偽なる思いなし」は相異なる二

つのものXとYについて，「XがYである」と思うことだとすべて一元的に規定している。そして第二部前半の三議論は〈自分（当人）の思いなしの文脈〉で，「色が音である」という判断は成立しないゆえに，「偽なる思いなし」は存在しない，というのである。それを証明するにあたり，相異なる二つのものXとYについて，それぞれ「知っている」か「知らない」かのいずれかだとする排中律が機能するのである。

「知っている」は，「対象把握」される対象について言われている。すなわち，ソクラテスを知っているか知らないか，テアイテトスを知っているか知らないか，のどちらかだというのである。「知っている」は対象についてであり，命題についてはいわれていない。次にこの種の「知っている」の語義について考察してみることにする。

§2 〈自分（当人）の思いなしの文脈〉での「知っている」

われわれの議論に従えば，テアイテトスとソクラテスについて語るためには，テアイテトスとソクラテスとを互いに異なる2人の人物として「対象把握」していなければならない。このことはわれわれの間でどのように了解されるのか。2人の人がテアイテトスとソクラテスについて語り合おうとするならば，会話者が2人ともその両者を「対象把握」しているかどうか，何らかの仕方で確認しなければならない。両者を「対象把握」できていない人に「テアイテトスは獅子鼻で出目である。」と語ったとしても，相手は何を語っているのか理解できず，会話は成立しないからである。われわれは会話が成立するかどうかの確認を取るためにどうするのか。

対話編の冒頭（143e4-144c8），まさにこのやりとりがある。テオドロスは将来有望な青年がいる，とソクラテスに告げ，ソクラテスはその青年について話してくれるように頼む。そしてその青年が遠くから歩いてくる。テオドロスはソクラテスに「知っているか？」とたずね，ソクラテスは「知っている」と答え，テアイテトスを同定する。しかしその時彼はテアイテトスの父親をよく知っていて，その息子だということは知っているが，まだ"テアイテトス"という名前も知らない。その後テアイテトスがどのような青年か吟味してみよう，という仕方で対話編は展開する（144d1-d4）。

われわれは何か特定のことについて語ろうとする時，まず最初に当の対

象を相手が知っているかどうかを尋ね，相手が「知っている」と答えれば，その同一の対象について会話をはじめる。これは，話題になる対象について，「対象把握」できているかどうかを確認することに他ならない。相手が「知らない」と答えた場合，相手が他の人と区別してテアイテトスを「対象把握」するのに十分な情報を与えない限り，テアイテトスについて話そうとはしないだろう。

　このような場合，相手の「知っている」という発言も「知らない」という発言も通常は疑われることなく尊重されている。通常，このような会話の場面では，相手は「知っている」と言っているが実は知らないのではないかという疑いは持たない。このような「知っている」「知らない」の判断は，〈自分（当人）の思いなしの文脈〉での判断である。何か客観的な基準に照らして，例えばテアイテトスについて確定記述を知っている，という仕方で検証されているわけではない。それにもかかわらず，当人は〈自分（当人）の思いなしの文脈〉において「知っている」直接性に起因する確信をもって，他人に対して「知っている」という語を使用する。

　それゆえ「私は知っている」は，自分自身に対する認識論的な状態について〈当人の思いなしの文脈〉からの直接的な証言である。しかし〈当人の思いなしの文脈〉の外側から「彼は知っている」と証言する際には，その直接性はない。それゆえ，〈当人の思いなしの文脈〉の外側から第三者が証言するには客観的な証拠が必要である。そのような証拠が何であるかは重要な問題であるがそれはさておき[17]，会話をはじめる原初的な場面では，「知っている」と当人が主張した場合，通常，第三者はその客観的な証拠の提示を求めることなく「彼は知っている」と了解する。第二部に登場する事例においては，「知っている」の主語が「私」になる場合と「君」「彼」になる場合とが区別なく混在している（190a9-d9, 191b2-8, 192d3-e1,

---

[17] そのような客観的な証拠は，簡単に得られるものではない。例えば名辞を挙げて，それを知っているかどうか聞くだけでは不十分である。当人は「知っている」と思っていても，誤って記憶していることもある。名辞だけでなく記述を挙げて確認する方法もあるが，これについては，第三部最終議論でプラトンはその困難さを明らかにする（209b2-c11）。他方，ことばを話さない乳児でも，母親はわかるという。母親はそれ以外の人間とは異なった仕方で区別され，「対象把握」されている。それにどのような名前をあてがっているのかはわからないが，母親を見るとそれがわかり，それを「ママ」と呼ぶことを後で学習するのである。名辞の使用のみが証拠になるとも限らないのである。

192e8-193a5, 193b1-8, 193b9-d9, 195e9-196b2, etc.)。「私が知っている」と「彼が知っている」は，検証されることなく移行可能のように扱われている。すなわち〈自分（当人）の思いなしの文脈〉での「知っている」という証言を〈当人の思いなしの文脈〉の外側から，他人がそのまま承認しているのである。検証されない以上，客観的な手続きで承認したわけではない。むしろ「彼は知っていると思う」という仕方で，〈当人の思いなしの文脈〉の外にある〈他人（当人以外）の思いなしの文脈〉で，他人が承認したのである。つまり，いずれも思いなしの文脈の内側での承認であって，思いなしの文脈の外側で客観的な仕方で承認したのではない。換言すれば，他人が〈自分の思いなしの文脈〉で承認したのである。

　もっとも会話をはじめる原初的な場面でも，「彼は知らないのではないか」と第三者が疑うことが全くないわけではない。しかしそれは，当人が嘘をつくことが十分考えられる等，当人が誠実に証言しない特殊な状況である。これは，〈当人の思いなしの文脈〉での判断とは異なったことを敢えて他人に言うケースであって，〈当人の思いなしの文脈〉での判断を正確に証言していないことが疑われているのである。反対に，会話をはじめる原初的な場面で，「私は知らない」という場合はどうか。当人が「知らない」と主張しているにもかかわらず，第三者が「彼は実は知っているのではないか」と疑う場合というのは，やはり当人が嘘をつかなければならないような特殊なケースである。それゆえ，「私は知らない」という証言も，〈自分の思いなしの文脈〉での判断とは異なったことを敢えて他人に言う特殊な場合を除いて，そのまま〈他人の思いなしの文脈〉で「彼は知らない」と了解される。

　われわれの解釈では，『テアイテトス』第二部では，第一部から引き続き「対象把握」が問題になっている。そして「私は知っている」と「彼（君）は知っている」とが相互に交換可能であり[18]，単純な排中律を容認する場面として，このような会話をはじめる原初的な場面を念頭におくことは有効だと考える。それは，当人が個々のものを「対象把握」している

---

　18) 「偽なる思いなし」が如何にして生じるかについて，われわれは「自分自身に対しても，他の人に対しても深刻なアポリアに陥る（187d1-5）」とある。ここでも，「自分自身に対して」と「他の人に対して」とが併記されている。

かどうかについて、「知っている」か「知らない」のかを〈自分（当人）の思いなしの文脈〉で判断し、それを各人が相互承認する場面である。それは、当人の「知っている」という語の一義的な使用が、自分にとっても会話相手にとっても成立しているという、当人の思いなしに支えられている。仮に、会話相手との間で「知っている」の一義的な使用が成り立っていないとするならば、〈当人の思いなしの文脈〉での「知っている」の語義を相手が確認しなければならないであろう。しかしその必要がないと両者とも思いなしているのである。そうでなければ、〈当人の思いなしの文脈〉での「知っている」の使用が〈他人の思いなしの文脈〉で了解されることはありえない[19]。

　この議論は「ある」「あらぬ」の排中律にも成り立つ。われわれは、「対象把握」されたものを、〈自分（当人）の思いなしの文脈〉で「ある」と認めている。そして、それは他人と円滑なコミュニケーションが成立する限りにおいて、その使用は疑われることはなく、〈他人（当人以外）の思いなしの文脈〉でもそのまま「ある」として承認されるのである。

§3　プロタゴラスの「人間尺度説」との関係

このように、〈自分（当人）の思いなしの文脈〉の「知っている」「ある」が、〈他人の思いなしの文脈〉における「知っている」「ある」へ移行するのは、各人の〈自分の思いなしの文脈〉における「知っている」「ある」を相互に承認することにより可能になる。その点では、各人の〈自分の思いなしの文脈〉での判断をすべて真だと認めるプロタゴラスの立場と似ている。しかし、各人の〈自分の思いなしの文脈〉での「知っている」「ある」という判断が聞き手にも承認される以上、各人に閉じた世界での判断ではなく、聞き手にも開かれたという意味での公共的な世界で成立する判断だとみなされている。この点は、相対主義とは大きく異なっている。つまり、「当人にとって」という限定句をつけることなく、判断の正しさを相互承認しているのである。例えば、対話相手が「色」や「音」、「牛」や

---

[19]　このような「知っている」は、「私は知っている」ということばの使用を「彼は知っている」として承認されている。このような意味において、公共的な使用を容認されている以上、いわゆる私的言語とは位相を異にする。

「馬」について「対象把握」できている限りにおいて，「色が音である」「牛が馬である」と〈自分（当人）の思いなしの文脈〉で判断することはありえない，と相互に承認しているのである。この承認が，互いにことばが通じていると信じる根拠であり，これらについて取り違えがないことは，他者とことばで何かを語る際に，確認する必要がないほど原初的な了解事項なのである。プロタゴラスの立場では，世界を各人に相対化するために，究極的には議論や言語の使用が成立しないことは，プラトンが第一部で既に明らかにしている[20]。プロタゴラスの立場では，「対象把握」の相互承認に基づいて，〈当人の思いなしの文脈〉での「知っている」「ある」という判断を「当人にとって」という限定抜きに「真である」と〈他人の思いなしの文脈〉で認めることは絶対にありえないのである。

プラトンは第二部冒頭で，「偽なる思いなし」の探求は，すでに第一部で議論した問題を再度取り上げることであり，「今までの議論を逆方向から辿る」ことだという（187e1-3）。第一部でプラトンは，プロタゴラスの相対主義を前提すれば「偽なる思いなし」は存在しないことを示している（165e8-168c5）。すなわち，「人間は万物の尺度である」ので，各人に閉じた相対的な世界で認識された事柄は当人の世界において成立しており，他人が偽であると判定することはできない。例えば，精神病者あるいは夢を見ている人が自分は神である，と思っていても，その思いなしはその人にとっては真であり，他者が偽であると判定することはできない（157e1-158b4）。その理由は，プロタゴラスによれば，それぞれの思いなしについての客観的な真偽判定ができる超越的な視座はそもそも存在せず，「私に『〜である』と現われている」という点での確実性しか存在し得ない。それゆえ「私にとって」という限定句をつけることにより，他人の判断の真偽には一切立ち入れない。プロタゴラスの「人間尺度説」は，各人に閉じた相対的な世界観に支えられているのである。

プラトンは，第一部の「プロタゴラスの自己反駁」の議論において，直接的な感覚については相対的な「ある」を認めつつも，真偽については相

---

[20] 本書第二章III§3 pp. 64-65，第三章および拙論「プロタゴラスの相対主義と自己反駁——『テアイテトス』169d3-171d8 の一解釈——」日本倫理学会『倫理学年報』第52号，2003年，pp. 3-17 を参照。

対化せずに「ある」を用いる「われわれの言語」を克明に分析している[21]。そこでは，われわれが自分の思いなしについてであれ，他人の思いなしについてであれ，〈自分の思いなしの文脈〉で真偽を判断していながらも，それが自分のみならず他人にも妥当する判定であるかのように公共的な言語で語っている，という事実を正確に語っている。このような「われわれの言語」に対して，プロタゴラスは相対主義に立って首尾一貫した反駁を行うことができなかったのである[22]。この議論を通してプラトンは，当人の思いなしの内側から〈自分の思いなしの文脈〉でわれわれが真偽を判断しているという事実を明らかにしている。

　第一部では，知者プロタゴラスが真理を教え説く，という仕方で前半部の議論がはじまり (151e8-b2)，後半部ではプロタゴラスの「人間尺度説」から矛盾が生じることが指摘される (168c8-171d8, 177c6-179b9)。プラトンは，第二部では逆方向から，つまり相対主義を前提せずに，われわれの側から，すなわち〈自分（当人）の思いなしの文脈〉から「偽なる思いなし」を考察し，プロタゴラスと同じ「偽なる思いなしは存在しない。」という結論に至るかどうかを検討しようとしているのである (187e1-3)。

　その際，われわれは次のことに注意しなければならない。第一部においてプラトンは，「人間尺度説」が理論的な矛盾を抱え込むこと，さらに「人間尺度説」が説明できない事象が存在することを示したまでであり，客観的な真偽判定ができる超越的な視座，例えば中期イデアのような絶対的な基準については一切言及していない。つまり，客観的な真理が手近にあり，それとの対応関係で「思いなし」の真偽が判定されるという論法を慎重に避けているのである。従来の第二部解釈では，信念の文脈での指示の透明不透明の区別等，思いなしている当人からみた真偽の判断と実際の真偽とのずれを指摘することにより説明しようとしている[23]。いわば，主観的な判断と客観的な判断との区別という図式で解明するのである。真偽について語る以上，客観的な真偽が確定できることを前提するのは致し方ない。しかしプラトンが問題にしたのは，〈自分（当人）の思いなしの文

---

21) 本書第三章 pp. 82-85, 97-98 を参照されたい。
22) 本書第三章 pp. 97-98 を参照されたい。
23) Cf. C. F. J. Williams," Referential Opacity and False Belief in the *Theaetetus*," *Philosophical Quartely* 22, 1972, pp. 289-302; Fine, op. cit. pp. 73-78.

脈〉から離れて，自分の思いなしの真偽を確定する視座をどこにおくかである。『テアイテトス』第二部でプラトンは，自分（当人）の思いなしが偽であることを，自分（当人）が後で気づく，という場合を取り上げている。その誤りは，当人のみならず，他の人もそれぞれの思いなしの文脈で誤りと認められる限りにおいて，公共性のある「偽なる思いなし」である。しかしそれでも，〈自分（当人）の思いなしの文脈〉における誤りの気づきなのである。それを相互承認するわれわれも，それぞれ〈自分（当人）の思いなしの文脈〉に立っている。そしてそこでの思いなしが真であることを自分の思いなしだけではなく，他人の思いなしについても認めることによって，「当人にとって真」という限定を必要としないのである。

　このような視点から第一議論から第三議論を見直すと，「偽なる思いなし」が存在しない，という議論が読み解ける。〈自分（当人）の思いなしの文脈〉では，「対象把握」できているものは「知っている」ものであり，「対象把握」された事柄について，同一性判断を誤ることはない。また「対象把握」されたものは「ある」ものであり，〈自分（当人）の思いなしの文脈〉で「ある」ものを別の「あるもの」と取り違えることはない。また「対象把握」されていない「あらぬもの」について思いなすことは不可能である。それゆえ，〈自分（当人）の思いなしの文脈〉では「対象把握」された対象を取り違える「偽なる思いなし」がないのである。

　しかし一方で，「知っている」という「ことば」の使用が〈自分の思いなしの文脈〉に閉じているのではなく，〈他人の思いなしの文脈〉でも相互に使用可能であるという暗黙の了解が，公共的な言語使用を支えている。そしてそれゆえ，他者との言語使用に違和が生じた時，はじめてその人の「知っている」の使用が公共的な言語使用にそぐわないために疑われ，当人も「知っていると思っていたが，本当は知らないのではないか」という疑念に苛まれる。この場面が開かれるのは，第四第五議論である。しかし，他者とのコミュニケーションに違和が生じない限り，その種の疑念は生じず，〈当人の思いなしの文脈〉での相互承認が行われるのである。

§4　諸解釈の検討

ここで，われわれは「知っている」の排中律に対する解釈を検討してみよう。諸解釈者はテキストの外から様々な解釈を持ち込んでいる。例えばフ

ァインは，ここで用いられている「知っている」は，対象について可能な記述すべてを知っているか，全く知らないか，のいずれかであると解する[24]。それには一つの前提があり，第二部前半の「偽なる思いなし」否定論は，同一性判断という形式に限定されず，述定文も含まれると考え，そのために述定文を同一性判定文に書き換える操作を行うことになる。

　まず，aは人物xとyとを知っているとする（a，x，y，は人）。「xはFである」「yはGである」（但しFとGは述語）はいずれもxとyについて真であるとする。そしてaは，xとyについて二つの命題しか知らないとする。そしてFはxについては真であるが，yについては偽であるとするが，FとGは矛盾する述語ではないとする。この二つの命題を同一性判断に書き換えると「xはFである人である」「yはGである人である」とすることができる。さて，aがあるとき何らかの理由で，「xがGである。」という偽なることを思いなすことは考えられる。しかし，aがxを知っているならば偽なる思いなしがありえない，とするためには，aはxがGでない，ということを知っていなければならない。そうなると，xについてあらゆる偽なる述語を排除するために，xについて真なるあらゆる述語を知っており，それと矛盾する述定を排除しなければならない。このように考えていくと，「知っている」というために，当の対象についての「完全な記述」を持っていなければ，当の対象について適用不可能な記述を判定することはできない。つまり「完全知」が要求されている，と解するのである[25]。

　第二部の「思いなし」が述定を含む判断一般だとする解釈は，第一部からの議論の流れを無視していると言わざるを得ない。しかしわれわれの解釈に従って「対象把握」を確認する文と規定して解した場合でも，〈当人の思いなしの文脈〉の外側から当人の思いなしを分析すると，類似した問題が生じる。

　第四議論の例を用いれば，感覚の不鮮明さから「向こうから歩いてくる

---

24) Cf. G. Fine, 'False belief in the *Theaetetus*', *Pronesis* vol. XXTV No. 1, 1979, p. 77.

25) Cf. Fine, ibid.; J. Annas, "Knowledge and Language: The *Theaetetu*s and the *Cratvlus*," in Schofield and Nassbaum, eds., *Language and Logos*, Cambridge, 1982, pp. 95-114.

III 「知っている」の排中律

のがソクラテスである」と思ったが，実は「向こうから歩いてくるのはテアイテトスであった」という場合，〈当人の思いなしの文脈〉の外側から当人の思いなしを見ると，ソクラテスとテアイテトスを取り違えていることになる。〈当人の思いなしの文脈〉では「ソクラテスはソクラテスであり，テアイテトスではない。」と「対象把握」できていると主張しても，〈当人の思いなしの文脈〉の外側からは，「ソクラテス」と「テアイテトス」を取り違えており「対象把握」できていないと診断されるかもしれない。ファインのような「完全知」を前提すれば，このような取り違えを一切排除できる。しかし，「知識とは何か」を探求する文脈で，対象についての「完全な記述」を要求する「完全知」を前提する議論を展開することはいかにも奇妙である。しかもテキストに例として挙げられているテアイテトスやソクラテス等，個体について「完全な記述」や「完全知」を認めることはそれ自体無理があり，そのような意味で個体を「知っている」ことは現実的に考えにくい。

そこで，ここでいう「知っている」は「完全知」のような厳しい条件を付けずに「見知りによる知識（knowledge of acquaintance)」とする解釈がある[26]。つまりテアイテトスもソクラテスに対して「見知りによる知識」を持っていない場合には，両者について思いなすことはないであろう。しかし，2人を見知っていても，両者の同一性について知っているとは限らない。ジギルとハイドに対してべつべつに「見知りによる知識」を持っていても，両者が同一人物だと知らない場合には，「ジギルはハイドである。」は真であるのに，偽であると思うことはありうるだろう。

また，プラトンは固有名が唯一の対象を指示するような仕方で常に使われていることを前提している，すなわち固有名一般を論理的な固有名に限定して考えている，という解釈もある[27]。しかし，前半部の第一から第三議論において，このように強い前提を読み込んだ上で，後半部の第四第五議論において固有名の指示の誤りを論じるのであれば，前半部にのみそのような強い前提を読み込めるテキスト上の根拠が必要である。もしそれが，

---

26) Cf. Runciman, op. cit,, pp. 29-30; McDowell, op. cit., pp. 196-197; J. McDowell," Identity Mistakes: Plato and the Logical Atomists." *Proceedings of the Aristotelian Society* 70, 1970, pp. 181-195 p. 188ff; Owen, p245. pp. 262-265.

27) J. Acrill, op. cit., pp. 55-59.

取り違えが不可能だ，という議論そのものであれば，それは論点先取である。

このようにいずれの解釈にも難点があり，第二部の「知っている」の解読は難解である。それゆえ，多くの研究者は何の説明もなく「知っている」という語を導入したプラトンを責め，同一性判断に限定されたこの箇所の難解さを嘆く。しかしそれは，論者がみるところ，『テアイテトス』の議論全体から第二部冒頭を切り取って解釈するためである。プラトンは第一部から入念に議論を組み立て，〈自分（当人）の思いなしの文脈〉の内側から問題を立てていることを見落としているのである。

この点は，述語を記述句に書き換える操作を加えるとき，とりわけ顕著になる。論者は，〈当人の思いなしの文脈〉における記述句の操作については慎重であるべきだと考える。例えば，ソクラテスとテアイテトスを知っている人がいたとする。その人は「ソクラテスは399年に不敬罪のために毒人参を飲んで刑死した」「テアイテトスは数学における功績のある人である」という「真なる思い」を持っていたとする。そしてその人が「ソクラテスは無理数を発見した」という「偽なる思いなし」をもったとする。もちろん数学の功績は多様であり，それが無理数の発見に限られたことではないので，「テアイテトスは数学における功績のある人である」と思うことと「ソクラテスは無理数を発見した」と思うことは矛盾しない。通常「無理数を発見した人」はテアイテトスだとされている。このような場合，〈当人の思いなしの文脈〉の外側からファインのような解釈をとると，その人は「ソクラテスはテアイテトスである」と判断したことになる。これは〈当人の思いなしの文脈〉の外側から当人の思いなしを分析している。

しかしこのような解釈は，第一議論の前提に反する（cf. 188b3-c4）。そこでは，二つの対象について当人が思いなすことになっている。つまり「ソクラテス」と「無理数を発見した人」について思いなす場合，2人の人について思いなすのであるから，ソクラテスから独立に「無理数を発見した人」が同定でき，その二者が同一である，と判断する場合なのである。そして一方あるいは両者を知らない場合については，そもそも両者を同定できないのであるから，両者が同一人物である，という思いなしすら持てない，といわれている。しかし，「ソクラテスは無理数を発見した。」というのは述定であり，ソクラテスという一人の男について思いなしているの

III 「知っている」の排中律

であり,「ソクラテス」と「無理数を発見した人」とを別々に同定し,その両者について同一人物である,と思っているわけではない。それゆえその人は「ソクラテスが無理数を発見した。」と思ったからといって,「テアイテトスがソクラテスである。」と思っているわけではない。また第三議論では,二つの対象に魂が触れる場合であることが明記されている(cf. 190c5-8)。それゆえ一つの対象を同定し,それについて述べる述定文は問題になっていない。プラトンは述定文については『ソフィステス』で明示的に問題にするが,『テアイテトス』では問題になっていない。

「無理数を発見した人」がテアイテトスの確定記述であり,事実上テアイテトスを指したとしても,その記述句がテアイテトスを指すことを〈自分(当人)の思いなしの文脈〉で知らない場合には,その人が〈自分(当人)の思いなしの文脈〉で思いなしている志向的な対象はあくまでもソクラテスである。つまりその人が,どのような仕方で対象を捉えているのか,それを〈当人の思いなしの文脈〉から考えなければならないのである。このことは,第二部第二議論をみれば明白である。それゆえ,「無理数を発見した人」がテアイテトスを指す,と当人が思いなしていなければ,当人の思いなしの文脈にある「無理数を発見した人」という確定記述句をテアイテトスに変換することはできない。プラトンが試みているのは,「思いなす」主体の視点を外さない〈当人の思いなしの文脈〉の内側からのアプローチなのである。

諸解釈者の一つの誤解は,第一部の議論展開を無視して,「対象把握」ではなく,信念一般についてプラトンが論じていると解釈してきたことである。先に述べたとおり,「思いなし」という表現は第二部初出ではなく,第一部の議論においてすでに意味が限定されている。諸解釈者は第二部の最初からテキストを読み始めるゆえに,この意味の限定に気づかず,述定文を同一性命題に書き換えるという誤った文法的な操作を加えて,あらゆる信念を第一議論の中に取り込まねばならなかった。

しかしそれよりも大きな誤解は,「偽なる思いなし」を問題にするにあたり,〈当人の思いなしの文脈〉の外側だけから当人の思いなしを分析する,という手法がとられてきたことである。もちろん,「思いなし」の真偽は,各人の思いなしの内側では決まらず,各人の思いとは独立に客観的に成立している真理が決めることであろう。問題は,〈自分の思いなしの

文脈〉でしか判断できないわれわれが，どのような仕方で，客観性に触れ，自分の思いなしが偽であることを知れるか，である。換言すれば，自分がどのような仕方で〈自分の思いなしの文脈〉の外側に立って，自分の思いなしを検討できるか，である。われわれは，〈自分の思いなしの文脈〉に立ちながら，他人の思いなしについて真であるとか偽であるとか発言する。自分の過去の思いなしについても，あたかも〈自分の思いなしの文脈〉の外側に立つかのようにして，あれは間違っていた，という。そのときに足がかりにするのが知識である。その知識とは何か，知っているとは何か，を問うのがこの対話編の課題である。

IV 「偽なる思いなし」肯定論

われわれのこれまでの考察に従えば，第一から第三議論で登場する「知っている」および「ある」とは，われわれが公共的な世界で何かについて語ろうとする時に，話題にしようとする対象を「対象把握」しているかどうかを確認する際に使用される。その際，「知っている」「知らない」の判断および「ある」「あらぬ」の判断は，各人が〈自分の思いなしの文脈〉で行う判断である。そしてそれは，公共的な場面で明らかに対象の認知を誤ることがない限りにおいて，〈他人の思いなしの文脈〉でも疑われることなく尊重されている。第一議論から第三議論における「知っている」「ある」の排中律は，〈当人の思いなしの文脈〉で各人が相互承認している「ことば」の使用である。しかし，このような「知っている」は，公共的な場面で認知を誤ることによって，当人にも第三者にも疑われる可能性がある。そのような場合でも，〈当人の思いなしの文脈〉の外側からは「対象把握」が誤っているのではないかという嫌疑がかけられる。しかし〈当人の思いなしの文脈〉で「対象把握」ができていても，対象の認知を誤る場合もある。

例えば，言語習得が未熟な幼児の場合，「対象把握」ができていない段階において，「間違った」分別を行うこともある。例えば幼児が散歩している秋田犬とシャムネコに対して「イヌ」と「ネコ」という言葉を区別して対象にあてがうことができた場合，われわれは〈その幼児の思いなしの

IV 「偽なる思いなし」肯定論   145

文脈〉の外側から、〈その幼児の思いなしの文脈〉では両者の概念的な区別ができており、「対象把握」されている状態とみることができる。しかし、チワワに対して「ネコ」と幼児が言うなら、その幼児が「イヌ」と「ネコ」の区別そのものが本当にできているかどうか疑わしくなる。しかし、チワワに出会わなければ、その疑いは生じない。つまり適切に言葉をあてがっている限りにおいて、〈当人の思いなしの文脈〉での区別は「真なる」区別だと当人のみならず周囲の人も思ってしまい、「対象把握」ができており、「知っている」ものだと認めてしまう。当人が「ネコ」と「イヌ」の同一性判断に誤りがないという確信は、個別的な対象の指示を明らかに誤ることがない限り、当人の思いなしの内側でも外側でも揺らぐことはない。しかし対象の認知を誤った時に、それが揺らぐのである。

　しかし第四第五議論では、そのような「対象把握」における間違いは問題にされていない。むしろ、チワワをよく見ないで「ネコ」と思ってしまった場合、「イヌ」であるチワワを「ネコ」だと思ってしまうような場合である。それは、その人が「対象把握」できており、「イヌはイヌであり、ネコでない」と「イヌ」と「ネコ」とを分別し、個々のイヌや個々のネコに対して、適切に表現'イヌ''ネコ'を用いることができる状態にあるのに、その時感覚の不鮮明さゆえに、見間違えてチワワに不適切な表現'ネコ'をあてがってしまい、当人はそれに気づかないのである。このように、「対象把握」は間違ってはいないが、感覚の不鮮明さゆえに「偽なる思いなし」をもつことがある。第四議論ではこのような場面が設定されている。また、第五議論では、「対象把握」はできていても些細な計算間違いが起こる場面が設定されている。いずれの場面も、〈当人の思いなしの文脈〉の外側からは「対象把握」ができていないとも疑われることもありうるが、プラトンは「対象把握」はできている上での誤りと位置づけている。

§1　第四議論（190e5–195b8）

第四第五議論は、第一議論から第三議論の上に組み立てられている。第四議論では、第一議論の4つの場合分けに加えて、17通りの場合分けを行う。すなわち、第一議論における「知っているもの」と「知らないもの」についての同一性判断に加えて、（今）感覚しているものについての同一性判断、および知っているものと感覚しているものとの同一性判断も扱う。

そして，知っているものを感覚した場合に，感覚の不鮮明さや容姿についての記憶の曖昧さから，同一性判断を誤る場合があることを指摘する。しかし，知っている対象を感覚していない場合，対象の同一性判断に誤りは生じないという点は，第一議論と共通である。すなわち，「対象把握」を〈自分（当人）の思いなしの文脈〉で確認する段階である。

　第四議論では，先に簡単に触れた[28]「印形モデル」が登場する。第一議論と同様，「ソクラテスがテアイテトスである。」という偽なる思いなしが例に挙げられ，魂の中にある蠟板にソクラテスの印形とテアイテトスの印行が押され，それが保持されている限りにおいて，両者を「知っている」という。印形が保持され，記憶が鮮明な場合，「ソクラテスがテアイテトスである。」と思うことはない。しかし，遠くからテアイテトスが歩いて来てよく見えない場合，テアイテトスの感覚像は，テアイテトスの印形にぴったりと合えば認知が成立するのだが，感覚像が不鮮明なために別の対象（ソクラテス）の印形に誤ってテアイテトスの感覚像をあてがってしまうことがある。そのような場合，テアイテトスをソクラテスだと思うのである。すなわち，遠くから歩いて来たテアイテトスを見て，「ソクラテスが歩いてきた」と思う場合，ソクラテスとテアイテトスを取り違えて，「テアイテトスはソクラテスだ。」と思う「偽なる思いなし」が成立するのである。しかし，このように感覚像と印形とをあてがう場合を除けば，印形が保持される限りにおいて，魂が「テアイテトスがソクラテスである」と思うことはない。

　第一議論は，第四議論と対比するとわかりやすい。第一議論の4つの場合分けは，第四議論の最初に説明されている（192a1-7）。すると第一議論の唯一の事例，テアイテトスもソクラテスも知らない人は，「テアイテトスはソクラテスである」ということも「ソクラテスがテアイテトスである」ということをも思考上摑むことはありえない（188b7-c1）という解釈も定まる。すなわち，テアイテトスもソクラテスも知らない場合というのは，両者を「対象把握」していない場合，すなわち一度も会ったことがなく，魂の蠟板の印形に何も印形が押されていない，つまりテアイテトスという人，ソクラテスという人について，いずれについてもひとまとまりの

28）本章Ⅰ§3 pp. 121-124を参照されたい。

記憶が何も保持されていない状態である。そのような場合には、「ソクラテスがテアイテトスである」と思うことはない。すると残りの3つの場合、すなわち両方あるいは一方を知っている場合は、両方あるいは一方について、対象の記憶が保持されている場合である。一方しか保持されていないのであれば、一方を他方だと思うことはない。印形というモデルは、それぞれの印形が、一つ一つ区別された別物として記憶が保持されていることを示している。これはまさに、一つ一つが「対象把握」されているということと同義である。それゆえ、それぞれが「対象把握」されていれば、両者を同一であると思うことはないのである。

§2　第五議論（195b9-200d4）

第五議論には、「鳥小屋モデル」が登場する。第四議論でわれわれは、感覚の不鮮明さや容姿についての記憶の曖昧さが「偽なる思いなし」を生む理由であり、感覚が関わらない判断には誤りは生じない、という結論に達した。しかし第五議論では、第四議論で誤りが生じないとされた感覚が関わらない判断においても、誤りが生じることが示される。例えば、5に7を加えると12になるが、それを11だと思う場合、感覚が関わらない判断であるにもかかわらず、11と12とを取り違えていることになる。

プラトンは「印形モデル」で対象を記憶して魂の中の印形にとどめておく状態を、第五議論では鳥小屋に鳥を捕まえて保有している状態とする。算術を習得した人は、数の知識を鳥小屋に保有し、必要があればいつでも捕まえることが出来る。そのような人は11と12とを知っており、それら知識を保有している。そして、5に7を加えていくつになるか、という問題が提示され12と答える必要が生じた場合には、鳥小屋に保有している鳥（12）を捕まえようとする。そして取り違えて別の鳥（11）を摑む場合に「偽なる思いなし」が生じるのである。

このモデルは最終的に破綻する。この解釈は重要であるが、次章で詳しく扱うので、ここで詳細には立ち入らず、概略的に述べることにする。例えば、算術を取得している人は、加法ができるとわれわれは考える。それは「5と7を加えて12になる。」という命題を暗唱している人ではなく、どんな数でも加法計算において正しい答えが導ける方法を知っている人である。しかし、算術を習得したとみなされている人でも、些細な計算間違

いをし，当人が後でそれに気づくことがある。しかし算術を習得していないが，正常な理性の下に計算しているなら誤るのは不可解である。ところが，そもそも全く算術を知らない人には些細な計算間違いということが成立しない。些細な計算間違いが成立するためには，算術についてある程度の知識をもっていなければならないし，それぞれの数について「対象把握」できていなければならない。計算を誤ったからといって，数について「対象把握」できていないとは言えないのである。「鳥小屋モデル」は，「対象把握」できていても誤りうるという事態を説明したのである。

ところがここで困難が生じる。「鳥小屋モデル」によれば，「知らない」なら誤ることもない，「知っている」から誤るのである。しかし，知っていながら誤り，その誤りを当人が気づかない状態を「知っている」と認めてよいかどうかが，最終的に問題として残る。誤りを指摘できるのは〈当人の思いなしの文脈〉の外側からである。当人がその誤りに気づいたとしても，それは誤ったという事実をいわば第三者の視点から事後的に解釈するに過ぎない。〈当人の思いなしの文脈〉から自分の認識の成否について判断できないのにもかかわらず，「私は知っている」と認めてよいのか，である。ここで，「知っている」を終始〈当人の思いなしの文脈〉から基礎づけようとした，第一部第二部の路線は大きな困難に直面する。

このように，感覚を介する場合（第四議論）と，感覚を介しない場合（第五議論），いずれも対象を認知する際に如何にして「偽なる思いなし」が生じるのか，その構造については明確になった。しかしここで，対象を捉える前提となる「知っている」の位置づけが，最終的に問題として残るのである。

§3　「知っている」への懐疑

第四第五議論では，個別的な対象の指示の場面において「偽なる思いなし」を問題にしている。『テアイテトス』第二部の議論展開からすると，第一から第三議論における「偽なる思いなし」存在否定論は，個別的な対象指示の前提となる「対象把握」を論拠にしている。ここでの同一性判断は，各人が〈自分（当人）の思いなしの文脈〉で対象の区別について確認する判断である。つまり，個別的な対象を直示することなく，例えば「牛は牛であり，馬ではない。」「牛と馬は異なる」という同一性差異性の判断

IV 「偽なる思いなし」肯定論

を〈自分の思いなしの文脈〉で確認している段階である。第四議論で「偽なる思いなし」を説明できたのは，いわば心の中で牛と馬とを知っていて，両者の区別ができている段階ではなく，その区別を用いて個々の対象を認知する段階へと移行したからだともいえる。非感覚的な対象においても同様である。第五議論における算術の計算の誤りについても，11と12という数を知っていて区別ができるという段階ではなく，個別の計算を行い，具体的な数を認知する場面において誤りが顕になる。そして誤った場合，その誤りに当人はその時点では気づかない。

問題になるのは，個々の些細の計算間違いをする人も，個々の数について「対象把握」はできている。しかしそのような間違いの可能性を含みながら，算術の知識をもっている，つまり「知っている」といってもよいのかどうかである。

そこで，誤りの可能性を含む対象については，「知識」ではなく，「非知識」として把握している状態を想定し，「知識」においては誤りがなく，「非知識」については誤りうる，というモデルが提案される。しかし〈自分（当人）の思いなしの文脈〉で「知識」と「非知識」を区別することそれ自体に大きな困難が伴う。なぜなら誤っていることそれ自体，〈自分（当人）の思いなしの文脈〉でその時気づくことができないからである。誤りを気づくのは〈自分の思いなしの文脈〉の外側からである。他人に指摘されてであれ，後から自分で気づくのであれ，その時点では〈当人の思いなしの文脈〉では「正しい」と思って判断するわけであるから，その時気づくことはできない。他人に指摘されても，後で振り返ってみてもその時どうして間違えたのか不可解なこともある。

この種の誤りは，〈自分の思いなしの文脈〉からのみ対象を認識しようとする時，大きな障害になる。そもそも〈自分（当人）の思いなしの文脈〉での「知っている」の使用そのものが不適切ではないか，という疑念が生じるからである。第二部冒頭では「知識は真なる思いなしである」というテアイテトスの定義を検討するに際して，ソクラテスは次のようなことを言う。

> 実際に今のように進めていくとすると，二つのうちのいずれかが，つまりわれわれは目指しているものを見つけるか，あるいは，けっして

知っていないことを知っていると思うことが少なくなるかのいずれかである（187b9-c2）。

　知識の定義の探求は，「知識は～である。」という同一性判断の真偽を検討することに他ならない。つまり，定義の探求そのものも，〈自分の思いなしの文脈〉での概念的な区別の正しさを検討しているのである。第二定義が誤った同一性判断であることが判明すれば，「知識」について知らなかった，ということになる。これは，単に知識について誤った判断をしたということに留まらず，テアイテトスが知識の定義を知っていると思う，その思いなしそのものを揺さぶるのである。つまり，「けっして知っていないことを知っていると思っていた」ということが探求により判明することになる。これは第三部最終段階で判明する。第二部から第三部においては，「対象把握」は確保された上で，〈自分（当人）の思いなしの文脈〉の外側から当人が「知っている」といえる根拠を探す方向で議論は展開する。

V　第二部に残された問題

　ここで，第一部から第二部へ移行する議論の経緯を確認してみよう。第一部最後の反駁で導入された「考える」は，感覚器官を通して感覚することと区別された魂それ自体の思考活動であり，それが第一部最終段階で「思いなす」と言い換えられた経緯および，それが述定以前の「対象把握」に関する〈自分（当人）の思いなしの文脈〉での判断であることをわれわれは確認した。一方，第一部冒頭でテアイテトスは，「知識は感覚である。」と定義するが，第一部の末尾では，知識とは感覚器官を通して得られる感覚ではなく，「考えること」すなわち魂それ自体の思考活動である「思いなし」の内にあるという結論が得られた。この議論の経緯からすると，テアイテトスが「知識は感覚ではなく，思いなしである。」と定義することはごく自然である。テアイテトスは第一部の結論を受けて，知識は感覚ではなく思いなしであるとし，「偽なる思いなし」は知識ではないから，「真なる思いなし」が知識である，と定義する。つまり，思いなしの対象となる事柄の同一性判断について誤りがあることを認め，この種の事柄につい

V　第二部に残された問題

て「偽なる思いなし」を持っている場合には「知っている」ということはできないことになる。

　ソクラテスは第二部冒頭で、「偽なる思いなし」について、「しばしば自分自身に対しても、他の人に対しても、大きなアポリアに陥る」、と言う (187d1-5)。各人が〈自分の思いなしの文脈〉で「真」だと思っていたことが実は偽であった、と各人がその時点で〈自分の思いなしの文脈〉で気づくことができず、その時の〈自分の思いなしの文脈〉から離れて後になって気づく場合である。つまり、『テアイテトス』第二部で最終的に問題になるのは、〈自分（当人）の思いなしの文脈〉で判断を下したその時、自分の「誤り」に気づかないという点である。第一議論から第三議論では、〈当人の思いなしの文脈〉の中で「対象把握」を確認する判断である。ここでは誤りは生じない。誤りが生じるのは、第四第五議論で個別的な対象を指示してそれについて語る、対象認知の段階に移ってからである。

　第五議論の例を挙げれば、その時は 5 + 7 は 11 だと思ったが、後でよく考えるとこれは 12 で 11 ではなかった。問題は、これをどのように考えるかである。現に自分は 5 + 7 の答えがわからなかったのだから、数あるいは算術に関する知識の不足から生じた誤りなのか。それとも、知っているのに間違えたのか。つまり、〈当人の思いなしの文脈〉では真だと思われていたが、実際には偽、という場合、当人が「知っている」といえるのかどうかを当人自身が問い直す、ということが中心的な問題なのである。もし〈当人の思いなしの文脈〉における「知っている」という判断全体が疑われると、今まで習得し記憶に留めていたと思っていた事柄全体の確実性を揺さぶることになる。つまり、〈自分の思いなしの文脈〉で成立していると思っていた「対象把握」の確実性が失われ、われわれが「ことば」を用いて「対象把握」している事柄全体が崩壊することになる。われわれは、自分が「知っている」ことを基軸に世界を解読する。それゆえ、自分が習得していたことが知識といえるかどうかを問い直すことは、その人自身の世界の認識そのものを突き崩すことにもなりかねない。〈自分の思いなしの文脈〉で「真」だと思っていたことが実は偽であった、と当人が〈自分の思いなしの文脈〉で認めるならば、当人の真偽の判断、そして世界について知ることそのものに懐疑的にならざるを得ない。なぜなら、われわれが世界を知る最もプリミティブな場は、当人が世界に触れる場であ

り，それは〈当人の思いなしの文脈〉で「ことば」により対象を認知する場面だからである。つまり，「偽なる思いなし」を図式化して説明することによってアポリアが解消するわけではなく，人が〈自分（当人）の思いなしの文脈〉で「知っている」といえる根拠についての問いなのである。

　「知っている」対象について，対象の認知に誤りが起こると，他者とのコミュニケーションがうまくいかなくなる。そのとき，私の「知っている」という語の使用基準が他人とは違っていたのではないか，という問いではなく，「私は知っているといえるのかどうか」という問いが生じる。このような問いが生じるのは，〈自分の思いなしの文脈〉で使用されている「知っている」は，〈自分の思いなしの文脈〉のみならず，〈他人の思いなしの文脈〉でも使用可能な公共性があると信じているからである。〈自分の思いなしの文脈〉での「知っている」が，そのまま〈他人の思いなしの文脈〉で相互に承認されるゆえんである。

　われわれは対象指示の明らかな誤りが指摘されない限り，多少の違和を感じた場合でも曖昧でアドホックな修正を繰り返しながら，〈自分の思いなしの文脈〉で「知っている」という語の使用をやめない。このような場面では，〈各人の思いなしの文脈〉で「知っている」という語が事実上一義的に使用されているかどうかを全く問わずにこの語が使用され，他者との会話が成り立っていると思っている。各人は〈自分（当人）の思いなしの文脈〉で，各人が「知っている」という語の一義的な基準を立てているという自覚すらないにもかかわらず，「知っている」という語のいわば公共的な使用基準に適った一義的な使用をしていると思いなしているのである。プラトンの仕事は，〈自分（当人）の思いなしの文脈〉での「知っている」から，「私は知っている」と本当に認められるものを析出することにある。

　われわれは，言語によるコミュニケーションが成立していると認める以上，「対象把握」は〈各人の思いなしの文脈〉で成立していることも認めている。「偽なる思いなし」が問題になるのは，第四第五議論で個別的な対象を指示して認知する場面に限ったことで，それについて語り，誤りが自他共に明らかになった段階に移ってからである。プラトンは第四第五議論でも第一議論の「対象把握」を確保して，〈自分（当人）の思いなしの文脈〉において「対象把握」が成立していても対象指示の誤りが起こるこ

V 第二部に残された問題

とを説明するモデルを提示することによって,「思いなし」の真偽を規定するのである。プラトンは,〈自分(当人)の思いなしの文脈〉における「対象把握」そのものを疑う道を選びはしなかった。最終的に,当の対象について本当に知っているかどうかが〈自分(当人)の思いなしの文脈〉から確定することができない,というアポリアが生じ,〈自分(当人)の思いなしの文脈〉のみから「知っている」を確定することそのものが孕む問題が顕在化する。その結果このアポリアを解消するために,第三部では〈自分(当人)の思いなしの文脈〉から「知っている」といえる何らかの別の客観的な指標を求める方向へと収斂していく。その時プラトンは,〈自分(当人)の思いなしの文脈〉から全く独立に「知っている」が成り立つ,とする道を選択しないのである。

第二部最後の議論で,プラトンは興味深い例を挙げる。事件の目撃者は事件の真相を「知っている」が,裁判官は目撃者の証言から「真なる思いなし」を持つに至るまであり,「知っている」とは言えない,と。ここは通常,プラトンが伝聞の知識を認めないことを示すと解釈されている。しかしこの箇所は第一部第二部の議論展開からみると,示唆に富む興味深い箇所である。目撃者が〈自分(当人)の思いなしの文脈〉で「私は知っている」と主張し,裁判官がそれを「彼は知っている」と認めると,その証言が信憑性あるものとみなされる。つまり,〈自分(当人)の思いなしの文脈〉で実際に「私は知っている」が成立していることが,〈当人の思いなしの文脈〉の外側から客観的に検討することを通じて確証されるのである。しかし,だからといって「裁判官が知っている」ことになるわけではない。「知っている」と言えるのは,真相について説明できる,つまり真実を証言できるのは目撃者(当人)だけである。裁判官には〈自分(当人)の思いなしの文脈〉での「知っている」は成立せず,真実を証言することはできない。証言とは,〈自分の思いなしの文脈〉で「知っている」が成立している人が,〈自分の思いなしの文脈〉で捉えた真実を「ことば」にする営みである。裁判官は,目撃者の証言を〈裁判官当人の思いなしの文脈〉で真であると思いなすことができるだけである。それゆえ裁判官は,目撃者の証言,すなわち事件についての真なる記述から知識を構成することができない,とプラトンは考えているのである。

したがって,プラトンの叙述によれば,「知っている」は,〈自分(当

人）の思いなしの文脈〉で真実を「知っている」ことであり，それを証言できることを指している。真実について〈自分（当人）の思いなしの文脈〉で「知っている」が成立していない人が，他者の証言を信じて，それをそのまま繰り返すことは「知っている」とは言えない。例えば，強盗はＸ氏だ，と〈自分（当人）の思いなしの文脈〉で「知っている」人は，Ｘ氏が強盗である根拠を〈自分（当人）の思いなしの文脈〉から説明できる。その説明文，すなわち事件についての記述を聞いた人も，同じ言葉を記憶していわば鸚鵡返しに言うことはできる。しかし目撃者において成立している〈目撃者当人の思いなしの文脈〉における「知っている」は，聞き手には成立しておらず，〈自分の思いなしの文脈〉で捉えた真実を「ことば」にしようとする営みはないのである。

　それゆえプラトンは，ここで〈自分の思いなしの文脈〉における「対象把握」を認め，そこで成立している「知っている」を基盤に，知識の定義を探求しようとする。すなわち，〈当人の思いなしの文脈〉の外側から，当人の証言（すなわち真なる記述）を得ても「知っている」ことにはならず，単に〈聞き手の思いなしの文脈〉で真なることを「思いなしている」に過ぎないというのである。プラトンは第二部のアポリアを経ても，〈当人の思いなしの文脈〉から「知っている」を探求する路線を貫こうとする。

　しかし他方，第二部では〈自分（当人）の思いなしの文脈〉の「知っている」という当人の証言が全面的に信頼できないことも確認された。〈自分（当人）の思いなしの文脈〉で「知っている」と思っているが実は知らない，という場合がある。それゆえ，「知っている」と「知っていると思っているが実は知らない」とを区別するものが必要になる。第三部を先取りして言えば，当の対象が何であるかを説明できる，つまり〈自分の思いなしの文脈〉で捉えている当の対象について，それを唯一特定するような記述句（ロゴス）を言うことができる人は「知っている」，とする方向で議論は展開する。ロゴスを持っていない人は，たとえ当の対象に対して「真なる思いなし」を持っていても，たまたま当の対象を間違いなく射当てただけであって，次には認知を誤るかもしれず，「知っている」ということはできない。『テアイテトス』第三部ではこのように，「真なる思いなし」にだけでなく，ロゴスを提示できる人が「知っている」といえる，という方向に議論は動いていく。

V　第二部に残された問題

　このように『テアイテトス』の第二部でプラトンは,「対象把握」を問題にし,われわれのコミュニケーションの原初的な場面を支えている「知っている」を析出した。しかし〈自分（当人）の思いなしの文脈〉で対象認知の誤りに気づかない場合があることが明らかになり,そのような状態を「知っている」と言ってよいかどうか疑念が生じる。プラトンは,その疑念を払拭すべく,当の対象のロゴスを語ることによって〈自分の思いなしの文脈〉から,本当に「知っている」といえる確証を得ようとする。それは,〈自分の思いなしの文脈〉で「真なることを思っている」から,「知っている」という仕方で,「私の思いなし」で捉えている世界が,公共性のある世界であることを証することでもある。『テアイテトス』第二部から第三部への移行は,われわれの思考が基盤とする「私の思いなし」の中に「私が知っている」といえることが存在することを証明すべく,議論は進んでいるのである。

第六章

「偽なる思いなし」と対象の認知（195b9-200d4）[1]

プラトンは，『テアイテトス』第二部（187a9-201c7）では「偽なる思いなし」とは何かを探求するが，最終的に第五議論（195b9-200d4）において，「鳥小屋をモデル」に「偽なることがらを思いなすこと（τό ψευδῆ δοξάζειν）」を解明しようとする。しかし「知っている」とはどういうことかという問題に直面し，「鳥小屋モデル」による「偽なる思いなし」の究明が破綻する。本章は，この箇所での「偽なる思いなし」の破綻を解明することを目的とする。

I 問題の所在

『テアイテトス』第二部では，『テアイテトス』の本題である，「知っている」の定義の探求を一旦中断し（187d6-e4）[2]，「偽を思いなすこと」とは何か，を問う議論が入念に行われる。その議論の中では，「知っている

---

[1] 『テアイテトス』の「鳥小屋モデル」については，以前に拙論「『鳥小屋モデル』における知の問題──『テアイテトス』195b9-199d8 解釈試論──」東京都立大学『哲学誌』32号（1989年）pp.1-21で扱ったが，『テアイテトス』の全体解釈という視点から今回同じ箇所を再考した。

[2] 「鳥小屋モデル」の中でも，「知っている」の意味が規定される箇所がある（197a7-e7）。しかしそこで「知っている（ἐπίστασθαι）」の規定は，定義として提示されたものではなく，後にこの規定自体が疑われる。Cf. Lewis Campbell, *The Theaetetus of Plato*, Oxford, 1861, p. 173. n. 2; F. M. Cornford, *Plato's Theory of Knowledge*, London, 1935, p. 131, n. 1.

($\varepsilon i \delta \acute{\varepsilon} \nu \alpha \iota$)」という語が頻出する[3]。「偽なる思いなし」の究明は本題からそれた脇道の議論ではあるが，その中で使用される「知っている」の意味を第二部冒頭からのみ解することは難しく，諸解釈者の見解は分かれている[4]。ソクラテスは，「知っている」の定義の探求を一旦中止し，「知っている」の語義を検討せずに「偽なる思いなし」を規定しようとすることに躊躇を示すが，「知っている」という語を用いずに議論することの困難を指摘する (200c7-d4)。「思いなす」の語義は第一部の最終議論から限定的に規定されており，「思いなす」も「知っている」も思いなされている対象について用いられている。われわれの解釈では，この「知っている」は会話をはじめる原初的な場面で成り立つ了解を指していた。しかしそれは会話者相互の暗黙の了解であり，〈自分（当人）の思いなしの文脈〉における「知っている」の使用である。そのような「知っている」の孕む問題を指摘するのが，第五議論である。

『テアイテトス』第二部における「偽なる思いなし」の探求は，現代哲

---

3) 「知っている ($\varepsilon i \delta \acute{\varepsilon} \nu \alpha \iota$)」が特に頻出する箇所は，『テアイテトス』188a1-c4, 192a1-d1 である。「知っている」と訳される語は，第二部の中では，《$\varepsilon i \delta \acute{\varepsilon} \nu \alpha \iota$》の他に《$\gamma \iota \gamma \nu \acute{\omega} \sigma \kappa \varepsilon \iota \nu$》191b3, 4; 193a1, 8, 9, b1, 5, 6, 10, etc. と《$\acute{\varepsilon} \pi \acute{\iota} \sigma \tau \alpha \sigma \theta \alpha \iota$》197a7; 198e7; 199a2, 199c5, etc. がある。しかし，いずれも文脈上《$\varepsilon i \delta \acute{\varepsilon} \nu \alpha \iota$》へと変換可能である。cf. 191a8-b9; 192d3-194a5; 196c4-8, 199a4-c7. なおプラトンにおけるこれらの語の関係をアリストテレスと比較しているものとして，M. F. Burnyeat, "Aristotle on Understanding Knowledge", *Aristotle on Science: The Posterior Analytics*, (ed. by E. Berti) Padua: Anteuere, 1981, pp. 97-139, esp. pp. 103-104, 133-136 がある。論者は，議論展開上文脈上《$\varepsilon i \delta \acute{\varepsilon} \nu \alpha \iota$》へと変換可能と想定せざるを得ないゆえに，三語の意味を敢えて区別しないが，翻訳は，田中美知太郎訳（『プラトン全集2』岩波書店，1974, pp.384-366）にほぼ従った。ただし，《$\acute{\varepsilon} \pi \acute{\iota} \sigma \tau \alpha \sigma \theta \alpha \iota$》については「知識している」という訳はとらず，「知っている」と訳し，（$\acute{\alpha} \gamma \nu o \varepsilon \tilde{\iota} \nu$）は「無知である」と訳した。また，《$\psi \varepsilon \upsilon \delta \grave{\eta} \varsigma \ \delta \acute{o} \xi \alpha$》を「偽なる思いなし」とした。

4) Cf. ibid., pp. 111-114; John McDowell [1], *Plato Theaetetus*, Oxford, 1973, pp. 194-198; John McDowell [2], "Identity Mistakes: Plato and the Logical Atomists", *Proceedings of the Aristotelian Society*, N. S. 70, 1969-70, pp. 181-196, esp. pp. 182-189; F. A. Lewis, "Two Paradoxes in the *Theaetetus*", *Patterns in Plato's Thought* (ed. by J. M. E. Moravsik) Dordrecht, Holland, 1973, pp. 123-149, esp. pp. 128ff.; Gail Fine, "False Belief in the *Theaetetus*", *Phronesis* 24, 1979, pp. 70-80, esp. pp. 70-72. 論者は，第一部最終議論 (184b4-187a8) から「思いなし」が同一性・差異性を認識して，対象を1つのものとして把握する，という限定的な意味で使用されているために，その種の思いなしと関わる「知っている」が第二部で問題になっていると考えるが，この点についてはここでは立ち入らない。これについては，本書第四章および拙論「感覚と思考――プラトン『テアイテトス』184b4-187a8 の構造――」日本西洋古典学会『西洋古典学研究』XLVI 22-32 を参照されたい。

I 問題の所在

学の立場から盛んに分析されている。そして、信念一般の真偽の問題、殊に、信念の文脈における表現の指示の不透明性の問題と深く関わることが指摘され、プラトンの議論展開について批判もなされている[5]。それらの研究が、『テアイテトス』第二部で扱われている事柄をわれわれに理解しやすく解析したことに敬意を払うが、根本的に問題を捉える構図がプラトンとは異なる、と論者は考えている。

鳥小屋モデルによる「偽なる思いなし」の究明の下には、思いなす人が〈自分（当人）の思いなしの文脈〉から対象を認知する、という構造がある。もちろん、思いなす人の視点から離れて「偽なる思いなし」を規定する方法もある。それは「ことば」と「対象」との二項関係で「偽なる思いなし」を分析する方法である。『ソフィステス』ではこの方法で命題の真偽を定義することに成功しており、それはまた現代的な対応説と形式的な類似点もある。しかし二項関係の構図では、人が〈自分の思いなしの文脈〉から対象を認識する、という認識論的な問題はそもそも問えない。『テアイテトス』では、思いなす人の視点からアプローチする方法をとっており、それが第一部では「感覚」、第二部では「思いなし」、第三部では「知識」と展開しており、思いなす人の視点は不可欠である。このように問題をとらえる構図が異なるゆえに、『テアイテトス』では現代あまり論じられることがない認識主体の「誤り」が問題になっているのである。

第五議論では、ある特定の学習を修了して、学習の対象について「知っている」はずの人が、学んでいるはずの対象について「偽なる思いなし」をもち、当人がそれに気づかない状態に陥ることが「鳥小屋モデル」で説明される。そして、このような「誤り」に陥った人は、対象を「知っている」とすべきか、「知らない」とすべきかが最終的に問題になる。本章の目的は、「鳥小屋モデル」によってプラトンが明らかにした「偽なる思いなし」と認識主体の知との関係を明確にし、残された問題の内実を明らか

---

5) 現代哲学の視点から『テアイテトス』第二部を批判する先駆的な研究として、John Ackrill, "Plato on False Belief: *Theaetetus* 187-200", Monist 50, 1966, pp. 383-402 がある。近年のものは、M. M. MacCabe, *Plato's Individuals*, Princeton, 1994, pp. 156-157; E. Pirocacos, *False Belief and the Meno Paradox*, Ashgate: Avebury Series inPhilosophy, 1998, pp. 108-113; Lloyd P. Gerson, *Knowing Person: A Study in Plato,* Oxford, 2003, pp. 214-226 を参照。

にすることにある。

II　第二部の議論構成

　はじめに,「鳥小屋のモデル」が, 第二部で提示される「偽なる思いなし」を究明する諸議論の中でどのような位置を占めているかを確認しておく。
　『テアイテトス』第二部には,「偽なる思いなし」とは何か, を問う五種類の議論がある。その前半の三種類の議論では（188a1-c9, 188c10-189b9, 189b10-190e4）,「偽なる思いなし」を持つことは不可能だという結論が導かれるが,「鳥小屋モデル」と直接関係するのは第一議論である。第二部では, 二つの異なった対象A, Bについて,「AがBである。」という思いなしを典型的な「偽なる思いなし」とする。そしてわれわれの解釈では, A, B両者について語れる人は, 両者を知っており,「AがBである。」と思いなすことはない。すなわち, 対象A・Bを知っている人は, 両者を「対象把握」できている以上, A・Bを表現することば「A」「B」を用いて対象A・Bを適切に捉えることができ, 両者を混同することはないのである。第一議論では,〈自分（当人）の思いなしの文脈〉で用いられている「知っている」をそのまま承認する限りにおいて,「AがBである。」という「偽なる思いなし」を持つことはないのである[6]。
　これに対して, 後半の二種類の議論では（190e5-195b8, 195b9-200d4）,「偽なる思いなし」の具体例を挙げ, 二つのモデルを用いてそれらの例を説明する。第一のモデルは「印形モデル」で, 個人を再認する際「見間違

---

　6)「人」が「ことば」と「対象」との対応関係を「知っている」状態において, 正確に対象の指示ができると想定できるかについて, 本章では立ち入る余裕がないが, 論者は次のような立場をとっている。すなわち, 各人が自分の「思いなし」の文脈で,「ことば」が何を指しているかについて理解しており使用可能な状態であるとみずから認め, それが他者とのことばの円滑な使用が当面できている場合において,「人」が「ことば」と「対象」との対応関係を「知っている」と容認されていると考える。これは, 各人が〈自分の思いなしの文脈〉において,「ことば」と「対象」とを正確に結びつける判定者が当人であることを相互に認めている人々それぞれの「思いなし」によって, 維持されている。しかしこのような「人々の思いなし」は, 第四・第五議論で明らかになるように, 認知の場面での誤りによって, 容易に疑われる脆弱さを孕んでいる。この種の脆弱さを克服するモデル, あるいは「真なる思いなし」に対する付加条件が, この後の議論の中心になる。

い」によって起こる「偽なる思いなし」を説明する。例えばテアイテトスを知っている人は，テアイテトスがどのような人であるかを記憶している。その状態は，魂上の蠟板に印形が押され，保存されている状態である。その印形が事実上保持されている限りにおいて，人はテアイテトスの印形とテオドロスの印形が同一だと思うことはない。この範囲においては，知っている2つの対象を同一だと思う「偽なる思いなし」は成立しない。そのような状態を，われわれは「知っている」と相互承認しているのであり，それは〈自分（当人）の思いなしの文脈〉で「私は知っている」という仕方で認識されるのである。

　しかし，人が「ことば」を用いて対象を感覚して認知する場面では，「ことば」と「対象」とを適切に対応付けることができないことがある。対象の認知は，感覚がその印形に符合した状態で成立する。誤ってテアイテトスの感覚をテオドロスの印形に当てはめてしまう場合，テアイテトスをテオドロスであると思う，という「偽なる思いなし」が成立する。この場合，人は「ことば」を正確に使用することはできず，「ことば」を対象に適切にあてがうことができない。ここで「偽なる思いなし」が登場する。このような対象認知の場面での誤りは，当人にはその時は「誤り」として気づかれない。しかしそのことが印形として二つの対象が区別されていないことを示してはいない。感覚の不鮮明さや注意力の欠如等の要因から生じた誤りであり，二つの印形が一つになっているゆえに生じる誤りではない。それゆえ，感覚と印形とを符合させるという場面以外においては，第一議論の示すとおり，〈自分（当人）の思いなしの文脈〉で成立する対象の区別はそのまま誤りのないものとして相互承認できるのである。

　このように「印形モデル」においては，「偽なる思いなし」は感覚を介して対象を認知する際に生じるものに限られており，〈自分（当人）の思いなしの文脈〉における思考に誤りはないことになっている（195c6-e8）。しかしプラトンは第五議論で，感覚を介することがない，純粋に思考上生じる「偽なる思いなし」を経験的事実として提示する（195e9-196b7）。5人の人と7人の人が何人かを問うのではなく，5そのものと7そのものが幾つかを問う場合，12だと答えず11だと答える人がいる。数が大きくなればなるほど誤りはさらに多くなる。この種の「偽なる思いなし」を説明する為に，第二のモデル，「鳥小屋モデル」をプラトンは提示する（196b8

-199c7)。

ところが、「鳥小屋モデル」には、人が対象の知識をもっていながら、対象の認知を誤るという困難な帰結が伴う (199c7-d8)。この帰結を避ける為に、テアイテトスは「鳥小屋モデル修正案」を提示するが (199e1-6)、この修正案にも困難が伴うことが指摘され、鳥小屋モデルの修正は失敗に終わる (199e7-200c6)。ここで「偽なる思いなし」の究明にも終止符が打たれるのである (200c7-d4)。「鳥小屋モデル」のもたらす困難な帰結は、「偽なる思いなし」と知の問題が密接に係わり合う一つの局面を露呈することになる。われわれはまず、「鳥小屋モデル」が提示される経緯を正確に追い、次にこのモデルのもたらす帰結を分析することにしよう。

III 第五議論の議論構成

はじめに第五議論の議論構成をみてみよう。「鳥小屋モデル」に関する議論の概略は次の通りである。
1 問題提起 (195b9-196d2)
2 知識を「所有していること ($κεκτῆσθαι$)」と「所持していること ($ἔχειν$)」の区別 (196d2-199a3)
　① 鳥小屋における「所有」と「所持」の区別 (196d2-198a4)
　② 算術の例 (198a4-b7)
　③ 知識の所持と「知っている」との関係 (198b8-199a3)
3 問題の解消 (199a4-199c7)
4 厄介な帰結 (199c7-200d4)

以下、テキストに即して、まず1から3までを分析してみよう。

§1 問題提起 (195b9-196d2)

「鳥小屋モデル」は、感覚を介することなく生じる「偽なる思いなし」を説明するためのモデルである。5と7とで11だと思う場合、自分の知っているもの (11) を、自分の知っている別のもの (12) であると思っていることになるが (196b8-10)、第一議論に従えば、これは不可能である。なぜなら、両者を知っていて、知らないということになるからである

III 第五議論の議論構成　　　163

(cf. 188b3-6)。それゆえ，このような「偽なる思いなし」は存在しない[7]。ここにジレンマが生じる。

> 偽なる思いなしが存在しないか，あるいは自分の知っているものを人は知らないでいることができるのかの，どちらかなのである。(196c7-8)

「偽なる思いなし」が存在することは，先の事例を認める限り，否定できない。そこで，このジレンマを避けるために，プラトンは次のような方針を立てる。仮に「知っている」ということが「知らない」ということと両立可能であれば，知っているものを知らないということが起こったとしても矛盾にはならない。議論は，ジレンマの一肢を構成している「知っている」「知らない」の語義を洗い直すことによって，このジレンマを避ける方向に動く。

§2 知識の「所有」と「所持」の区別 (196d2-199a3)

①鳥小屋における所有と所持の区別[8] (196d2-198a4)

ソクラテスは，知識の定義を探求する途上で，「知っている」の意味を規定し分類することに躊躇を示すが (196d2-e7)，テアイテトスに促され (196e8-197a6)，次のような仕方で「知っている」の語義を，知識の「所有 ($κτῆσις$)」と「所持 ($ἕξις$)」とに区別する (197a7-d4)。例えば，上衣を誰かが買って，それを所有するようになったとしても，これを携えて (身に着けて) いない場合には，われわれは，彼がそれを所有しているとは言うにしても，これを所持しているとは言わないだろう (197b9-13)。

---

[7] 前半の最初の議論 (188a1-c8) の解釈は難解であり，研究者の間で見解が分かれている cf. McDowell [2], pp. 195-196; Fine, op. cit., pp. 70-72, 79, n. 6; M. F. Burnyeat, the Theaetetus of Plato, Cambridge, 1990, pp. 70-77.

[8] 「所持する」と訳したギリシャ語は ($ἔχειν$) のみである。ただし，198b5 の ($ἔχοντα$) については，「所有するという仕方で ($τῷ\ κεκτῆθαι$)」「鳥小屋の中に」という限定が付いているので，「所持する」とはとらず，「所有する」ととる。この箇所と 197c4-5 とを結び付けて「所持する」とは解せない。なぜなら，197d5 以降，197c4-5 での所持の語義は維持されていないからである (cf. 197c7-d3, 199a6-8)。「所持する」と同義に使われているのは，「摑む ($λαβεῖν$)」である (cf. 198d1-8)。

164　　　第六章　「偽なる思いなし」と対象の認知（195b9-200d4）

　一般に，所有と所持とは同じではない。同様に，自分の鳥小屋の中に鳥を所有していることと，所有している鳥を現に手に持って所持していることとは区別できる（197c1-d4）。ここで，魂の中に，鳥小屋のようなものを想定する（197d5-e1）。人がまだ幼い時，その鳥小屋は空であり[9]，鳥の代りに，知識を入れる。知識を所有するということは，その鳥小屋に知識を入れることである（197e2-7）。鳥小屋に知識を所有している人は，その知識の中から，欲するものを捕えて摑むことができる（198a1-4）。

②　算術の例（198a4-b7）

　プラトンは，算術を念頭において，知識の所有が「知っている[10]」ことにあたる，という立場を取る。算術すなわち「数を扱う技術（$\alpha\rho\iota\theta\mu\eta\tau\iota\kappa\eta$）」とは，偶数も奇数もあらゆる数の知識を捕らえる技術であり，その技術によってわれわれは学んだり，他人に教えたりするのである（198a7-b5）。そしてそのような技術によって数の知識を配下に置き，それらを鳥小屋の中に「所有する」という仕方で持っている人を，われわれは「知っている」という（198b4-7）。

　ここで注意すべきは，「知っている」が「知識を所有する」という意味で用いられていることである。テキストの例を理解するためには，差し当たって足し算を学習済みの人を念頭に置けばよい。足し算を習得するためには，1ずつ増えていく自然数，十進法を理解していなければならない。テキストで「あらゆる数の知識がその人の魂の中にある（198b10）」とい

　9）　コーンフォードは，ここに経験主義的な前提を読み，「想起説」を説くプラトンは「鳥小屋モデル」に関与していないと考える。cf. Cornford, op. cit., pp. 137-138, しかし，マクダウェルは，「鳥小屋モデル」と「想起説」との対応関係を認め，「鳥小屋モデル」の破綻は「想起説」の批判を含んでいると解している。cf. McDowell [1], pp. 215-219, 209-210. 221-223. 他方，ボストークはマクダウェルには批判的で，両者の対応関係を疑問視している。Cf. D. Bostock, *Plato's Theaetetus*, Oxford, 1988, pp. 190-191. この問題に対して，論者は次のように考える。「鳥小屋モデル」は，現在成立している認識を過去習得した知識を所持することにより説明する点では，「想起説」と構造は同じである。プラトンは第三部の最終議論で，認知の成立を想起として説明しているので，『テアイテトス』でプラトンが想起説を自己批判しているとはいえない，と考える。第三部最終議論の解釈については，本書第七章および拙論「『真なる思い（alethes doxa）』と『対象の認知』——『テアイテトス』208c6-209d3 の一解釈——」日本哲学会『哲学』47号，1996年，pp. 187-196 を参照。

　10）　厳密に言うと，ギリシャ語では，ここでの「知っている（$\epsilon\pi\iota\sigma\tau\alpha\theta\alpha\iota$）」とジレンマを構成する「知っている（$\epsilon\iota\delta\epsilon\nu\alpha\iota$）」は違う。これについては本章註3を参照。

われているのは，無限に続く数字の名を一つ一つあげられるというよりも，十進法に従う自然数の配列を理解していることを指している。足し算を習得した人は，はじめて出会った問題であっても，ルールにしたがって計算していけば正しい答えにたどり着くことが出来る。そのような技能を取得している，とみなされた時に，算術を修得していると私たちはみなすのである。

③　知識の所持と「知っている」との関係（198b8-199a3）

未知の事柄の知識を捕らえることは，当の事柄の発見であり，学習である。そのような発見・学習の結果，当の知識を所有する，つまり「知っている」ことになるのである。このように，知識を新たに所有するために，鳥小屋の中に未だ所有していない知識を鳥小屋の外で捕える際には，「発見する」「学習する」という言い方が馴染む。しかし算術を習得し，あらゆる数の知識を魂の中に持っている人も，何かを計算する場合には，数そのものに対してであれ，外的な事物についてであれ，個々のものがどれほどの数であるかを勘考することになる（198c1-6）。その時，あらゆる数を知っているはずの人が，あたかもそのものがどれほどの数であるか知らないかのように，正しい答えを探すことになる（198c7-10）。

　鳥小屋にすでに所有している知識を鳥小屋の中で捕えることを，何と呼ぶのか。鳥小屋の中に鳥を入れること，すなわち未知の事柄の知識を捕えることを「知る」こととし，それを所有している状態を「知っている」とわれわれは規定した。鳥小屋の中にある鳥を捕らえることは，既知の事柄の知識を捕えることであり，未知の事柄の学習ではない。

　「もし，いま数の心得のある人がまさに何か数えようとしているとか，文字の心得のある人がまさに何か読もうとしているとするなら，そのような場合には，果たして彼は知っている者であるにもかかわらず，その知っているところのものを，もう一度自分自身のところから学ぼうとしてかかっているのだとすべきだろうか。……だがそうかといってわれわれは，彼にすべての文字またはすべての数を知っているのだということを許してしまっているのに，彼の読もうとしているもの，数えようとしているものは，彼の知っていないものなのだと言うべきだろうか。(198e2-199a2)」

　これは，『メノン』で指摘された問題に極めて近い[11]。果たして，すで

に所有している知識を捕えることは，学びかえすこと，つまり新たに知ることになるのかどうか。逆に言えば，所有している知識を学びかえす，新たに知る必要があるのかどうか。もしその必要があるとしたら，知識を所有していることは「知っている」といえないことになる。これは議論の前提に反する。

　この段階では，所有している知識を所持することが，「知っている」こととどのように関係するかは明確にはならない。プラトンはこの問題を残したまま，先のジレンマを避けるという当初の目標を達成しようとする。しかし，この問題は，「鳥小屋モデル」のもたらす厄介な帰結と密接に関係するのである。

§3　問題の解消（199a4-199c7）

「知識の所持」と「知っている」「学ぶ」の関係がどうであれ，ここまでの議論において，次のことは確保されている。知識の所有と所持とは区別される。そして，所有しているものを所有していないということは不可能である以上，人は所有という意味で「知っている」ものを「知らない」ということはありえない。しかし，所有している知識の対象について「偽なる思いなし」を持つことは可能である。自分が所有している様々な知識の中で，「当のものの知識を所持しないで，その代りに，異なる他の知識を所持することがありうる（199b1-2）」のである。先に11と12とを取り違えたのもこのような場合である。「すなわち，自分自身の中に持っていた11の知識を［同じく自分自身の中に持っていた］12の知識の代りに捕えたのであって，それはたとえば［鳥小屋の中で］普通の鳩の代りに川原鳩を捕まえたようなものである。（199b5-6）」

　ここで重要なことは，「対象把握」は確保されていることである。すなわち，魂の中で知識が所有されている限りにおいて，諸知識は互いに異なるもの，別のものとして，把握されているのである。取り違えは，その上で起こる。知識が所有され，「対象把握」されている状態でなければ，所持における取り違えはない。それゆえ「鳥小屋モデル」により説明された「偽なる思いなし」は，〈自分（当人）の思いなしの文脈〉で成立している

---

11)　プラトン『メノン』80d5-81e2を参照。

「対象把握」を前提に所持する際，〈自分（当人）の思いなしの文脈〉では適切に所持したと思っていても，〈自分（当人）の思いなしの文脈〉の外からみるとそれが誤っている，という場合である。われわれは，これに対する現代の解釈者の批判を手掛かりに考えてみることにしよう。

IV 〈自分（当人）の思いなしの文脈〉の内側と外側

プラトンが「鳥小屋モデル」により，「偽なる思いなし」は，所有している知識を所持する際に生じる，としたが，プラトンに対し批判的な立場をとる論者は現代少なくない[12]。その論点はおよそ次の二点に要約できる。

まず第一に，12 を知っているということと，5 と 7 の和が 12 であることを知っていることは同じではない。なぜなら，計算して答えがわかるためには，自然数という概念のみならず，和の概念，関係の概念等を理解していなければならないからである。12 を知っているからといって，5 と 7 の和が 12 であることを知っているということにはならない。これは，対象を知ることと対象に関する命題を知ることとの区別が不明確である，という批判につながる。

第二に，「5 と 7 は 11 である」と思うことと「12 が 11 である」と思うこととは同じではない。表現「5 と 7」が数（5 と 7）を指すこと，表現「12」が数 12 を指すことは明らかである。しかし，表現「5 と 7」を使用している人が必ず，その指示対象が 12 であることを知っているとは限らない。そして，表現「5 と 7」が数 12 を指すことを知っていて，「5 と 7 は 11 である」と思うということは想定しがたい。したがって，「5 と 7 が 11 である」という思いと，「11 が 12 である」という思いとは異なる。これはプラトンが 12 を知っているということと，表現「5 と 7」の指示対象を知っていることとを区別していない，という批判につながる。認識主体の信念の文脈からみると，表現「5 と 7」の指示対象が不透明であり，

---

12) Cf. Cornford, op. cit., pp. 130, 137-8.; McDowell [2], p. 216, pp. 223-225; Frank A. Lewis "Foul Play in Plato's Aviary: *Theaetetus* 195Bff.", *Exegesis and Arguments, Studies in Greek Philosophy presented to Gregory Vlastos*, (ed. by E. N. Lee, A. P. D. Mourelatos, R. M. Rorty.), *Phronesis*, supp. vol. Ⅰ. 1973, pp. 262-284, esp. pp. 263-269.

それが 12 であることが認識されていなかったことになる。しかしそれは，認識主体が 12 を知らなかったこととは異なるのである。

　この二つの論点は，対象の知と命題の知の区別，思いなし（信念）の文脈における表現の指示が，「鳥小屋モデル」においては不明確であるという批判へとつながる。しかし『テアイテトス』第二部において，上述のような仕方での非難は，プラトンがここで問題にしていた知の問題と直接には関係しない，と論者は考える。

　まず第一の点について。ここで問題にしているのは，算術を習得した人が犯す計算上の誤りである。算術とは，あらゆる数を対象とする熟達を必要とする知である。算術を習得した人は，もちろん一つ一つの数の知識を持っているが（cf. 199a1-2），それは個々の数の名前の習得のみならず，数の順序や大小関係を理解し，加法や減法を用いて数の相互関係を的確に把握することも含む。それゆえ，「12 は 5 から数えて 7 番目の数である」ということを知らずに，12 を知っているということはありえない。すなわち，12 の知識を対象の知として，「5 と 7 は 12 である。」を知ることを命題の知として，両者を別々の知識とすることは，この場面では不適切である。もちろん学習途上であれば，数の大小や相互関係を把握しておらず，加法や減法の計算間違いを犯すことがある。しかしここでは算術を習得した人が犯す過ちが問題になっている。算術を習得した人が，12 は知っているが 5 に 7 を加えた数が 12 であることは知らない，ということはありえない[13]。

　第二の点についていえば，算術を習得した人は，算術を用いて計算しさえすれば「5 と 7」の指示対象がわかるはずである。数の知識の所持は，算術を行使して「数える（計算する）」という過程を経て成立する。つまり，数の鳥（知識）を所有している者が，「自分で自分を相手に（心の中

---

13) このような理解は，バーニエットのいう「体系知」を連想させるだろうが，プラトンは学問的な体系ではなく，人物の認知を念頭に置いたモデルを中心に論じていることは注意すべきである。いわゆる学問的な知識のみならず，人物についての知識も，ある種ひとまとまりの有機的な連関の基に把握されるとみることができる。このような把握の仕方を，全体と部分との関係のもとでの把握として，中期イデア論を読み込む解釈もあるが，論者には中期イデア論を前提しなければ解釈できないとは思えない。Cf. Gokhan Adailier, "The Case of Theaetetus", *Phronesis* 46, n. 1, 2001, pp. 1-37.

IV 〈自分（当人）の思いなしの文脈〉の内側と外側　　169

で）直接それら（数）を数えるか，あるいは他の何か数を持っている限りでの外的事物の中から，数えるかする（198c1-2）」結果，ある特定の数の鳥（知識）を所持するのである。「数える」ということは，「数はどれほどか」を勘考することであるが（cf. 198c7-8），その際，自分が「知っている」数を勘考の対象にしている。12 の知識を所有している人が，「5 と 7」が幾つになるか勘考することは決して奇妙なことではない。「5 と 7 はいくつになるか」と自問し勘考する過程においては，それが幾つになるか，計算している当人にはまだわからないからである。計算が完了した時点ではじめて，それがいくつになるかがわかる。その時点で，所有していた知識の中の一つを所持するのである。すなわち 12 を知っている人は，1 から 12 までの数を挙げることが・で・き・る。「5 と 7」を計算することはで・き・る。しかし，計算してみなければ，数はどれほどかはわからない。それは，12 頭の馬を目の前にして数はどれほど問われても，数えてみなければ馬が 12 頭であることはわからないのと同様である。

　それゆえ，「5 と 7」を計算することができる人であっても，計算が完了しない限りは，「5 と 7」がいくつかわからない。このように限定された意味においては，表現「5 と 7」がどの数を指すのかを知らない，といえなくもない。しかしこれは，通常，表現の指示対象を知らないといわれる場合とは異なっている。なぜなら，問いを立てられて計算するわずかな間だけ，数がいくつかがわからないのであって，計算が完了すれば必ずわかるからである。その時，数を扱う技術を修得している人であれば，その表現の指示対象を的確に探り当てるために，自分の所有している知識以外に何も必要としないし，また数え終われば，その表現の指示対象がわかるのである。

　このように「鳥小屋モデル」では，数を知ることと計算できることが，算術という一つの知識の中に含まれており，数式の答えはその術を行使すればわかることが前提されている。その上で，知識の所有を「知っている」と規定しているのである。ここで扱うのは，学習の対象となる一つのまとまりがある知識であって，個々の対象や個々の事態についての独立した知識ではない。プラトンは，個々別々の対象があって，それに的確な表現をあてがっているかどうか，あるいは個々の事態があって，それを的確な命題で表現しているかどうか，という二項対応関係で「偽なる思いな

し」を規定しようとはしていない。

　算術は，誤りのない知識の体系である。「12」が12を指し，「5と7」は12であることは算術の体系の中では自明であり，誤りはない。それゆえ算術を習得した人は，個別的な場面でその術を行使することによって，当然「ことば」の指示対象を正確に把握できる，と想定されるかも知れない。しかし，算術を取得したはずの人が〈自分（当人）の思いなしの文脈〉で「ことば」を用いて「対象」を把握するとき，「対象」を取り違える「偽なる思いなし」が生じることがある。それを鮮明にするのが「鳥小屋モデル」である。算術内部では，誤りはない。算術を習得した人が〈自分（当人）の思いなしの文脈〉から対象にアプローチするときに，誤りが生じるのである。

　複雑な計算であっても，間違えるのは些細な点である。計算すれば「5と7」が12であることがわかるはずなのに，11だと思ってしまうことがある。「鳥小屋モデル」では，この誤りは知識の所持に際して生じる誤りだと説明する。他方，12も5と7も知らない人は，誤って「5と7」が11だと思うことはない。つまり，知識の所持における誤りは，知識の所有，すなわち「対象把握」を前提としているのである。

　プラトンが「5と7」という表現を導入した意図は，「偽なる思いなし」が生じる場面を，所有している知識を所持する場面に設定することにある。「数を扱う術」を修得してしまった人は，必要がなければ，所有した知識を所持しようとは思わない。〈自分（当人）の思いなしの文脈〉で「数はどれほどか」という問いに答えようとした時に，その必要が生じるのである。知識の所持は，数えることが完了する時に起こる。「5と7」が幾つかを計算している人は，「数はどれほどか」という問いの正しい答えを〈自分（当人）の思いなしの文脈〉で求めている。求めているのは，〈自分（当人）の思いなしの文脈〉の外側からみると12の鳥であるのに，〈自分（当人）の思いなしの文脈〉で11の鳥を捕えてしまうのが，知識の所持における取り違えである。この取り違えは，「5と7」の鳥を捕え，そして11の鳥も捕えた上で，それらを同一だと思うことではない。鳥小屋の中には，12の鳥とは別に「5と7」という鳥がいて[14]，複数の鳥の同一性が判定されるわけではない。12の知識とは別の「5と7」の知識を所持することは考えられていないのである[15]。

IV 〈自分（当人）の思いなしの文脈〉の内側と外側

　問題なのは，〈自分（当人）の思いなしの文脈〉で，11が「5と7」だと思ってしまうことである。すなわち，誤って11の鳥を所持した時，自分が所持した鳥（11）が自分が求めた鳥（12）であると〈自分（当人）の思いなしの文脈〉で思うことである。鳥を所持した当人は，〈自分（当人）の思いなしの文脈〉で自分が所持した鳥が，自分の求めた鳥と別の鳥であることには気づかない。この時，当人は〈自分（当人）の思いなしの文脈〉で「自分が所持したのは求めている鳥である」と思ってはいても，「11が12だ」と思っているわけではない[16]。したがって，知識を所持する場面において，「11が12である」という命題は当人の思いなしの中にはなく，〈自分（当人）の思いなしの文脈〉の外側からのみ，そのように分析できるのである。通常指摘されるような仕方で[17]，11と12とを取り違えることと「11が12である」という信念を持つこととをプラトンが混同しているわけでもない。今まで見てきたように，「鳥小屋モデル」において示される11と12との取り違えは，単に12を取ろうと思って，誤って11を取る取り違えではなく[18]，算術を習得した人が，〈自分（当人）の思いなしの文脈〉で「数える」という過程を経ることにより起こる，取り違えである[19]。

　このように，個々独立の対象，あるいは事態についての知識ではなく，算術のようなまとまりのある一連の知識を考えることは，学問に限らない。『テアイテトス』第二部で例示されている，テアイテトスやテオドロス等，人物の知識についても同様に考えることができる。例えばテアイテトスに

　14）プラトンは，知識を所持する場面を設定するために，「5と7は一体いくつになるであろうか」という問いを立てる箇所では，「12」ではなく「5と7」という表現を用いている。しかし，所持に際して生じる誤りを説明する箇所では，「5と7」ではなく「12」という表現を用いる。プラトンが，「偽なる思いなし」を「11が12である」という思いなしとして記述し，「5と7が11である」という思いなしとして記述しなかったのは，「偽なる思いなし」を知識の所持の場面でのみ説明しようとする意図があったからである。

　15）この点ルイスの解釈は正しい。Cf. Lewis, op. cit., pp. 270-283, esp. pp. 276-281.

　16）このような誤解を避けるために，テキスト（199b3-4）の修正あるいは読み替えがされている。これについては，ibid., p. 267, n. 7. に整理されている。しかし，この箇所のみに操作を加えても，同様の表現が他にも多くみられる以上，プラトンの扱う「思いなし」といわゆる「信念」とを区別して解する必要がある。

　17）Cf. McDowell [2], pp. 224-225.

　18）このような単純な取り違えについては，すでに議論されている。cf. 189b10-190e4.

　19）Cf. Lewis, op. cit., pp. 264-266, esp. p. 265, n. 5.

ついては，彼の獅子鼻で出目であるという容姿や勇ましくおおらかだという性格，数学に長けているという才能や資産家の息子であること，すべてがテアイテトスという１人の人物の出生や生育環境等，テアイテトスの経験全体に集約されており，それぞれがテアイテトスを作り上げている。例えば，父親が資産家でありながら財産に執着しないという点はテアイテトスに引き継がれており，数学に長けているということは教養を身につける環境におかれていることを示している。つまり，われわれが人を知っているという時，対象の知識と命題の知識とは相互に連関があり，知っている人物について，それぞれひとまとまりの知識が形成されている。そして複数の人物の知識は，それぞれ明確に区別された形でまとまりをなしており，そのような知識を予め把握している人物については，対象の認知が可能である。しかし，〈自分（当人）の思いなしの文脈〉で「誰だろう？」と考えている過程では，誰だかわからない状態であり，算術の計算と同様，その時あたかも正答を探すかのように考えているのである。

　歴史的人物等，われわれが感覚できない人物についても，同様のことがいえる。例えば歴史のテストで「江戸幕府を開いた人は誰だったかしら？」と〈自分（当人）の思いなしの文脈〉で考える場合は，歴史の学習において予め所有している知識を所持しようとしている，とみることができる。その場合には，〈自分（当人）の思いなしの文脈〉で同時代の歴史的人物等から区別された一人の人物として，徳川家康の知識がひとまとまりの知識として把握されていればわかるのである。これは，自分の祖先や会ったことのない親戚等，歴史学に登場しない人物についても同様である。

　このようにプラトンは，「鳥小屋モデル」において算術を範にして，知識の所有と所持の問題を提起したが，これは学問のみにあてはまることではなく，人物の再認等，われわれの日常的な対象の認知の場面をも取り込む包括的なモデルだということができる。ここでプラトンは，対象についての知識を，個々独立の情報として切り離すことなく，相互に連関するひとまとまりの知識として捉えている。対象を〈自分（当人）の思いなしの文脈〉で「知っている」というのはそのような意味である。そして，今遭遇している対象認知の場面で，過去所有した知識を所持しようとする際に，〈自分（当人）の思いなしの文脈〉で「いくつだろう？」「誰だろう？」「何だろう？」等々の答えを探求する過程があることを示している。これ

は，通常問題にされるような，信念の文脈における指示の透明不透明の問題とは，明らかに位相を異にしている。

　問題は，算術を習得した人が，その術を行使して計算したにもかかわらず誤るという場合，そもそもその人は算術を知らなかった（きちんと習得していなかった）のか，あるいは知っていて（習得していて）も誤りうるのか，ということである。プラトンは後者の選択肢を採用する。すると，〈自分（当人）の思いなしの文脈〉で「知っている」とされた対象について誤り，その誤りにはその時当人が〈自分（当人）の思いなしの文脈〉で気づかない，という状態が存在することになる。そしてそのような場合に，〈自分（当人）の思いなしの文脈〉における「知っている」という証言が疑わしくなるのである。

V　鳥小屋モデルの破綻

ここで，所有していたものを所持し損なう，という仕方で「偽なる思いなし」をモデル化する試みは，大きな困難に陥る。知識の所有を「知っている」とする時，所有した知識を所持し損なう可能性をそこに前提することには困難が伴うからである。われわれは，「鳥小屋モデル」をめぐる議論の最後の部分，4 厄介な帰結（199c7-199d8）を考察することにする。テキストでは次のように論じられている。

　「鳥小屋モデル」によって，「知っているものを知っていない」という難問からは解放されたが（199c5-7），所持の場面での知識の取り違えが「偽なる思いなし」であるとすると（199c10-11），さらに厄介なことがその傍らに現われる（199c7-8）。つまり，「ひとが，何ものかの知識を所持していながら，まさにその知識の対象になっていることに『無知である（ἀγνοεῖν）』ということ」を認めざるを得ない（199d1-2）。

　この「無知である」に注目する。この箇所の「無知である」は，「知識を所有している」の対義語ではない。11 の知識も 12 の知識も所有しているというのは，議論の前提である。プラトンは〈自分（当人）の思いなしの文脈〉で「対象把握」できている状態を「知っている」とする。11 と 12 の知識を所有していなかったのであれば，そもそも誤って 11 を所持す

ることはできないのである。つまり、取り違えが生じるのは、「知識を所有していないゆえにではない」ということは初めから明らかなのである。また「無知である」は、「知識を所持している」の対義語でもない。プラトンは知識の所持を「知っている」と呼ぶことを避ける慎重な態度をとっている。そして「鳥小屋モデル」においては、知識の所持は知識を所有した状態であれば可能だとされており、所有していない知識を所持するという可能性はあらかじめ排除されている。所有していた知識を所持した際に取り違えが生じるのであるから、そもそも知識を所持していないのであれば、取り違えは起こらないのである。このように、この「無知である」は知識を所有していないことでも、所持していないことでもない。「鳥小屋モデル」の内部では処理できない概念なのである。それゆえわれわれは、この語義を第二部のさらに広い文脈の中に求めなければならない[20]。

　プラトンは第二部の冒頭、第一議論でも（188a1-188c9）、二つの異なったものについて、それらを同一だと思う場合、その両者について無知である、という立場をとっている。例えばソクラテスとテアイテトスとを「対象把握」していながら、互いに異なる人物である、と思わずに、ソクラテスがテアイテトスである、両者が同一人物である、と思うような場合である。プラトンはこれを第四議論で、「あれは誰だろう？」という問いが〈自分（当人）の思いなしの文脈〉で生じた時に、感覚が介在するゆえに両者を取り違える可能性を説明した。「鳥小屋モデル」の場合は、例えば11と12の鳥を所有している人は、11と12を「対象把握」している以上、両者が異なった二つの数であることは当然把握している。そして、5に7を加えるという計算の結果、11を所持した場合、11を予め所有していることは前提条件になっている。計算の間違いは数を全く知らない（所有してない）人には起こらない。11を知っている（所有している）から起こるのである。それゆえ「11を所持している以上、11を所有していないゆえではなく、自分が所持しているその知識によって」過誤が起こるのである。その過誤とは、二つの対象11と12をそれぞれ異なった対象として把

---

[20] 従来、この「無知」は、知識の所有に対立する概念として解されていた。Cf. Campbell, op. cit., p. 180, n. 18; Cornford, op. cit., p. 137; McDowell [2], pp. 90-91, 223-225; Lewis, op. cit., pp. 274-275, 281-283.

握していると前提しつつ，両者を取り違える「無知である」状態に陥る矛盾を示している。

「5に7を加えたらいくつだろう？」という問いが〈自分（当人）の思いなしの文脈〉で生じ，それが11だと思ったとき，〈自分（当人）の思いなしの文脈〉で11（計算した答え）が12（正答）であると思ってしまう。これが11と12に対して無知である状態にあたる。〈自分（当人）の思いなしの文脈〉で所有している11の知識を現に所持しているとすれば，11を「対象把握」している以上，11のみならず，11とそれ以外の数との相互関係も，その時〈自分（当人）の思いなしの文脈〉でわかるはずである。そうであれば，11が5に7を加えた数ではないことも〈自分（当人）の思いなしの文脈〉で明らかであるはずである[21]。また，12を「対象把握」している以上，5に7を加えた数が11でないことも〈自分（当人）の思いなしの文脈〉でわかるはずである。ところがそれがわからないのである。これが11に対しても12に対しても「無知である」といわれる状態である。それゆえ取り違えを認めることは，「知識が傍らについていながら，心は何ひとつ知るところのものがなく，すべてに無知だ（199d4-5）」ということになる。

したがって問題は，〈自分（当人）の思いなしの文脈〉において，知識を所有しているいわば「静的」な状態と，個々の場面で認知が成立するいわば「動的」な状態とのギャップが，魂の現実的な考察の中で生じることにある。すなわち，「対象把握」ができ，記憶されている「静的」な知識すべてが，〈自分（当人）の思いなしの文脈〉で生じる個々の具体的な問いに対して機能しないのである。換言すれば，魂は常に「静的」な知識全体に必ずしも明るくないのである。なぜなら，「静的」な知識それ自体は，全記述の束で構成されるような百科事典的な知識ではなく，個々の問いに対して「考える」というプロセスを経て答えを出す可能的な知識だからで

---

21) この点，注釈者たちの解釈は不明解である。Cf. Cornford, op. cit., pp. 136-137; McDowell [2], pp. 223-225; Lewis, op. cit., pp. 274-275. この帰結が12の知識の所持ではなく，11の知識の所持に対するものであるということを正確に理解しているのはマクダウェルのみである。しかし彼も，11について「無知であること」を11が「5＋7」でないことがわからないことだとする点で過ちを犯している。この点については，本章IV pp. 167-173, および註12参照。

ある。それゆえ，個々の場面でそれを現実に使用するためには，〈自分（当人）の思いなしの文脈〉における答えの探求が不可避であり，〈自分（当人）の思いなしの文脈〉の個別的探求プロセスにおいて些細な誤りが生じる可能性がある。その際，誤った答えにたどり着くのは，〈自分（当人）の思いなしの文脈〉の内側である。当人は正しい答えにたどり着いたと思っている以上，当人はその誤りには気づかない。その時，〈自分（当人）の思いなしの文脈〉の外側から，いわば百科事典を見るように当人の記憶の束を調べると（そのようなことが可能かどうかは別として），当人の記憶と実際の誤った答えとの間に，明らかな齟齬が生じているはずである。

　しかしこのような取り違えが起こる可能性があるならば，たとえ取り違えることなく知識を所持して正しい答えを出したとしても，〈自分（当人）の思いなしの文脈〉の外側から見れば，それは取り違えが起こりうる可能性があるのに，それはたまたま偶然に適切な知識を所持したにすぎないといえるだろう。つまり，「無知が傍らについていて，それで何かを人に知るようにさせる（199d6-7）」ということも起こるのである。

　ここに，知識の所有を一方で認め，所持の際の取り違えをも容認することの困難が露呈する。まず，「対象把握」できていたとしても，対象を認知するためには〈自分（当人）の思いなしの文脈〉における個別的な探求が必要になる。そしてそのプロセスにおいて誤りが生じたとしても，それは〈自分（当人）の思いなしの文脈〉では気づき得ないのである。

　そこで，絶対に取り違えのないような仕方での強い把握と，取り違えが可能な弱い把握とを区別することにより，「対象把握」により「知っている」ことをより強い意味規定のもとに置く可能性が模索される。すなわち，「知識」とは絶対に取り違え不可能なものとし，取り違え可能な「非知識」をも所有している，とするのである。次に提示される「鳥小屋モデル修正案」（199e1-6）がそれである。しかし，〈自分（当人）の思いなしの文脈〉では，11と12とを取り違えが起こる以上，「知識」と「非知識」との取り違えも起こる。両者の区別も〈自分（当人）の思いなしの文脈〉においては誤りが排除できず，解決には至らないのである。ここで，「鳥小屋モデル」は破綻する。

VI 結　び

「鳥小屋モデル」の破綻の原因はどこにあるのか。それは，対象についての真なる記述の体系としての「知識」と，それを習得した人が個別的な対象を認知することとの根本的な相違である。体系としての「知識」は，〈自分（当人）の思いなしの文脈〉の外側にある。体系としての「知識」は，各人が〈自分（当人）の思いなしの文脈〉で学習し，習得すると，〈自分（当人）の思いなしの文脈〉で生じる個別的な問いに対して用いることができるようになる。例えば，算術という知識の体系内部では，表現「5に7を加えた数」は数12を指す。知識の体系内部では，人が介在しない限り誤りは生じない。しかし，知識を習得した人が〈自分（当人）の思いなしの文脈〉で「ことば」を用いて「対象」を認知しようとする場面では，「ことば」と「対象」の対応関係が崩れ，対象の取り違えが生じることがある。「偽なる思いなし」は，知識を所有し，表現と対象（例えば表現12と対象12，表現11と対象11）とを適切に対応できる能力を持ち，対象の相互関係（例えば5から数えて7番目の数は12である）を把握しているのにもかかわらず，「ことば（5から数えて7番目の数）」と「対象(12)」とを適切に対応できなかった時に生じる。

　このような場合，後になって過ちに気づいたなら，「どうして間違えたのだろう」と訝しく思う。例えば複雑な計算問題でも，過ちの原因は些細な加法の過ちや，中間過程での数の書き間違い等，単純なミスであることが多い。この種のミスをもって，加法が未修得であるとか，数字の書き写しができない，という判断を簡単に下すことはできない。もちろん，加法を習ったばかりの小学生が足し算のミスを多くするのは，習得が不十分だからである。足し算の問題をたくさん解いて，間違いなく計算できるように訓練する必要がある。しかし知識の習得が十分と思われる人の間違いについては，どうして間違えたのかわからないほど意外な間違いもあり，計算の訓練不足が原因だとは認められない場合がある。

　もちろん，一度でも計算間違いをした人は算術を「知っている」といえない，という立場をとることも可能である。しかしそのように考えると，

算術の習得や「知っている」という言葉を通常よりも狭い意味で,より厳しい条件のもとに使用しなければならない。そして今まで一度も計算間違えをしない人であっても,次に誤る可能性は排除できない。そう考えると「知っている」といえる人は,将来決して計算間違いをしない人である。そのような人はいるだろうか。不可謬性の条件を厳しくすれば,体系としての知識は,われわれには不可知になってしまうだろう。われわれは,社会で一般的に「知っている」として認められていること,例えば算術の習得とか個人を「知っている」と認められる一連の情報とか,その外延は明確でないにしても,それらを認めることそのものを捨てることはできない。

　通常の学習による知識の習得を認めるためには,プラトンのように,知識が所有されていれば,間違えなく所持できる,という前提を疑う必要がある。体系としての知識を学習していても,その知識を使って対象を認知する際に誤りが生じる可能性を認める,というのが「鳥小屋モデル」の方向であった。「偽なる思いなし」が問題になるのは,学習して保持している場面ではなく,学習した知識によって個々の「対象」を「ことば」を用いて認知する場面である。すなわち,算術を習得して人が,表現「5から数えて7番目の数」を用いて対象12とを認知するべき時に,11だと思ってしまう時,「偽なる思いなし」が生じる。その時,知っていながら無知である,という状態に陥るアポリアが生じる

　このような状態に陥る原因は,鳥小屋に所有したものを誤って所持する時,摑んだものが自分が志向していたもの(正答)だと思ってしまう点にある。数の計算をしている過程であれ,最後に答えを出すときであれ,計算している当人は,計算の答えが「わかった」と思う。これは,自分が習得し記憶している知識を用いた結果を自分で手にした,という直接性に起因する確信である。それゆえ,〈自分(当人)の思いなしの文脈〉において,答えは正しいと思ってしまう。このような「わかった」という確信は,それが正答であれ誤答であれ,知識の所持には常に伴う。すなわち,5に7を加える計算をして11だと思った時も,計算した当人には「わかった」という確信が伴う。しかしこれが誤答であると指摘されて,計算をやり直し今度は12だと思った時,その時にも「わかった」という確信をもつ。このように,算術を実践する認識主体においては,〈自分(当人)の思いなしの文脈〉において考察する以上,自分が習得した知識をルールどおり

に適用したと思う際には，正答にも誤答にも「わかった」という確信が伴う。それゆえ，認識主体の確信を根拠にそれを正答だとすることはできないのである。

「印形モデル」も「鳥小屋モデル」も，認識主体が〈自分（当人）の思いなしの文脈〉で「わかった」と思う，そのメカニズムを説明している。「印形モデル」では，真なる思いなしも，偽なる思いなしも，記憶されている印形に感覚対象が合致した時に，認識主体は「わかった」と思う。例えば，「向こうから歩いてくる人（テオドロス）はテアイテトスである」と思いなす場合も，「向こうから歩いてくる人は誰だろう」という問いに対してテアイテトスだと「わかった」，と思った時に偽なる思いなしが成立している。「鳥小屋モデル」においても，問題の正答を得ようとして，所有した知識を所持する時「わかった」と思う。

この「わかった」という確信とは何か。これは「思いなし」をもつ当人が〈自分（当人）の思いなしの文脈〉でのみ経験する確信であり，われわれが「ことば」を用いて「対象」を認識する原初的な場面で生じる。われわれは，「わかった」というこの確信をもって，世界を言語化し分析する。われわれが，「私」という視点から世界と向き合う時，その世界が開示する姿は〈自分（当人）の思いなしの文脈〉における「ことば」を用いた「対象」の認知である。もちろん，「ことば」と「対象」の対応関係を習得していないと，対象の認知は成り立たない。第五議論で明らかにされた問題は，その習得が十分だとわれわれの社会で認められている状態であっても，〈自分（当人）の思いなしの文脈〉から対象をとらえる限りにおいて，「わかった」という当人の確信は疑わしい場合があるという点である。

このような探求の方向は，『テアイテトス』の第一部から第二部へ至る議論の道筋と深く関わっている。「知識」の定義の探求は，〈自分（当人）の思いなしの文脈〉から「対象」へ至るアプローチである。第一部では，知識が感覚であるとする定義は，プロタゴラスの「人間尺度説」に基礎付けられる。プロタゴラスによれば，各人が対象と出会う場面，すなわち感覚したり思いなしたりする場面で，各人がその判断基準（尺度）であり，他人はその判断を訂正できないとする。これは，〈自分（当人）の思いなしの文脈〉で成立する各人の判断をそのまま真だと認めるものであり，まさに「わかった」という当人の確信のみが判断基準になる。その意味で偽

はない。しかし第二部に至り，思いなしの真と偽両方を認めることを合意した結果，「わかった」という〈自分（当人）の思いなしの文脈〉での確信によって知識を基礎付けられないことが，明らかになるのである。

それゆえ「偽なる思いなし」を避けるためには，各人が「ことば」を用いて「対象」を認知しようとする時，「わかった」という〈当人の思いなしの文脈〉での確信に依拠してはならない。そして，認知を誤ることがないという別の根拠が必要になる。『テアイテトス』第三部では，「知識とは『ロゴス』を伴った真なる思いなし」という知識の定義が提示され，「ロゴス」とは何かが問題になる。「ロゴス」は最終的に，対象を唯一特定する記述だと言われる。第三部においても，認識主体が「ことば」を用いて「対象」を認知する場面が問題にされており，知識の体系そのものについてプラトンは論じていない。プラトンは「鳥小屋モデル」以降も，「偽なる思いなし」を体系としての知識の所有という局面ではなく，知識の所持という局面において考察することを通して，〈自分（当人）の思いなしの文脈〉から対象の認知の成立を解明しようとしている。「知識」の定義の探求は，〈自分（当人）の思いなしの文脈〉から「対象の認知」へ至るアプローチである，と論者は考える。

第三部

〈ロ ゴ ス〉

『テアイテトス』は哲学史上，はじめて知識の定義の循環を指摘した書物として有名である。しかし，定義の循環という形式的な問題を指摘しているのは第三部末尾の議論の中でもほんの数行であり，第三部の数十分の一である。第三部は分量が最も少なく第一部の4分の1弱であることからしても，『テアイテトス』のごく一部のみが全体から切り離されて，解釈されたことがわかる。

　第三部では，「知識はロゴスを伴った真なる思いなしである」という定義の成否が検討されるが，定義の成否というよりもむしろ，「ロゴス」をどのように規定すべきか，ということが中心に論じられる。それは，第二部の「知識は真なる思いなしである」という定義の付加条件として「ロゴスの把握」を加えた，という経緯からすると当然の筋立てである。第二部がアポリアで終わったにもかかわらず，第二部の定義を修正する仕方で探求を続けるプラトンの態度から，プラトンが「真なる思いなし」が知識の必要条件であると考えていたといえる。

　第一部，第二部の分析の結果，プラトンは〈自分（当人）の思いなしの文脈〉において「あるもの」として存在措定した対象を把握することが，「われわれの言語」を支える根本了解である，という一つの筋道に沿って議論を進めていた。第二部のアポリアとは，われわれが〈自分の思いなしの文脈〉に立って対象を認知する際に，その誤りを当人がわからない，という点であった。第三部では，〈自分（当人）の思いなしの文脈〉から独立に対象を同定する仕方を模索する。最終的な「ロゴス」解釈は，対象の差別性のロゴス，すなわち，対象を唯一特定する記述を追加把握すること，であった。それによって，対象の認知を誤ることがないという保証が得られるからである。

　この「ロゴス」はいわゆる「確定記述」ではない。時と場所を特定する「確定記述」であれば，対象の特定は比較的簡単である。しかしプラトンが求めているのは，第一部第二部で考察の中心に置かれた「対象把握」の確実性を保証するような記述である。つまり，ある時，ある場所で対象を特定できる「確定記述」ではなく，常にどこでも対象を特定できるロゴスである。これは定義に近い。プラトンは第一部の感覚の問題，そして第二部における対象認知の問題を引き受けて，第三部へと論を進めているので，プラトンは個人について差別性のロゴスを求める。個体の定義を求める試

みは，無謀のそしりを受ける。しかし「対象把握」という対象の認識形態からすると，第五章で述べたとおり，いわゆるアリストテレス流の個体と属性の区別はない。個々の対象を「ことば」で捉える前提となる「対象把握」という図式で，対象の認知をとらえている。第三部末尾の議論については，当該の議論のみから，あるいは第三部のみからプラトンの意図を読み解くことはできない。『テアイテトス』全体のプラトンの構想の中に適切に位置づけたときに，プラトンが知識の定義が孕む問題をどのように捉えていたのか，プラトンの視座から捉えることができるのである。

　第三部には，後期の分割法の萌芽となる様々な要因が含まれている，極めて豊かな箇所である。本章では第一部第二部の議論を総括する末尾の一議論を取り上げ，『テアイテトス』全体の筋から第三部を論じる方法を取る。

第七章

アポリアの解明 (208c6-210b3)

プラトンは『テアイテトス』の第三部で，「知識（$\epsilon\pi\iota\sigma\tau\acute{\eta}\mu\eta$）はロゴスを伴う真なる思い（$\delta\acute{o}\xi\alpha$）である。(202c8-9)」という知識の定義の成否を検討するが，第三部末尾（208c6-210b3）でアポリアに直面し，知識の定義の探求を断念している。本章は，第三部末尾の議論を分析し，そこに示された「対象認識の構図」を明らかにすることを通して，アポリアの意味を考察する試みである。

I　問題の所在

この箇所は，『テアイテトス』の中でも難解な箇所の一つである。この箇所をプラトンの知識論の中でどう位置づけ，どう評価するかについては，研究者の解釈は一様ではない[1]。現代，研究者の幾人かはかなり思い切った解釈を展開している。例えばファインは，最終的な探求の破綻を否定的な結末とせずに，プラトンのいう知識の特徴が提示されたと考える[2]。しかし知識の定義の探求が破綻することはテキスト上明らかであるので，全

---

1) Cf. F. M, Cornford, *Plato's Theory of Knowledge*, London, 1935, pp. 15-163, esp. pp. 154, 161-163; J. McDowell, Plato: *Theaetetus*, Oxford, 1973, esp. pp. 257-259; M. F. Burnyeat, *The Theaetetus of Plato* (with a translation by M. J. Levett), Cambridge, 1990, pp. 234-241; D. Bostock, *Plato's Theaetetus*, Oxford, 1988. pp. 268-279., etc.

2) Cf. G. J. Fine, "Knowledge and Logos in the *Theaetetus*", *Philosophical Review* 88 (1979b), pp. 366-397., esp. pp. 393-397.

面的に彼女に同調する人はさすがにいない[3]。しかし『テアイテトス』研究の権威であるバーニエットも，プラトン後期の動向を根拠に，ファインの解釈を限定つきで支持し[4]，テキストから距離をおいて定義の破綻を深刻に受け止めない傾向がある。またボストークは，彼は現代の指示理論の成果をも視野に入れてこの箇所を分析するが，プラトンの指示理論そのものが部分的に誤っていると主張する[5]。プラトンの議論を疑問視する動きは，『テアイテトス』の中でもこの箇所に特に顕著である。それは，この箇所が近年英米の言語哲学で問題にするようなトピックを扱っていることに起因する。その結果，この数十年，英米の研究者の間では，現代の哲学の成果からこの箇所を評価する態度がとられてきた。例えば，「記述による対象の同定」が問題になっているとし，ラッセル，ヴィトゲンシュタイン，オースティン，クリプキらの説との比較が行われている[6]。さらに，最後のアポリアが，現代問題にされる「知識の定義の循環」と形式的に似ているので，『テアイテトス』においても，論理的欠陥のみが提示されたと理解されている[7]。このように，アポリアを形式的に理解し，定義の破綻を深刻に受け止めない態度が容認される傾向が近年強まっている。

　われわれは，このような態度を反省する時期にきていると思う。この箇所はプラトンの概念図式の中で理解されるべきであり，現代の哲学研究と安易に対比するべきではない。論者のみる限り，「記述による対象の同定」についても，プラトンは現代的な手法と異なる独特の枠組みで問題を捉えている。また，最後のアポリアは，単なる論理形式上の欠陥ではなく，定義の探求方法そのものの破綻を示す深刻なものである。論者がこのように考える根拠は，ただテキストにある。

---

3) Cf. Bostock, op. cit., pp. 245-250.
4) Cf. M. F. Burnyeat, op. cit., pp. 228, 233-234; M. F. Burnyeat, "The Simple and the Complex", The Princeton Conference on Plato's Philosophy of Language, 1970 (Burnyeat, "The Material and Sourcess of Plato's Dream", *Phronesis*, 15, 1970, pp. 101-122 に一部掲載)
5) Cf. Bostock, op. cit., pp. 232-236.
6) Cf. Bostock, op. cit., pp. 232, 275-277; McDowell, op. cit. p. 256; M. F. Burnyeat, op. cit., pp. 222-223.
7) Cf. Bostock, op. cit., pp. 238-240.,『テアイテトス』における知識の定義と現代流の知識の定義と相違点については以下を参照されたい。cf. Fine, op. cit., pp. 366-368, 388-397; McDowell, op. cit., pp. 255-257; Bostock, op. cit., pp. 238-241, 274-279.

II 議論構成

まず，問題の箇所が置かれている位置を確認する。第三部では「知識はロゴスを伴う真なる思いである。(202c8-9)」という知識の定義が検討されるが，この定義は第三部冒頭の「夢理論」の中で，次のように説明されている (202b8-c5)。

K （a）xについて真なる思いを持っており（b）「ロゴス」を把握している場合（そしてその場合にのみ）（c）xを知っている

われわれは，『テアイテトス』第二部末尾で，知識を「真なる思いなし」と定義することに困難が生じた時に，知識を「真なる思いなし＋ロゴスの把握」とする可能性を探る方向で，第三部の議論が開始されていることを心に留めなければならない。つまり，第二部での考察を白紙撤回するのではなく，第二部で検討された知識の定義に条件を付加するという仕方で，探究が進められたのである。ここには「真なる思いなしを持っている人が，ロゴスを把握することによって，知るようになる」というモデルがある。つまり，「思いなす」から「知っている」への移行が可能だと考えられているのである。われわれは，これを「B－Kモデル」と呼ぶことにする。この知識の定義は「B－Kモデル」と表裏一体である以上，「B－Kモデル」は第三部全体，一貫して保持されているとみてよい。

第三部前半（201c7-206c9）では，この定義を導いた「夢理論」が検討される。そして後半（206d1-210b3）では，この定義に含まれている「ロゴス」をどのように解釈すればよいかが議論され，三通りのロゴス解釈が検討される。ロゴスの第一解釈（206d1-e3），第二解釈（206e4-208b10）が退けられた後，ロゴスの第三解釈も退けられ，知識の定義の探求は破綻してしまう。われわれが問題にするのは，ロゴスの第三解釈を検討する箇所である。この箇所は，1 ロゴス解釈の提示，2 ロゴス解釈の定義への適用，3 定義の検討という三部分から構成される。以下，議論展開を追って考察することにする。

§1　ロゴス解釈の提示（208c6-d4）

ソクラテスは，多くの人々が主張している次のような説を提示する。

> 「問われている当のものが，すべてのものから区別されるしるしを言うことができることこそ，ロゴスを持っていることにあたる（208c7-8）。」

この説は，「ロゴス」とは「問われている当のものが，すべてのものから区別されるしるし」だとするロゴス解釈Lをとっている。ソクラテスはテアイテトスに促され，Lの具体例を挙げる。「大地のまわりを回る天体の中でもっとも明るいもの（208d2-3）」というのが太陽のロゴスである。ソクラテスはこのロゴス解釈を明確にするために，次のように整理する。

① 個々のものが他のすべてのものから区別されるしるしとなる「当のものの差別性（$\delta\iota\alpha\phi o\rho\acute{\alpha}$）」を把握する場合は，（当のものの）ロゴスを把握することになる（208d5-7）。

② 「何か共通の事柄（$\kappa o\iota\nu o\hat{\upsilon}\ \tau\iota\nu o\varsigma$）」に触れている場合，その共通性を持っているものどもに関するロゴスを持っていることになる（208d7-9）。

①と②は，次のように理解することができる。対象 x，y，z……が存在するとし，F，Gは対象に適用される記述とする。

① Fがxのみに適用可能だとすれば，Fはxを他の対象（y, z……）から区別する差別性になる。それゆえFはx固有のロゴスになる。太陽の例を当てはめてみると，xは太陽，Fは「大地のまわりを回る天体の中でもっとも明るいもの」である。Fはxのみに適用でき，F以外のどんな対象にも適用できない。それゆえ，Fはxのロゴスである。

② Gはxにもyにも適用可能だとすれば，Gはxとy共通のロゴスである。例えば，xをテアイテトスyをソクラテスとし，Gを「獅子鼻である」とする。テアイテトスが獅子鼻であることは事実であり，それゆえ，Gはxに適用することができる。他方，ソクラテスもまた獅子鼻である。

それゆえ，GはYにも適用することができる。したがって「獅子鼻である」は，テアイテトスとソクラテス共通の記述であり，テアイテトス固有の記述，つまりテアイテトスのロゴスとは言えないのである。

テキストでは，個々の対象に固有の記述（①）のみならず，複数の対象が共有する記述（②）も「ロゴス」と表現されている。しかし，①の「ロゴス」は「xのロゴス」と表現されるが，②の「ロゴス」は，複数の対象について適用されるため「xのロゴス」とは表現されない。②の「ロゴス」は，唯一の対象の差別性を記述していないので，「共通性を持つ諸対象『に関する（περί）』ロゴス」といわれ，表現上①と区別されている。以後，便宜上①の「ロゴス」を「固有のロゴス」，②の「ロゴス」を「共通のロゴス」と呼び，区別することにする。

最初に導入されたロゴス解釈Lでは，「ロゴス」は唯一の対象を他のすべての対象から区別する記述なので，「共通のロゴス」ではなく「固有のロゴス」である。「固有のロゴス」と「共通のロゴス」とは，記述が何に適用できるか，つまり記述がどの対象について真であるか，によって区別される。xの「固有のロゴス」は，xのみについて真である記述である。yについてもzについても真であるなら，それはxの「固有のロゴス」ではない。したがって，ある特定の記述が「固有のロゴス」であるかどうかは，その記述と対象との関係によって，いわば自動的に決定されるといえる。つまり，対象のあり方と記述内容の二項関係から，記述が対象を唯一特定しているかどうか，当の対象についてのみその記述が真であるかどうかは判定されるのである。ここでは，対象を唯一特定するのは「記述」なのである。

§2 ロゴス解釈の定義への適用（208e3-6）

テアイテトスの承認（208e1-2）を受けて，ソクラテスはロゴス解釈Lを第三定義へと適用する。プラトンはまず，差別性のロゴスの把握によって，xの認識が「思いなし」から「知識」へと移行することを確認する。つまり「B－Kモデル」を確認するのである。

> 「xについて『真なる思いなし』とともに，他の対象との差別性（固有のロゴス）を加えて把握する人は誰であれ，xを知っている者とな

るだろう。以前はxを思いなす者であったのに（208e3-5）。」

　実は，ロゴス解釈Lと第三定義とは問題の構図は異なっている。先に確認した通り，1では，記述がどんな対象を特定するか，という観点から，「記述」と「対象」という二項関係が問題になっていた。しかし2では，「人」が「記述」を用いて対象をどう捉えているか，認識論的にどういう状態であるかが問題になっている。つまり「対象」を「真なる思いなし」において捉えた人は，対象を「思いなしている」のであるが，さらに「固有のロゴス」を把握することにより対象を「知っている」ことになるのである（B－Kモデル）。したがって，「記述」が「対象」を特定するというロゴス解釈Lの構図は，ここで「人」が「記述」を用いて「対象」を認識するという構図へと重ね合わされる。しかし結論を先取りして言えば，この重ね合わせは失敗に終わり，B－Kモデルがロゴス解釈Lを許容できないことが，探究の破綻と深くかかわっている。ソクラテスが探究の結末に不安を抱く発言をしているのは，このことを暗示しているのである（208e7-10）。

§3　検討（209a1-210b3）

① 知識の定義への適用例（209a1-4）

ソクラテスがテアイテトスを思いなす，という場合を例に挙げ，テアイテトスを「知っている」場合と「思いなしている」場合とを，ソクラテスは次のように区別する。

 Ks　（a）私（ソクラテス）が君（テアイテトス）について「真なる思いなし」を持っておりかつ（b）君のロゴスを把握している場合，（c）君を知っている。

 Bs　（a）私（ソクラテス）が君（テアイテトス）について「真なる思いなし」を持っておりかつ（b'）君のロゴスを把握していない場合（c'）君を思いなしているのみである。

　KsとBsを比較すると，（a）は共通であるが，（b'）が（b）の否定になっているがために，（c）と（c'）の相違が生じていることがわかる。

（c'）は（a）の繰り返しのようにも見える。しかし，第二部において考察された「真なる思いなし」は，同一性命題であれ述定文であれ，「である（$εἶναι$）」を含む命題構造をとっていた。思いなしは命題で表現され，（c'）のように，対象（テアイテトス）ではなかった。

この箇所では，「思いなし」について二つの語法が用いられている。一つは，「x について（$περί$）真なる思いなしを持つ（$ὀρθὴν\ δόξαν\ ἔχειν$）」「x について真なることを思いなす（$ὀρθὰ\ δοξάζειν$）」と表現されている語法で（209a1-2, 209c9-10, cf. 208e3），（a）はこれにあたる。この場合，思いなしの内容は命題で表現される。もう一つは「x を思いなす（$σε\ δοξάζειν$）」「x を考える（$με\ διανοεῖσθαι$）」と表現されている語法である（209a3, 209b3, 209c2-3）。（c'）がこれにあたる。後者の場合，思いなされるのは「対象」であり，プラトンの例示によればテアイテトスやソクラテスなど人物である。「x を思いなす」というギリシャ語の直訳は日本語として適切でないが，語法の対比を明確にするために直訳を採用する。意味内容から考えると，「x を思考上捉えている」[8]「x を念頭に置いている」「x を思いの中で捉えている」とした方が適切である。この点については②で詳しく説明する。

② 共通な事柄の思考（209a5-b1）

次にプラトンは，（c'）「x を思いなしている」を問題にする。テアイテトスのロゴスとは，テアイテトス固有のロゴスである以上，テアイテトスとテアイテトス以外のすべてのものとの差別性の記述である（209a5-6）。テアイテトスを思いなしている場合（c'），ソクラテスはテアイテトス固有のロゴスを把握していないので，ソクラテスはテアイテトスを他のものから区別する事柄の「いずれにも思考上触れていなかった（$τούτων\ οὐδενὸς\ ἡπτόμην\ τῇ\ διανοίᾳ$）」ことになる（209a8）。そこで，ソクラテスは次のように言う。

---

8) 「思考上把握する」「思考上捉える」ということについては，『テアイテトス』第一部（184b4-187a8）でも触れられている。これについては本書第四章 pp. 103-109，および拙論「感覚と思考——プラトン『テアイテトス』184b4-187a8 の構造——」日本西洋古典学会『西洋古典学研究』XLVI, 1998 年, pp. 22-32を参照。

「したがって，『共通の事柄の何か（τῶν κοινῶν τι）』を『私は考えていた（διενοούμην）』のであり，それらの共通な事柄はどれも特に君が持っているというようなものではなく，他の人も同様に持っているものなのである（209a10-11）。」

この一連の表現は，われわれに「共通のロゴス」についての叙述を思い起こさせる。§1②では「共通のロゴス」が次のように説明されていた。「何か共通の事柄（κοινοῦ τινος）に触れている（ἐφάπτῃ）場合，その共通性（κοινότης）を持っているものどもに関するロゴスを持っていることになる（208d7-9）。」

用語が酷似しているのは偶然ではない。この箇所の「共通の事柄の思考」と「共通のロゴスの所持」とは明らかに意図的に重ねられている[9]。つまりプラトンは，「xを知っている」場合（K），所持しているロゴスを「固有のロゴス」とし，「xを思いなしている」場合（B）に所持しているロゴスを「共通のロゴス」とおいたのである。§1でLを「固有のロゴス」と「共通のロゴス」に展開したのは，Lを第三定義に適用するための操作であったことがわかる。

§1で述べた通り，「固有のロゴス」と「共通のロゴス」は，「記述」がどの「対象」に適用されるか，という点において区別された。この区別は，「記述」と「対象」の二項関係によって決定される。そして今，この区別にそのまま「知っている」と「思いなしている」の区別が重ねられた。対象の「固有のロゴス」を所持している人は，対象を「知っている」のであり，対象の「共通のロゴス」を所持している人は，対象を「思いなしている」のである。

先に指摘した通り，§1では「記述」と「対象」という二項関係が問われていたが，§2では「人」が「対象」を認識するという文脈に移行している。その際「人」が保持している「記述」の差異が，「知っている」と「思いなしている」との差異の根拠になっている。ここで対象を特定して

---

9) この対応関係を考えないとすると，「共通の事柄」という表現はいかにも唐突である。ところが，この箇所は通常何の説明もないまま，「真なる思いなしを持つ」ことの事例として簡単に処理されている。Cf. Bostock, op. cit., pp. 225-226., etc.

いるのは「固有のロゴス」, つまり「記述」であり,「人」は「記述」の単なる所持者に過ぎない。「記述」が「対象」を特定する, という二項関係の構図は少しも変わらないまま, その構図の中に, 記述の所持者として「人」が位置づけられたに過ぎないのである。しかし, 対象を認識するのは,「記述」ではなく「人」である。「人」を単なる記述の保持者とする時, 各人が〈自分（当人）の思いなしの文脈〉で対象を捉える, という対象認知の原初的な場面が欠落してしまうのである。

③　Bの成立（209b2-d3）

（イ）「共通のロゴス」と「xを思いなす」との関係（209b2-c4）

xを唯一特定する「固有のロゴス」ではなく, x以外の人にも適用される「共通のロゴス」を所持している場合, 人はxの差別性ではなく, xとx以外の対象と共通の事柄に思考上触れている。しかし,「共通のロゴス」はxを特定できない。したがって,「共通のロゴス」を頭の中でいくら思いめぐらせても, それだけではxを特定することができないはずである。プラトンはこのことを, 次の例を用いて説明する。

> 例1　私が, テアイテトスとは「人間であり, 鼻と目と口とを持ち……というように肢体の各々を一つ一つ持っているような男」だ, と考えているとする（209b3-6）。この場合「人間であり, 鼻と目と口とを持ち……というように肢体の各々を一つ一つ持っているような男」という思考それ自体は, 私に, テオドロスやミュシア人の端くれといった者よりもテアイテトスを考えさせることはない（209b6-9）。

> 例2　もし, さらに[10], 私がテアイテトスを「鼻や目をもっている男」

10）多くの研究者は, この議論構成を読み取れず, 次の段階へと議論を進める接続詞（ἀλλά, 209c4）を事実上無視し, テキストから離れてこの箇所の説明を試みている。Cf. F. M, Cornford, op. cit., p. 160, 162; J. McDowell, op. cit., p. 107, 226; K. M. Sayre, p. 136; M. F. Burnyeat, op. cit., p. 349. 前掲のレベットの訳は不適切だが, バーニエットは注釈で, 接続詞の訳に関しては唯一正しい解釈をしている。しかし彼は, これを知覚が再現において不可欠であることを強調するための論法だと考えている。この点には賛成できない。Cf. ibid., p. 226.

と考えるのみではなく, テアイテトスを「獅子鼻と出目を持っている男」と考えているとしても, 私は, 私自身やこの記述を満たす人々よりもテアイテトスを「思いなしている」とは言えない (209b10-c4)。

いずれの例においてもソクラテスは, テアイテトスに「共通のロゴス」を適用している。そして, ソクラテスの思いの中に含まれている「共通のロゴス」は, 例1においても例2においても, テアイテトスを唯一特定しないのである。この箇所で問われていることは,「固有のロゴス」から独立に, どのような仕方で対象を特定して思いなすことが可能であるかであり, この段階で明らかになったのは,「共通のロゴス」を重ねて適用しても, 記述句の意味内容からは対象が特定できない, という点である。

ところで, Bでは (a)「xについて真なる思いなしを持つ」場合, つまり真なる命題Pを思いなしている場合には, (c')「xを思いなす ($\delta o \xi \acute{a} \zeta \varepsilon \iota \nu$)」が成り立つことになっていた。しかし例1, 例2では, Pが真なる命題であるにもかかわらず,「Pを考える ($\delta \iota \alpha \nu o \varepsilon \widehat{\iota} \sigma \theta \alpha \iota$)」が成り立っても,「xを思いなす」は成り立たないのである。この文脈では,「xについてPを思いなす」と「Pを考える」とは明らかに区別されている。つまり,「xについてPを思いなす」場合, 思いなす人は, 思考上xを特定できているが, 他方「Pを考える」場合, 思いなす人は, 思考上xを特定できているかどうかは不明なのである。

そこで「Pを考える」が用いられている箇所 (209b3-6, 209b10-c1) に注目する。考えられている命題Pは二通りの仕方で表現されている。例1では, 文で表現され, Fをxの記述とすると「xとはFを満たすものである」という構造になっている。例2では, 男性対格の分詞句で表現され,「xをFを満たすものと考える」と表現されている。この二つは文法構造が異なるが, 相互に書き換え可能であり, 同義とみることができる。いずれの例も, ソクラテスがテアイテトスを「Fであるもの」として考えている時, ソクラテスが考えている「Fであるもの」という記述句だけから, ソクラテスがテアイテトスを特定できている, とはいえないことが示されている。

いずれも,「テアイテトス」という語がソクラテスの思いなしの中に含まれているが,「テアイテトス」という固有名が, ソクラテスの思いなし

から独立に，対象テアイテトスを指示しているとはみなされない。この箇所の「テアイテトス」という語は，ソクラテスの思いなしの中で，〈ソクラテスの思いなしの文脈〉でのみ用いられている。それゆえ，「テアイテトス」という語をソクラテスが用いても，ソクラテスが念頭に置いている対象が，実際にはテアイテトスではなく，テオドロスである可能性もあるのである。このようにテキストでは，「Ｐを考える」という場合については，記述から独立に対象を特定する可能性は排除されている[11]。しかしこの箇所の「xを思いなす」はそうではない。この箇所では「固有のロゴス」を把握していなくても，人が思いなしの中でxを唯一特定できる時「xを思いなす」といわれている。xを唯一特定する記述を持っていなくても，自分が何を特定して思いなしているかは，〈自分（当人）の思いなしの文脈〉の内側では明らかである。しかし，〈当人の思いなしの文脈〉の外側に立つ第三者には明らかではない。第三者はソクラテスの言語表現を手がかりに，ソクラテスが誰を特定しているかを〈自分（第三者）の思いなしの文脈〉で理解しようとする。ところが，ソクラテスが対象に適用している記述句は，いずれも「共通のロゴス」であり，テアイテトスを唯一特定する「固有のロゴス」ではない。「共通のロゴス」によって対象を特定することはできない以上，〈当人の思いなしの文脈〉の外側に立つ第三者には，ソクラテスが誰を特定しているのかわからないのである。

　しかしわれわれは，通常，誰かが「テアイテトスとは獅子鼻の男である」と言うのを聞いた時，発話している当人が，テアイテトスのことではなくテオドロスのことを思いなしている，とは考えない。その表現だけからテアイテトスを特定することはできないが，テアイテトスについて語っ

---

11) ソクラテスが「共通のロゴス」を用いて，例えば「獅子鼻で出目の男」という記述を用いて，向こうから歩いてくる対象テアイテトスを同定することは可能である。もし，テアイテトスの周囲に獅子鼻で出目の男がいなければ，「獅子鼻で出目の男」という記述は，向こうから歩いてくるテアイテトスを特定することができるだろう。しかしもし，新聞を読んでいて，前方を見ていないならば，獅子鼻で出目の男が周囲にいなくても，向こうから歩いてくるテアイテトスを特定することはできないだろう。記述を用いている人が，その時その状況で対象とどう関わっているかによって，「獅子鼻で出目の男」という記述を用いて対象を特定できるかどうかが決まる。しかしテキストでは，その時のテアイテトスとソクラテスの置かれている状況から離れて，その時の思いなしの内容だけが問題になっている。特定の記述を頭の中で考えている人が，その記述を考えているだけで，特定の対象を念頭に置いているといえるかどうかが問題になっているのである。

ていることは，発話者と聞き手の間で前提されているのである。つまり，「テアイテトスとは獅子鼻の男である」という文中の「テアイテトス」という語は，対象テアイテトスを指していると信じている。もちろん，テアイテトスが獅子鼻であるかどうかについて疑いを持つことはありうる。われわれはその言明の真偽を問うことはあっても，発話者が「テアイテトス」について語っているかどうかは，通常問わないのである。

　しかし諸研究者は，この議論に過誤があると考えている。彼らは「固有のロゴス」を把握していない場合には当の対象を思いなすことはできないとし，「固有のロゴス」を把握していないのに当の対象を思いなすことはできないと考える[12]。しかし，その解釈は的外れである。なぜなら，彼らの解釈はプラトンの議論の前提と矛盾するからである。一連の議論の出発点であるBsでは，「固有のロゴス」を把握していない場合（b'）でも，テアイテトスについて「真なる思いなし」を持っていること（a）は前提されている。そして，テアイテトスについて「真なる思いなし」を持っているならば，当然テアイテトスを特定して思いなしているはずである。もし，ソクラテスがテアイテトスを特定できていないなら，ソクラテスはテアイテトスについて「真なる思いなし」を持っていることにはならない。例えばソクラテスが，テアイテトス以外のある獅子鼻の男をテアイテトスだと思い込み，その男について「テアイテトスは獅子鼻の男だ。」と思った場合，ソクラテスはテアイテトスについて「真なる思いなし」を持ったのではなく，その別の獅子鼻の男について「真なる思いなし」を持ったのである。このように，「xについて思いなしを持つ」という場合，思いの真偽を問う文脈では，xが思考上特定されていることはすでに前提されている。

　もちろん「固有のロゴス」を把握していなくても，対象を直示してどの対象を特定しているのかを示せば，当の対象を思いなすことができる。それゆえ，直示の可能性を排除し，表現の意味内容から対象を特定できるかどうかを考えるべきではない，という意見もある[13]。しかし直示によって

　12）ボストークは，ソクラテスの議論そのものが誤っていると明言する。マクダウェルも議論の正当性に疑念を抱いている。Cf. D. Bostock, *Plato's THEAETETUS*, Oxford, 1988., pp. 225-227.; J. McDowell, *Plato: Theaetetus*, Oxford, 1973., pp. 225-226.
　13）ボストークは，プラトンが直示の文脈を考慮していない点で，プラトンを非難す

II　議論構成

対象を特定することは，公共性を確保するのではなく，〈自分（当人）の思いなしの文脈〉で特定することと変わりはないのである。なぜなら直示は，直示が成立する特定の文脈に身を置いた時にのみ成り立つからである。例えば，テオドロスの視点からテアイテトスを見て「あれがテアイテトスだ」と言う時，テオドロスにとっては〈自分の思いなしの文脈〉から自分が何を特定しているのかは明白である。たまたまテオドロスの対話相手であったソクラテスもそれを見て，テオドロスが何を指示しているのかがわかる。しかしそれは，ソクラテスの視点からテアイテトスを見て，ソクラテスにとっては〈自分の思いなしの文脈〉からテアイテトスを特定しているのである。それゆえテオドロスはソクラテスに，その場に居合わせない第三者にテアイテトスを特定できる材料を与えてはいないのである。つまり各自が，〈自分の思いなしの文脈〉の内側から対象を特定しているに過ぎず，〈当人の思いなしの文脈〉の外側に立って対象を特定しているわけではない。プラトンは，この種の個別的な文脈から独立に，記述句から対象を特定することによって，対象を認知する可能性を模索している。

　ソクラテスは，一連の議論の出発点であるBsにおいて「思いなしている」を用いているが，Bsを検討する際に三箇所（209b3-4, b7, c1），それを「考えている」と言い換えている。いずれも，対象の直示から離れて，記述句のみから対象を特定できるかどうかを検討する箇所である。同様の言い換えがされているのは，『テアイテトス』では第一部と第二部に合わせて五箇所（185a4, 9, 189e2, 4, 8, cf. 187a8）あるが，いずれも直接的な感覚経験から独立に，いわば頭の中だけで吟味探求する文脈である。そして第二部の箇所では，「考えること」は自分が自分を相手に問うたり答えたりする自己問答だ，と規定されている（189e4-190a8）。自己問答とは，いわば自分自身が〈自分の思いなしの文脈〉に依存することなく，それから独立に自己吟味しようとすることに他ならない。ソクラテスは第三部のこの箇所でも，自分が如何にしてテアイテトスを特定したのかを自己吟味す

る。Cf. D. Bostock, op. cit., pp. 226-230. esp. p. 230. バーニエットは逆に，プラトンの議論を救おうと，指示代名詞を読み込み，ソクラテスはテアイテトスを直示することにより同定している，と解釈する。いずれも議論展開からみると的外れである。Cf. M. F. Burnyeat, op. cit., pp. 219-223, esp. p. 222, n. 106. 本章註11も参照されたい。

第七章　アポリアの解明（208c6-210b3）

るために，ソクラテス自身が〈自分の思いなしの文脈〉から離れて，自分がテアイテトスについて持っている考えを検討しているのである。

また Bs では，「思いなしている」の直接目的語は二人称の代名詞「君」であるが，「考えている」内容を表現する文（209b4）および「考えている」の直接目的語（209b7）に限って，「君」という語は使用されていない。「君」という人称代名詞の使用は，出会って問答をするようになった経緯等，個人的な経験を基盤としており，〈自分の思いなしの文脈〉で対象の位置を定めることによりはじめて可能になる。プラトンは，このような〈自分の思いなしの文脈〉という個別的脈絡を排除して議論しているのである。

その時ソクラテスは，自分自身が用いた記述句の意味内容だけを検討する限りにおいて，自分が特定している対象が対話相手テアイテトスではなく，別の獅子鼻の男である可能性を否定できなくなる（209c1-3）。つまり，自分が特定している対象がテアイテトスであることを，第三者に対しても自分自身に対しても，〈自分（当人）の思いなしの文脈〉から離れた記述句の意味内容から証明することはできないのである。しかしここから，ソクラテスが〈自分の思いなしの文脈〉からもテアイテトスを特定できていない，ということは導けない。

諸研究者は，この区別を読み取れないゆえに次のように解釈してしまう。ソクラテスが「共通のロゴス」を適用して考えている以上，ソクラテスが考えている対象が，テアイテトスであるとは限らない。それゆえ，ソクラテスが「テアイテトスを思いなしている」とは言えない，と結論してしまう。しかしテキストはそうなってはいない。ソクラテスが〈自分の思いなしの文脈〉から特定している対象は，確かに対話相手テアイテトスなのであるが，それが確かにテアイテトスであるということを「固有のロゴス」を示して証明することができない。つまり〈自分の思いなしの文脈〉を外してテアイテトスを特定することはできない，と書かれているのである。

（ロ）　テアイテトスについての真なる思いの成立（209c5-11）

そこで，ソクラテスは次のように言う。

「テアイテトスが私の中で思いなされるには，あらかじめ君のその獅子鼻が，私がこれまでに見た他のいかなる獅子鼻からも異なる『ある

種の差別性のしるし（$διάφορόν\ τι$）』を私の脳裏に記憶として印象づけ，固定させておくことがなければならないのであって，いやしくもそれ以前にはありうべからざることであろう。そしてこのことは，君というものがそれから成り立つところの，その他の特徴においても同じなのである（209c5-9）。」

プラトンは「xを思いなす」が成立する前提として，xの特徴が他の対象の特徴から区別された仕方でxの記憶が保持されている必要があるという。「記述」と「対象」という二項のみではなく，「記憶」を問題にするのである。「記憶」とは，その人がそれまでに捉えたその対象の姿，それは〈自分の思いなしの文脈〉に蓄積された対象の情報の総体である。この情報量の違いによって，同一の対象であっても，対象の捉え方は人によって異なるのである。

ここではじめて，〈自分の思いなしの文脈〉が正面から捉えられ，対象を認識する人の思いのあり方が取り上げられる。そして，「記述」が「対象」を指示するという構図は壊れる。「人」は記述の単なる担い手ではなく，思いなす主体である。人の記憶のあり方は，対象の認知に大きくかかわる。ここに至って，各人が〈自分の思いなしの文脈〉から「記述」を用いて対象を認知する構図が整うのである。

ソクラテスは次のように言う。

「君のその獅子鼻は，また明日の出会いにおいても，私に（君を）思い起こさせ，君について真なることを思いなすことをさせるだろう（209c9-10）。」

明日ソクラテスがテアイテトスと出会う時，テアイテトスのその獅子鼻の知覚が契機となって，テアイテトスの記憶は蘇り，ソクラテスはテアイテトスを思い起こす。そして，出会っている対象がテアイテトスであることがわかる。このような仕方で，「テアイテトスを思いなす」ということは成立する。そして，ソクラテスはテアイテトスを念頭において（思いなし），テアイテトスについて真なることを思いなすことができる。つまり「xを思いなす」が成立すれば，xを念頭に置いて，xについてpを思い

なすことができる。pが真なる命題であれば、「xについて、真なる思いなしを持つ」ことができるのである。

この箇所を「人が知覚によって対象を識別し同定する、そして、対象を同定する際に、記憶が関係する」と大まかに解釈する時、プラトンの独自性は見落とされてしまう。プラトンは、「テアイテトスのその獅子鼻が、テアイテトスを思い起こさせる」といっている。「思い起こす」という語が使われているが、これは過去の出来事をなつかしく思い出す、という意味ではない。過去の記憶と現在の状況とを比較対照することではないのである。ここでは、過去の記憶がなければ、現在出会っている対象が何であるかわからない、といわれている。わかりやすい例を挙げるなら、桜吹雪の刺青を見て、北町奉行が金さんであることがわかる、あるいはパンを裂いている姿を見て、エマオの道を共に歩いた男がキリストだとわかる、というのに似ている。過去、何らかの仕方で対象と遭遇した記憶を基盤に、現在の認知が成立する。その時、人は意識的に思い出そうとしているのではない。対象の特徴が想起を引き起こし、対象の同定を可能にするのである[14]。

知覚は想起する端緒でしかなく、対象によって記憶が呼び覚まされる時に同定が成立する。そして重要なことは、同定の基盤となる対象の区別は、知覚される対象の側に置かれているのではなく、記憶の側に置かれていることである。つまり、相互に異なった対象が存在する一方、〈自分の思いなしの文脈〉で相互に区別された対象の記憶がある[15]。そしてそれが知覚という契機によって対応関係をもつというのである。

「xを思いなす」ことが、「固有のロゴス」による対象の同定ではないことは重要である。例えば、ソクラテスとテアイテトス両者を識別する時、その両者の獅子鼻の相違をはじめ、両者を構成している様々の性質の相違が知覚される。そして、相互に区別された両者の記憶が形成される。それが忘れられることなく保持されていれば、テアイテトスと出会った時、そ

---

[14] 「想起説」との関係については、プラトン『メノン』85b8-e8、本書第六章 pp. 165-166 を参照せよ。

[15] この箇所 (209c4-9) が第二部の印形の議論 (190e5-197a7) に対応することが指摘されている。Cf. Lewis Campbell, *The Theaetetus of Plato*, Oxford, 1861. p. 207 n. 22; McDowell, op. cit., p. 255.

のテアイテトスが想起を引き起こし，ソクラテスと取り違えることなくテアイテトスを同定できるのである。しかしそれは，両者の特徴が「固有のロゴス」によって明確に区別されていることを意味しない。幼児は，母親の特徴を「固有のロゴス」によって記述できなくても，母親を同定することはできる。同様に，テアイテトスの獅子鼻とソクラテスの獅子鼻の違いを「固有のロゴス」によって記述できなくても，テアイテトスとソクラテスとを，それぞれを同定することはできるのである。これは，個々の対象と遭遇した個人的な経験によって形成される記憶によって，〈自分の思いなしの文脈〉において，対象を同定しているのである。

　（ハ）　差別性に関する真なる思いなしの成立（209d1-3）

　さて，「xを思いなす」が成立するためには，xとx以外の対象が記憶において区別されていることが不可欠であることが明らかになった。そして今問題にしているのはxを知っている場合（K）ではなく，xを思いなしている場合（B）なので，xの「固有のロゴス」は保持されていない。それゆえ，人が記憶においてxをx以外の対象から区別しているとしても，その区別の指標を「固有のロゴス」で説明することはできない。つまり，xを思いなしている人は，xとx以外の対象との相違を明確に記述できないが，xを一つの固有な対象として了解しているのである。したがって，「固有のロゴス」によってxの差別性を捉えている場合（K）と，「固有のロゴス」によらずに，xの差別性を捉えている場合（B）とがあるのである[16]。

　ところで，「固有のロゴス」によらずに，記憶において〈自分の思いなしの文脈〉で対象を区別する際，この区別は，時には誤まることがある。双子の兄弟を同一人物だと思ったり，ジキルとハイドを別人と思いこむこともある。つまり，対象の差別性に関して「偽なる思いなし」を持つこともあるのである。しかし，この区別が実際の対象の区別に即している場合，差別性に関して「真なる思いなし」を持っていることになる。これは，〈自分（当人）の思いなしの文脈〉における対象の区別が，実際の対象の

---

16) このように解さないと，209d1の「したがって（ἄρα）」を理解することができない。そして，前後の論の組み立てを見失うことになり，安易にプラトンを批判することになる。Cf. Bostock, op. cit., pp. 225-227, 232-236, esp. pp. 226, 235; McDowell, op. cit., pp. 235-236; Fine, op. cit., pp. 390-392.

第七章　アポリアの解明（208c6-210b3）

区別と符合している場合である。ソクラテスは，このような仕方でテアイテトスを他の人から的確に区別し，テアイテトスの特徴を記憶に留めている場合には，明日の再認も可能なのである。ソクラテスは次のように言う。

　「したがって，差別性に関する真なる思いなしもまた，個々の対象についてある（209d1-2）。」と。

④　Kの成立（209d4-210b3）
Bの成立が証明されたので（③），次にプラトンはKの成立について検討する。Kとは，次のようなものであった。

　K（a）xについて「真なる思いなし」を持ち，かつ（b）xの「固有のロゴス」を把握している場合（とその場合にのみ），（c）xを知っている。

　この箇所では，（a）に付加された条件（b）の認識論上の身分が問われる（209d4-6）。プラトンは，第三部一貫して，人が何かを認識する場合，それを「思いなしている」か「知っている」かいずれかだとしている。それゆえ，「固有のロゴス」を把握している場合，（イ）xの差別性を思いなしているのか，それとも（ロ）xの差別性を知っているのか，そのいずれであるのかが問われるのである。
　（イ）　解釈1（209d4-e6）
　「固有のロゴス」を所持することが，xの差別性を思いなすことを意味すると仮定してみる。すると（b）では，（a）の「真なる思いなし」に加えて，「xがx以外の対象とどのような仕方で異なっているか」，つまりxの差別性，を思いなすことになる（209d5-6）。
　しかし（a）が成立しているならば，（c'）「xを思いなす」は成立している。そして③（ハ）で確認した通り，「xを思いなしている」ならば，「xの差別性に関する真なる思いなし」を持っているのである。つまり，（a）が成立するならば，「xの差別性に関する真なる思いなし」をすでに持っていることになる。これに加えて（b）を加えるとどういうことになるか。（a）においてすでに「xの差別性に関する真なる思いなし」を持

っている対象について，(b)においてまた，「xの差別性に関する真なる思いなし」を追加把握することになるのである（209d8-10）。それゆえ，解釈1をとる限り，(b)はそもそも付加条件ではなく，(a)の単なる繰り返しとなってしまう（209d10-e5）。ところが(a)だけでは(c)は成立しない。すると，解釈1をとる限り，(a)(b)の条件が整ったとしても，(c)「xを知っている」は成立しないのである。

したがって，xについて真なる思いなしを持っている人が，xの「ロゴス」を追加把握することによりxを知るようになる，という「B－Kモデル」は，解釈1では成立しなくなる。「B－Kモデル」が第三部の探求全体の根底にあることは，すでに指摘したとおりである。このモデルが成立しないことは，第三部の考察全体の破綻にも通じる。

（ロ）　解釈2　（209e7-210b3）

「固有のロゴス」を把握することは，xについての思いを追加把握するためではなく（209d8-10），xを知るために要請されていた。それゆえ，解釈1はとれない。そこで残された選択肢，解釈2を検討する。すると，xの「固有のロゴス」を所持することは「xの差別性を思いなす」ではなく「xの差別性を知っている」ことになる，つまり「差別性の知識を所持している」ことになるのである。プラトンは解釈2の難点を次のように極めて簡潔に述べる。

「『知っている』ということは，何らかのしかたで『知識を所持すること』になるからだ（209e9-210a1）。」

通常は，ここに「知識の定義の循環」というアポリアが示されていると解釈する。確かに，この一文だけ見れば，そのように形式的に解釈することは容易である。あまりにも簡単な論述に戸惑いを感じ，前後の議論の脈絡との関係を見出せない研究者は多い。その結果，この箇所だけ切り離して，定義の形式的な欠陥のみが示されたと解釈されている。それゆえ，これが定義の根本的な欠陥であるかどうかを疑問視する研究者が現われ[17]，

---

17)　Cf. McDowell, op. cit., pp. 256-257; Bostock, op. cit., pp. 238-240; Burnyeat, op. cit., pp. 228-229.

循環を定義の欠陥と考えない立場も堂々と主張されるようになったのである。われわれは、このアポリアを、これまでの議論の流れから正確に捉え直してみる。

　ここまでの議論の流れを追ってみる。ロゴス解釈Ｌは「記述」が「対象」を特定する、という二項関係の構図で成り立っていた。これを第三定義に適用した時、「記述」が「対象」を特定するという同じ構図の下に、「記述の所持者」と「対象」との二項関係において、対象の知識が問題にされた。しかし、「人が所持している記述」が「対象」を特定していないことが明らかになると、「記述」と「対象」の二項関係の構図は崩れる。そこで、〈自分の思いなしの文脈〉で「人」が「対象」を把握するという構図の下に、人がどのような仕方で対象を同定するかが検討される。

　しかし解釈２では、すでに否定された「記述」と「対象」の二項関係をとらざるをえなくなる。なぜなら、「人」が所持している「固有のロゴス」が「対象」を特定するがゆえに、「対象を知っている」と言われるからである。しかし、人が「記述」によって対象を特定しているのではないことは、３③ですでに明らかである。解釈２はプラトンの議論の方向から外れている。幾人かの研究者は解釈２を肯定的に捉えているが[18]、プラトン自身の立場からすると、解釈２を肯定することはできないはずである。

　それではどういう仕方で、プラトンは解釈２を退けているのか。プラトンは、解釈１と同様、Ｋに立ち返って、「Ｂ－Ｋモデル」が保持できるかどうか検討をする。解釈１では、付加条件（ｂ）が機能しないが故に、「Ｂ－Ｋモデル」が崩れてしまう。これに対して解釈２では、次のような仕方で、条件（ａ）が脱落してしまうことが問題なのである。

　ｘを知ることが、ｘの差別性を知っていることにより成立する、と仮定する。すると、Ｋにおける条件（ａ）が機能しない。（ａ）と関係なく（ｂ）だけで（ｃ）が成立するのである。つまり、「固有のロゴス」を所持している場合とその場合にのみ、ｘを知っていることになる。ｘの差別性を知っている、つまり「ｘの差別性の知識を持っている」、と「ｘを知っている」が同値関係になる。プラトンは、テキスト（209e9-210a1）で、このことをいっているのである。ｘについて真なる思いなしを持っている

18）註３，註５を参照。

人が，xの「ロゴス」を追加把握することにより，xを知るようになる，という「B−Kモデル」そのものが，ここで破綻するのである。

このように，解釈1においても解釈2においても，「B−Kモデル」は破綻する。そして，これらの解釈以外に，とるべき道はない。（a）の付加条件として（b）を想定するという，第二部第三部を貫いている「B−Kモデル」の構想は，ここで完全に崩れるのである。

「B−Kモデル」が崩壊して，プラトンは探求を断念せざるをえなくなる。このアポリアは，プラトンにとっては，定義の循環よりもはるかに深刻である。プラトンは，定義の循環という難問にぶつかったがために探求を断念したのではない。『テアイテトス』における知識の定義の構想全体が破綻を来したために，探求を進めること自体できなくなったのである。

III 考 察

最後に，プラトンの論点を確認し，この議論が，プラトンの思索の中でどのように位置づけられるかを考察する。

プラトンは，人が思いなしている命題を取り出して，その命題を構成している表現の意味から指示対象を考える，という枠組みの指示理論に警鐘を鳴らしている。「記述」が「対象」を特定しているのではない。なぜなら，対象を唯一特定する記述を把握していなくても，人は〈自分（当人）の思いなしの文脈〉でその対象を特定できるからである。「対象」を特定するのは「人」である。個別的な対象の認識は，対象を特定する人の持っている情報や，その人自身の体験等，いわばその人を成立させている記憶全体と深くかかわっている。そして記憶による〈自分（当人）の思いなしの文脈〉での対象の区別が，「対象」の特定の基盤になっている。xと他の対象とを区別するxの記憶を保持しているからこそ，xと出会ったとき，xを思い起こし，出会っている対象がxであることがわかるのである。

対象認知の基盤を記憶に置き，過去に記憶されている事柄を想起することにより，現時点での認識を説明するという発想は，有名な「想起説」にも見られ，特に目新しいものではない[19]。この箇所に独自なのは，記憶による〈自分（当人）の思いなしの文脈〉での対象の区別が，個別的な対象

認知の基盤になっているという点である。しかし、ここに問題があることに、プラトンは気づいている。

　記憶による〈自分の思いなしの文脈〉での対象の区別が、常に実際の対象の区別に即しているとは言えない。これについては『テアイテトス』第二部で問題にしている。そして、この難点を克服するために、「ロゴス」を欠いた区別（真なる思いなし）ではなく、「ロゴス」を伴った区別（固有のロゴスを伴った思いなし）を考え、第三部の考察へと向かったのである。しかし、最後の箇所でアポリアに陥る。「固有のロゴス」の把握が、「真なる思いを持っている」から「知っている」への移行を説明できないのである。

　この結末は、プラトンにとってどういう意味を持っているのか。これは、ソクラテスの問答システム全体にかかわっている。『テアイテトス』の冒頭で、ソクラテスは、テアイテトスが幾何学等、知識の事例を挙げることができるのをみて、テアイテトスが知識を知識以外のものから区別できているとみなし、テアイテトスに知識の定義を問う（146c7-147c6）。xの定義とは、xの「固有のロゴス」に他ならない。テアイテトスも、自分が「固有のロゴス」を言えるように思え、ソクラテスの問答に応じるのである。プラトン初期から『テアイテトス』まで、同じ仕方で「一つの簡潔な定義」を問うソクラテスの問答が開始される。そして、どの対話篇でも定義の試みは失敗に終わっている[20]。しかし『テアイテトス』では、「固有のロゴス」によって対象を区別することにより、対象を認知しているのではないことが明らかになる。そもそも「固有のロゴス」によって対象を区別していないのだから、定義を言えないのはある意味で当然である。『テアイテトス』の結末は、それがソクラテス的探求の方法論的な欠陥に起因することを示唆しているのである。

　『テアイテトス』に続く『ソフィステス』『ポリティコス』では、ソクラテスの問答法は姿を消し、分割法で定義を探求するようになる。そして、ソクラテスは『テアイテトス』以降、対話篇の主役の座を降りるのである。『テアイテトス』を境に定義の方法が大きく変わるのは、『テアイテトス』

---

19) プラトン『メノン』80d5-86c3 および『パイドン』72e1-77a5 を参照。
20) 例えば、プラトン『エウテュプロン』5d7-6e2 および『メノン』71e1-77b1 を参照。

III 考察

のアポリアに起因すると論者は考える。

　しかし『テアイテトス』の所産は，ソクラテス的な探求方法の破綻という否定的な側面ばかりではない。プラトンは，想起という仕方で対象の認知を説明することによって，ソクラテスが〈自分（当人）の思いなしの文脈〉からテアイテトスを特定して思いなしている，という事実を構造分析している。重要なことは，プラトンが〈自分（当人）の思いなしの文脈〉が対象認知の基盤になっていることを明らかにしていることである。プラトンは Bt の検討を通して，「固有のロゴス」を把握していない場合でも，思いなす人が記憶により〈自分（当人）の思いなしの文脈〉において対象を区別して捉えていることを示した。記憶とは各人の経験の総体である。それゆえ，各人の経験の違いによって，〈自分の思いなしの文脈〉における対象認知の仕方は異なっている。同じ対象をある人は「テアイテトス」として認知し，ある人は「エウプロニコスの息子」として認知する（144b8-144d4）。各人はそれぞれ〈自分の思いなしの文脈〉から対象を区別している。それゆえ，どのような仕方で対象を区別しているかを直接知ることができるのは，当人だけである。したがって，記憶における対象の区別は，〈自分の思いなしの文脈〉で捉えられた対象の差別性によって成立しているのである。

　プラトンは以上のような仕方で，「真なる思いなし」が「（固有の）ロゴス」から独立に成立することを示している。われわれは「固有のロゴス」を把握してはじめて，対象を特定できるのではない。記憶において成立している対象の区別によって，「固有のロゴス」を介さずに対象の認知が可能になり，〈自分の思いなしの文脈〉から対象を特定することができる。そして，われわれは対象を思考上特定できてはじめて，その対象を記述することができるのである。ソクラテスはテアイテトスを特定できたゆえに，「獅子鼻の男」と記述できたのである。

　それゆえ，〈自分の思いなしの文脈〉での差別性の把握は，われわれが対象を特定する前提条件であるのみならず，われわれが対象を記述する前提条件にもなっている。そして対象を記述する作業は，「私」にのみ把握されている差別性を，「私」が言語で明確にする作業である。これは，自分が特定している対象は何であるかを問い直す作業であり，自己問答を行う文脈に身を置いた時に可能になる。そのような文脈でのみわれわれは，

対象の「固有のロゴス」，あるいは定義を探求できるのである。おそらくプラトンにとって，哲学とは，このような文脈に身を置いて探求する時にはじまるものであった。もし探求に成功し，対象の差別性を正確に言語化して対象を「固有のロゴス」で記述できるようになれば，〈自分の思いなしの文脈〉から独立に，「固有のロゴス」によって対象を特定することが可能になる。しかし，〈自分の思いなしの文脈〉での差別性の把握がなければ「対象把握」が成立せず，「固有のロゴス」の探求ははじまらないのである。

　プラトンの議論が示しているように，「固有のロゴス」を把握していない場合には，どのような仕方で当の対象を特定しているかは〈自分の思いなしの文脈〉からしか知られない。つまり対象の認知は，〈自分の思いなしの文脈〉を外して語ることができないのであり，対象の区別を言語で正確に規定する作業は，〈自分（当人）の思いなしの文脈〉での「対象把握」を前提にして成立しているのである。それゆえ第三者の視点からのみ言語と対象とを関係づける試みは，言語の使用を根源的に成り立たせている〈自分（当人）の思いなしの文脈〉を排除することになり，その結果，プラトンが示した通り，対象を認知するプリミティブな場面を削り取ってしまうのである。現代，英米の言語哲学は，対象の指示について，サールのように表現を確定記述句に書き換えて第三者の視点から対象を特定しようとする路線と，クリプキのように知覚の因果説を前提して直接対象を特定する路線とが拮抗している。しかしいずれも〈自分（当人）の思いなしの文脈〉を外して，言語あるいは意味の側と対象の側との関係を論じている点では共通の立場に立っているといえる[21]。

　プラトンは『テアイテトス』において，われわれが〈自分の思いなしの文脈〉から対象を特定して思いなす際に把握している差別性を析出し，そこにおいて成立している「対象把握」が対象認知の基盤であることを明らかにしている。プラトンはその際，〈自分の思いなしの文脈〉を外さずに対象と言語とを関係づける独自の方法をとっている。プラトンの視座に身を置いた時，われわれの言語使用のみならず，哲学的探求においても根源

---

21) ボストークも同様の指摘をしている。ただしそれは彼自身の見解であって，彼のプラトン解釈とは無関係である。Cf. D. Bostock, op. cit., pp. 227-232.

III 考察

的な「私の思いなし」が鮮明になる。

続く後期の『ソフィステス』以後,「B－Kモデル」は外される。そして,『ソフィステス』では,初期から『テアイテトス』まで,ソクラテスが求めてきた「一つの簡潔な定義」は姿を消し,あらゆる段階の分割に言及した長い定義が,幾通りも登場することになる[22]。『ソフィステス』の冒頭でエレアの客人は次のように言う (218c1-5)。

「今,ソフィストについて私と君が共に持っているのは,名だけであって,その名で名指している当の事柄については,おそらくめいめいが個人的に自分たちで了解しているのである。しかし,常にあらゆることについて,ロゴスを離れて,名前についてのみ同意するべきではなく,ロゴスを通して,事柄そのものについて同意しなければならない。」

ここでプラトンは,まさに〈自分の思いなしの文脈〉において「めいめいが個人的に自分たちで了解」している事実から出発している。そして分割法による定義は,各人が〈自分(当人)の思いなしの文脈〉において捉えられている対象の区別を「ロゴス」により明らかにするという仕方で,定義が行われる。これは,初期同様,各人が〈自分(当人)の思いなしの文脈〉で,それぞれ自分たちで了解している「対象把握」を第三者の視点から吟味検討し,名前の一致のみではなく,ロゴスを通して明らかにしていこうとする営みである。ただそのロゴスは,初期のような,対話相手が知っているはずの「一つの簡潔な定義」ではない。簡潔な「固有のロゴス」の探求は姿を消している。それに代わり,「動」「静」等概念の同一性や差異性,相互関係を対話相手と確認する作業へと移行する[23]。すなわち,各人が〈自分(当人)の思いなしの文脈〉でどのような仕方で対象を区別しているかを確認し,そこで相互に一致している対象の区別をことばにしたのが「ロゴス」なのである。それは『テアイテトス』第二部での思いな

---

22) プラトン『ソフィステス』221c6-223b7, 223c1-224d3, 224d4-e5, 224e6-226a5, 226b1-231b8, 235a10-236d4 を参照。

23) 例えば,プラトン『ソフィステス』250a8-253c5 を参照。

しにおける「色」「音」「硬さ」と「柔らかさ」「正」「不正」との差異性や反対性を相互に確認する営みと質を同じくする。そして「色」「音」等々を「あるもの」と認めることは、第一部での「何ものもそれ自体一であるものはない」という立場に対する入念な批判に裏打ちされている。

　第一部でプラトンは、プロタゴラスの相対主義を反駁する立場をとり、各人が〈自分（当人）の思いなしの文脈〉において判断していることを理由に、そこからすべての「ある」を相対的な「ある」と読み替える立場を痛烈に批判した。すなわち、各人がそれぞれに閉じた相対的な世界で、自分にしか理解できない言語（相対的な「ある」）を用いているのではなく、各人が〈自分の思いなしの文脈〉において用いている言語が相互に了解可能な言語（限定抜きの「ある」）として使用されていることを示すのである。第二部以降『ソフィステス』に至るプラトンの思考の路線は、〈自分（当人）の思いなしの文脈〉の中で成立している「対象把握」において如何に公共性を確保するか、であった。それは公共的な言語の使用を足がかりとして、「私だけの思いなし」から「われわれの思いなし」へと拓ける道であり、各人が〈自分（当人）の思いなしの文脈〉を基盤に相互にコンセンサスをとる方法であった、と論者は考える。この方法は、後期『ソフィステス』『ポリティコス』で継承される。『ソフィステス』では、類の区別を明確にできることが「知っている」こととされ、それは哲学者の問答によって可能とされる[24]。

　『テアイテトス』は、プラトンの中期から後期への転換点に位置する。プラトン後期の思索は、『テアイテトス』がもたらした所産なのである。

24）プラトン『ソフィステス』253b9-e6 を参照。

終　章

『テアイテトス』は難解な対話編である。議論構成が複雑で，どの定義も失敗し否定的な結末を迎える。それゆえ部分的に解釈されることが多く，各部はそれぞれ独立に扱われていた。しかし『テアイテトス』は各部とも有機的な連関があり，第一部から第三部に至る探究には一貫性がある。それゆえ各部を切り取って議論することは，『テアイテトス』におけるプラトンの視座を見失い，読者の立場から一方的に『テアイテトス』を評価する危険を伴うだろう。『テアイテトス』全体を丹念に読み解くことにより，われわれはプラトンの思索の筋を読み取ることができる。

　われわれは本章で，まず，各章の考察を手がかりに『テアイテトス』の議論展開全体が示すプラトンの思索の筋を概略的に示す。次にこの筋に従って各部に関する論者の見解を展開する。そしてプラトンの思想史上重要な課題となっているイデア論との関係について言及し，最後に『テアイテトス』における所産を考察することにする。

§1　「知識」と「ことば」

われわれは，「感覚」「思いなし」「ロゴス」を端緒として世界のあり方にふれ，そこで認識している事柄については「知っている」という。その時われわれは「ことば」を用いて世界を分節化して記述する。プラトンは『テアイテトス』において，「ことば」がどこで成立するか，という問題を見据えている。その典型的な「ことば」は「ある」である。世界がどのようなあり方をしているのか，目の前にしている対象が何であるのか，その対象はかつて自分が遭遇した対象と同じであるか否か，等々，「ある」は

「私」が世界をどのように了解しているのかを記述する。第一部でプラトンは，世界は相対的流動的であるがゆえに，世界は「ある」とは言えないとする立場に立つ知識論を退け，知識は受動的な感覚ではなく，思いなしのうちにあるという。それは「われわれの言語」を成立させている「ある」の基盤が，受動的な感覚にではなく，〈自分（当人）の思いなしの文脈〉における「対象把握」に依拠しているからである。その際，われわれは「ある」と認められる対象を，〈自分（当人）の思いなしの文脈〉において蓄積されている個別の記憶を基に，一つの他とは異なった対象として措定し，そのような対象を「知っている」という。われわれの会話においては，対象について「知っている」ことが，それについて語り合うための前提条件である。しかし当人が本当に「知っている」と言えるかどうか，対象間の同一性や差異性について誤りはないか，その都度検証されることはない。通常は，当人の「知っている」という証言は，〈当人の思いなしの文脈〉において相互承認されている。

　しかし対象認知の場面で，同一性判断を誤る場合があり，〈自分（当人）の思いなしの文脈〉で判断の確実性に疑念が生じる。すなわち，「対象把握」ができており，対象の認知が可能な状態である人が，個別の認知の場面で「当の対象が何か」を考え，「当の対象がわかった」と思って同定を誤る場合がある。この場合，当人は自分が持っている知識を使用したゆえに「わかった」と思っているが，実は間違っている。ここに，〈自分（当人）の思いなしの文脈〉において，「私」一人が考察していることそれ自体が内含する問題が露呈する。この問題は認知を誤る場合に顕在化するが，実は認知を誤らない場合にも可能性として内在している。〈自分（当人）の思いなしの文脈〉においてわれわれが「知っている」と相互承認しているのは，実は「知っている」ではなく「知っていると思っている」に過ぎないかもしれない。それゆえ「知っている」と言えるためには，〈自分（当人）の思いなしの文脈〉に依拠しない仕方で，ある種の公共性が確保されなければならない。第三部でプラトンは「真なる思いなし」に加えて，対象固有の「ロゴス」を把握することによってそれを証明しようとする。

§2 感　覚

　この『テアイテトス』の筋立てにおいて，第一部は極めて重要である。第一部において，プラトンは「ある」という「ことば」の成立を解明するために，まず，「ある」を相対的な意味で用いたり，また感覚の流動性を根拠に「ある」の使用を否定する立場を退ける。「人間尺度説」と「運動生成説」とを導入したのはそのためである。「第一定義」は「人間尺度説」から導出され，「人間尺度説」と「運動生成説」は，パルメニデスに対峙して「それ自体一である」ものを認めない，という立場に立つことが確認される。プラトンは，第一部前半で「『それ自体一である』否定説」に与するという点において反パルメニデスという立場を一括し，「第一定義」「人間尺度説」「運動生成説」三者がその点で立場を同じくすることを論証する。すなわち，「それ自体一である」という「ことば」の使用を否定する相対主義や生成流転の世界観を根拠に，「知識が感覚である」と主張する立場を一括するのである。そして，第一部後半でそれらを反駁して退ける手法をとった。

　それゆえ第一部後半は，「人間尺度説」「運動生成説」両説を根拠に「第一定義」が正当化できないことを示す議論が，その大半を占める。プラトンが，両説そのものを反駁する方法をとらないことは注意すべきである。プラトンは，直接的な感覚経験が感覚者に対して相対的に生じることや，万物が生成流転の中にあることを否定しているわけではない。彼が問題にするのは「ことば」の問題である。プロタゴラスが「ある」は相対化されている，と語るその「ことば」，あるいは，絶えざる運動生成するもののあり方を記述する「ことば」が，両説の主張する「それ自体一である」という「ことば」の使用禁止と矛盾することをプラトンは明らかにする。

　プロタゴラスは，相対主義が本来認めてはならない，鳥瞰的に世界をみる超越的な視点に立って弟子達に「秘密の教説」を説く。「人間尺度説」の自己反駁において，プラトンは巧妙に，「誰かにとって」という限定句を付与しさえすれば相対主義は貫徹できると思い込んでいる相対主義者と，問答の場面を拓いた。そして，「誰かにとって」という仕方で相対化する装置そのものが自己矛盾をかかえ，限定抜きの真偽の判断に関与してしまうことを明らかにする。プロタゴラスは，本来語ることができない他者

(「人間尺度説」反対者）の思いなしの真偽について言及してしまい、その結果「『人間尺度説』は他人にとって偽である」という判断を自ら下してしまう。そしてプロタゴラスは「『人間尺度説』は真である」と、われわれに相対主義を説くことができない。この議論は、プロタゴラスが相対化された「ある」のみを認める限り、真理をプロタゴラスが整合的に説明する「ことば」を持たないことを示している。真理を語る整合的な「ことば」を持たないなら、知識を語ることはできない。つまり、「『それ自体一である』否定説」に立って「人間尺度説」を根拠に知識論を構成することはできないのである。

「運動生成説」反駁においてプラトンは、感覚することと感覚対象を「ことば」で記述することとのずれを示し、「運動生成説」が「ことば」の成立を危ぶむことを示唆している。つまり、「何ものもそれ自体一であることがない」という立場に立つと、対象が一つの規定に留まることを一切認めないゆえに、われわれが世界について記述する可能性が奪われ、「ことば」も知識も否定することになってしまう。プラトンはここで、世界が事実として運動生成していないということを証明しているのではなく、「運動生成説」が運動生成するものについて「何かで『ある』」と記述することを基礎づけることができないことを示している。

したがって、「人間尺度説」と「運動生成説」とを根拠に、「知識は感覚である」という「第一定義」を正当化することはできない。残された問題は、感覚対象について語るわれわれの「ことば」がいかにして成立し、知識はどのような仕方で語れるか、である。第一部最後の反駁で、プラトンは、事物の絶えざる運動変化を感覚器官との相関関係によって感覚することと、感覚対象について魂が感覚器官から独立に思考することとを区別する。そして、色や音、硬さや柔らかさが「ある」ことや、相互に異なる性質であること、各々の性質の同一性や差異性については、魂が思考する事柄だと説明する。「最後の反駁」における「ある」は、一貫して、我々が個別的対象の性質を「ことば」で捉えようとする際に、すでに「対象把握」されている事柄について用いられている。すなわち、思考上措定されている対象の相互関係を確認する同一性判断および、そのような判断の前提となる存在措定に際して「ある」が用いられているのである。

それゆえ感覚の現場で、今感覚している対象の感覚性質を記述する「あ

る」（述定）は，ここでは問題になっていない。問題になっているのは，例えば今感覚している対象の色を記述しようと思っている人が，「音ではなく色を記述しよう。」という意図を持つ際に必要となる了解事項なのである。したがって，この箇所の「ある」が判断一般を表示するという解釈は成立しない。プラトンは，「運動生成説」反駁で問題になった性質の同一性が確保されるのは，感覚においてではなく，魂による思考においてだという。「運動生成説」反駁が示すとおり，「白」が「白」であること，その同一性はわれわれが特定の対象を「白い」と記述する「ことば」が成立するために不可欠であった。その「ことば」が成立してはじめて，その真偽を問題にすることができる。したがって知識は，感覚器官との相関関係のなかで時々刻々変化する「感覚」にではなく，魂が感覚器官から独立に「あること」について考察する「思考活動」にある。このことを確認することによって，第一定義は反駁され，第一部は終了する。第一部は『テアイテトス』の約3分の2を占めている。プラトンは，以上の点を明らかにするために，実に入念な議論を展開したといえる。

　さて，三部の中でも比重の大きい第一部の中で，プロタゴラスの「人間尺度説」には特に多くの紙面が割かれていることは，注目に値する。「運動生成説」は，第八反駁で簡単に取り扱われているのに対して，「人間尺度説」は第一反駁から第七反駁までを占め，対話編の中ではプロタゴラス相手に論駁するという形式になっている。プラトンがプロタゴラスの相対主義の反駁を執拗に行っていることは，重視されなければならない。従来の解釈では，言語使用不可能という結論はヘラクレイトス説のみから引き出されるように解されているが，プロタゴラスに対する反駁も，反対者に自説の正当性を説く言語が自説で閉じていないという意味では，言語使用可能性，すなわち「ことば」の問題である。それは，「人間尺度説」「秘密の教説」の真意を我々に説明するために「われわれの言語」を使用せざるをえなかったことに象徴されている。プロタゴラスは，〈自分（当人）の思いなしの文脈〉の外に出て世界を鳥瞰する超越的な視点で限定抜きの「ある」を使用することが，自説の正当性を説く場面でも不可避であることをプラトンは鮮明にした。

　それゆえ第一部には，〈自分（当人）の思いなしの文脈〉の外に出て限定ぬきに「ある」と語ることはどこで成り立つか，という問いが残されて

いる。この問題を解くにあたってプラトンは，〈自分（当人）の思いなしの文脈〉で使用されている「われわれの言語」に目をむける。「われわれの言語」の成立は『テアイテトス』の深層にある問題であり，プラトンは第一部最終議論でその暫定的な結論を出し，第二部における〈自分（当人）の思いなしの文脈〉での真偽の探求へつなげていると論者は考える。

「われわれの言語」において，〈自分（当人）の思いなしの文脈〉の「知っている」「ある」が，〈他人の思いなしの文脈〉における「知っている」「ある」へ移行するのは，各人の〈自分の思いなしの文脈〉における「知っている」「ある」を相互に承認することにより可能になる。その点では，各人の〈自分の思いなしの文脈〉での判断をすべて真だと認めるプロタゴラスの立場と似ている。しかし，各人の〈自分（当人）の思いなしの文脈〉での「知っている」「ある」という判断が聞き手にも承認される以上，各人に閉じた世界での判断ではなく，聞き手にも開かれた世界で成立する判断だとみなされている。この点は，相対主義とは大きく異なっている。プロタゴラスの立場では，「対象把握」の相互承認に基づいて，〈当人の思いなしの文脈〉での判断を「当人にとって」という限定抜きに「真である」と〈他人の思いなしの文脈〉で認めることは絶対にありえない。しかし「われわれの言語」では，〈自分（当人）の思いなしの文脈〉での判断を「当人にとって」という限定句をつけることなく相互承認しているのである。この承認が，互いに言語が使用可能だと信じる根拠であり，他者と「ことば」で何かを語る際に，確認する必要がないほど原初的な了解事項なのである。プロタゴラスの立場では，世界を各人に相対化するために，究極的には議論や言語使用が成立しないことをプラトンが第一部で明らかにした。

プラトンは第二部冒頭で，「偽なる思いなし」の探求は，すでに第一部で議論した問題を再度取り上げることであり，「今までの議論を逆方向から辿る」ことだという（187e1-3）。プラトンはプロタゴラス説からではなく，「われわれの言語」において「偽なる思いなし」が成立しない，という否定論を吟味することになる。われわれは，対話相手が「色」や「音」，「牛」や「馬」について「対象把握」できている限りにおいて，「色が音である」「牛が馬である」と〈当人の思いなしの文脈〉で判断することはありえない，と相互に承認している。「対象把握」されている事柄について，このような取り違えのないことが，「われわれの言語」が使用可能な前提

となっている。それをプラトンは第二部で問うのである。

§3　思いなし

『テアイテトス』第二部は，「知識は真なる思いなしである。」という定義が提示された後，その検討は行わず，「偽なる思いなし」は成立するかを問う5種類の議論が提示される。その際，「思いなし」はすべて同一性判断の形式であり，しかも前半の三議論では「偽なる思いなし」は成立しない，という結論が導かれる。さらに，思いなしの対象となるものについては，「知っている」か「知らない」かの排中律が用いられているが，この「知っている」の語義については何も触れられていない。これらの点は，第二部冒頭から『テアイテトス』を読み始めるといかにも奇異であるが，第一部の議論からの連続性を考えれば，違和感はない。

　第一部の最終議論では，対象を「ある」ものとして措定し，当の対象の同一性と他の対象との差異性とを把握する魂の独自の活動が「思いなし」と名づけられ，受動的な「感覚」とはっきりと区別された。それゆえ，「思いなし」とは，われわれが他とは異なる一つの対象として「対象把握」しているものについて，その同一性と差異性とを確認する営みである。そうであれば，第二部で検討される「思いなし」が同一性判断の形式になっているのは，第一部からの連続性を考えれば，ごく自然のことである。

　一方，第一部での「対象把握」は「色」「音」が例示されていたが，第二部では主として「ソクラテス」「テアイテトス」等の人物が例示されている。しかし「対象把握」がわれわれの言語使用の前提となっている以上，人物についても「色」「音」と同様に考えることができる。われわれが表現"ソクラテス"を用いて対象「ソクラテス」について語るための先行条件として，「ソクラテス」を「対象把握」していることは必要である。それは表現"色"を用いて，個々の色について語るための先行条件として，「色」を「対象把握」するのと同じである。われわれは「ソクラテス」や「色」を個別的な場面で指示して，それに"ソクラテス"や"色"をあてがう。それらの表現は「老齢のソクラテス。」とか「薄紫の紫陽花の色」等，個々のソクラテスの姿や個々の色の現われに遭遇したとき用いられるのである。それらの多様な姿や現われに対して"ソクラテス""色"という表現を用いるためには，「ソクラテス」を「テアイテトス」等他の人物

と,「色」を「音」等他の性質と区別した上で,〈自分（当人）の思いなしの文脈〉で「対象把握」していなければならないのである。

　それゆえ「対象把握」は,表現を用いて対象を記述する前提となっている。例えば,テアイテトスについて記述するためには,〈自分（当人）の思いなしの文脈〉で自己同一性を備えた1人の人物としてテアイテトスを把握していなければならない。その際〈自分（当人）の思いなしの文脈〉で,テアイテトスは,思いなす当人が把握している他の人物（ソクラテス）と混同されることがないように,明確に区別されていなければならない。つまり,テアイテトスを1個の対象として「対象把握」することが成り立たない限り,テアイテトスについて語ることはできないのである。われわれはこのような仕方で,思いなしの対象を,自己同一性を備えた「ある」ものと措定し,思いなしの対象となる他の対象との差異性を把握して,当の対象を〈自分（当人）の思いなしの文脈〉で捉えている。そしてこれは当の対象について語るための前提条件である。

　われわれは,新たに何か特定の対象について,会話をはじめる場面で,自分が話題にしたい対象について,会話相手にその対象を「知っている」かどうかを問う。この問いは,相手が当の対象について互いに語り合うための前提条件を確認している。すなわち,各人が〈自分（当人）の思いなしの文脈〉で「対象把握」できているかどうかを問うているのである。つまり,新たな対象について語ろうとする話し手は,当然当の対象を「知っている」と思い,相手も「知っている」かどうかを問うのだが,それは互いに「対象把握」できているかどうかを確認しているのである。

　このような視点から第二部第一議論から第三議論を見直すと,「偽なる思いなし」が存在しない,という議論が読み解ける。「対象把握」できているものは「知っている」ものであり,また「対象把握」された事柄について,同一性判断を誤ることはない。さらに「対象把握」されたものは「ある」ものであり,「ある」ものを別の「あるもの」と取り違えることはない。また「対象把握」されていない「あらぬもの」について思いなすことは不可能である。それゆえ,〈自分（当人）の思いなしの文脈〉では,「対象把握」された対象をとりちがえる「偽なる思いなし」がないのである。

　この解釈を補強するテキストは,第二部後半の「印形モデル」と「鳥小

屋モデル」にもある。両モデルは「対象把握」を具体的にイメージする助けとなる。印形モデルでは，テアイテトスを「知っている」状態というのは，彼の印形が魂の蠟板に押され，それがソクラテスの印形と区別されたまま保持されている状態である（191c8-e2）。テアイテトスの感覚をテアイテトスの印形に当てはめた時に，テアイテトスを認知することができる（193d10-e5）。しかし，テアイテトスの感覚をソクラテスの印形に当てはめた時には，偽なる思いなしが生じる（193b9-d9, 193e6-194a5）。「鳥小屋モデル」では，印形の代わりに個々別々の鳥を想定し，魂の中にある鳥小屋に鳥が所有されている状態を「知っている」という。ここでは感覚可能な人物の事例から，非感覚的対象である数の事例へと変化する。いずれのモデルでも，魂の中に印形や鳥を所有している状態が「知っている」とされ，第二部前半の議論に対応することがテキスト上明記されている（192e8-193a7）。この状態では，それぞれの同一性判断に誤りはなく，「偽なる思いなし」は生じないことになっている。

　しかし感覚対象を認知する場合，感覚の不鮮明さや不注意によって，別の印形に感覚を当てはめてしまうことがある。このような「偽なる思いなし」の原因は感覚にあるので，大きな問題は生じない。しかし感覚が介しない場面での対象認知の誤りは深刻である。それは，鳥小屋に鳥が所有されていることをもって「知っている」とすると，知っていながら認知を誤るということになる。そのような場合，〈自分（当人）の思いなしの文脈〉における，知識を所有しているいわば「静的」な状態と，個々の場面で認知が成立するいわば「動的」な状態とのギャップが，魂の現実的な考察の中で生じる。すなわち，「対象把握」ができ，記憶されている「静的」な知識すべてが，〈自分（当人）の思いなしの文脈〉で生じる個々の具体的な問いに対して機能しないのである。換言すれば，魂は常に「静的な」知識全体に必ずしも明るくないのである。なぜなら，「静的」な知識それ自体は，全記述の束で構成されるような百科事典的な知識ではなく，個々の問いに対して「考える」というプロセスを経て答えを出す可能的な知識であるからである。それゆえ，個々の場面でそれを現実に使用するためには，〈自分（当人）の思いなしの文脈〉における答えの探求が不可避となる。そして，答えにたどり着くのは，〈自分（当人）の思いなしの文脈〉の内側である。しかし，〈自分（当人）の思いなしの文脈〉の個別的探求プロ

セスにおいて，些細な誤りが生じることもある。その場合も当人は〈自分（当人）の思いなしの文脈〉の内側に立ち，正しい答えにたどり着いたと思っている以上，当人はその誤りには気づかない。その際，〈自分（当人）の思いなしの文脈〉の外側から，当人の記憶の束をあたかも百科事典をみるように調べると（そのようなことが可能かどうかは別として），当人の記憶と実際の誤った答えとには明らかな齟齬が生じているはずである。

　ここに，鳥小屋モデルで，知識の所有を一方で認め，所持の際の取り違えをも容認することの困難が露呈する。すなわち，「対象把握」できていたとしても，対象認知には〈自分（当人）の思いなしの文脈〉において個別的な探求が必要である。そしてそのプロセスにおいて誤りが生じたとしても，それは〈自分（当人）の思いなしの文脈〉では正しい答えにたどり着いた，つまり「わかった」と思ってしまうのである。

　「印形モデル」も「鳥小屋モデル」も，認識主体が〈自分（当人）の思いなしの文脈〉で「わかった」と思う，そのメカニズムを説明している。「印形モデル」では，真なる思いなしも，偽なる思いなしも，記憶されている印形に感覚対象が合致した時に，認識主体は「わかった」と思う。例えば，「向こうから歩いてくる人（テオドロス）はテアイテトスである」と思いなす場合も，「向こうから歩いてくる人は誰だろう」という問いに対してテアイテトスだと「わかった」と思った時に，偽なる思いなしが成立している。「鳥小屋モデル」においても，問題の正答を得ようとして，所有した知識を所持する時，それが正答でも誤答でも「わかった」と思うのである。

　この「わかった」という確信とは何か。これは「思いなし」をもつ当人が〈自分（当人）の思いなしの文脈〉でのみ経験する確信であり，われわれが「ことば」を用いて「対象」を認識する原初的な場面で生じる。われわれは，「わかった」というこの確信をもって，世界を言語化し分析する。われわれが，「私」という視点から世界と向き合う時，その世界が開示する姿は，〈自分（当人）の思いなしの文脈〉において記憶された「ことば」を用いた「対象」の認知なのである。もちろん，〈自分（当人）の思いなしの文脈〉における「対象把握」によって，「ことば」と「対象」の対応関係を習得していないと，対象の認知は成り立たない。第二部で明らかにされた問題は，その習得が十分だとわれわれの社会で認められている状態

であっても，〈自分（当人）の思いなしの文脈〉から対象を認知する限りにおいて，「わかった」という当人の確信は疑わしい場合があるという点である。

§4　ロゴス

『テアイテトス』における「知識」の定義の探求は，〈自分（当人）の思いなしの文脈〉から対象へ至るアプローチといえる。第一部では，感覚が知識であるとする定義は，プロタゴラスの「人間尺度説」に基礎づけられる。プロタゴラスによれば，各人が対象と出会う場面，すなわち感覚したり思いなしたりする場面で，各人がその尺度であり，他人はその判断を訂正できないとする。これは，各人が〈自分（当人）の思いなしの文脈〉で成立する判断をそのまま真だと認めるものであり，まさに「わかった」という当人の確信のみが判断基準になる。その意味で偽はない。しかし第二部に至り，相対主義の言語を退け，思いなしの真と偽両方を認めることを合意した結果，「わかった」という〈自分（当人）の思いなしの文脈〉での確信によっては知識を基礎づけられないことが明らかになる。それゆえ「偽なる思いなし」を避けるためには，各人が「ことば」を用いて対象を認知しようとする時，「わかった」という認識主体の思いなしにおける確信に依拠してはならない。そして，認知を誤ることがないという別の根拠が必要になる。

　『テアイテトス』第三部では，「知識とは『ロゴス』を伴った真なる思いなし」という知識の定義が提示され，「ロゴス」とは何かが問題になる。「ロゴス」は最終的に，対象を唯一特定する記述だと言われる。〈自分（当人）の思いなしの文脈〉に依拠せずに，対象を唯一特定できる「ロゴス」を把握しているときにのみ，「知っている」とする。それゆえ〈自分（当人）の思いなしの文脈〉において「対象把握」できており，個々の対象の認知する場面で「わかった」という確信をもったとしても，このような「ロゴス」を把握していない場合には単に「思いなしている」だけであり，「知っている」とは言えない。「真なる思いなし」から「ロゴス」へと昇格するためには，「ロゴス」を追加把握しなければならない。これが第三部の構想であった。

　しかしこの構想は破綻する。第三部では，〈自分の思いなしの文脈〉に

おける「対象把握」が成立していても，実際に対象認知を誤るかもしれないという難点を克服するために，「真なる思いなし」に加えて，唯一対象を特定する記述（固有のロゴス）を追加把握することを考える。しかし，第三部の最後に，対象の「固有のロゴス」を把握しても，「真なる思いなしを持っている」から「知っている」へ昇格しないということが明らかになる。「固有のロゴス」とは，「思いなし」において成立している対象の差別性の把握をなぞって言語化したに過ぎない。さらに「テアイテトスの獅子鼻」のように，言語によって他の対象との差異を言語化できない場合もある。なぜなら，われわれの対象認知の根幹となるのは，〈自分（当人）の思いなしの文脈〉における「対象把握」だからである。当の対象の「固有のロゴス」は，その「対象把握」を基盤に「ことば」によって，いわば対象を切り分けていくことにより探求されるのである。

　「対象」を特定するのは「人」である。個別的な対象の認識は，対象を特定する人の持っている情報や，その人自身の体験等，いわばその人を成立させている記憶全体と深くかかわっている。そして記憶による〈自分の思いなしの文脈〉での対象の区別，すなわち「対象把握」が，対象を特定する基盤になっている。当の対象と他の対象とを区別する記憶を保持しているからこそ，その対象と出会ったとき，それを思い起こし，今出会っている対象がそれであることがわかる。対象の認識の基盤を記憶に置き，過去に記憶されている事柄を想起することにより，現時点での認識を説明するという構図は，有名な「想起説」にみられる[1]。しかしここでは，生前の記憶ではなく，経験的な事柄についての記憶であり，記憶による〈自分の思いなしの文脈〉での「対象把握」が，感覚を契機に想起されることが，個別的な対象認知の基盤になっているのである。

§5　イデア論との関係

『テアイテトス』は知識について論じながらも，イデア論について明示的な言及はない。これは，中期『国家』の後に書かれたことを考えると奇妙である。しかしこのことは，プラトンがイデアを立論する必要がなくなったことを意味しない。第一部は，中期にイデアを指した「それ自体一であ

---

1) プラトン『メノン』85b8-e8 を参照。

る」ものという言表[2]が成り立つかどうか，という課題を中心に構成されている。第一部前半でプラトンは，「それ自体一である」ものを立論することなしに知識について語る諸説を一括し，後半で反駁する。第一章での考察が示すとおり，「『それ自体一である』否定説」において諸説を一括するのは困難であった。まず，プラトンは「感覚論」を媒介にして「運動生成説」を「人間尺度説」と架橋するために，論理的な必然性がないにもかかわらず，プロタゴラスに「運動生成説」を認めさせた。さらに，両説を架橋するために構築した「感覚論」については，「人間尺度説」側に立つと「運動生成説」に反する修正を加えなければならず，「運動生成説」側に立つと「人間尺度説」を許容できないという矛盾を抱えていた。プラトンが，このような困難にもかかわらず諸説を一括しようとしたのは，「それ自体一である」ものを立論することなしに存在論と認識論が一貫性をもって構築できるのかどうかについて，強い関心があったからである。そして，「『それ自体一である』否定説」の検討に『テアイテトス』の半分以上を費やし，そのような立場から知識論を構成できない，という結論に達したことは重要である。それゆえイデア論への言及がないゆえにイデア論を破棄したとするのは，あまりに早計であろう。

　しかしだからといって，第一部の議論をもってイデア論が正当化されたとするのもまた早計である。プラトンの思想史から見ても，『国家』以降『パルメニデス』において難点が指摘された以上[3]，『テアイテトス』でも中期と同様なイデア論がそのまま保持されていると単純に考えることはできない。プラトンが第一部で「人間尺度説」と「運動生成説」とを導入し，両者を「『それ自体一である』否定説」として結びつける時，パルメニデスを意識していたことは明らかである。パルメニデスがいう限定抜きの「ある」に対してプロタゴラスが説く相対的な「ある」を対峙させ，パルメニデスの不動の一者に対して生成流転の世界観を対峙させる。そしてソクラテスと対話相手は，両陣営の真ん中に来てしまったと言う。プラトンは，「それ自体一である」ものを立論することなしに知識について語るこ

---

2) プラトン『国家』479a1-3,『パイドン』78d1-7 を参照。
3) プラトン『パルメニデス』128e5-135c4,『国家』597c1-d4, および本書第一章 p. 7, n5 を参照されたい。

とはできない、としながらも、中期イデア論を語ろうとはしない。もちろん魂が「色」と「音」を「あるもの」として措定することと個々の色や個々の音を感覚することとを対比させ、「あるもの」が個々の感覚対象の現われを「ことば」で語ることを根拠づけ、知識の根源となるという思想は、イデア論と通じるものがある。なぜなら、個々の多様な現われを一つの「ことば」で名指す根拠として、現象とは異なった次元のものを立てるという構造は共通だからである。しかし『テアイテトス』で感覚と対比される「あるもの」の中には、確かに中期イデアを連想させる「善」「美」等も含まれているが、「色」や「醜」「悪」等、中期ではイデアの対象として除外されたものも含まれている。また人物の認知が繰り返し例示され、個体が「あるもの」の事例として登場するのも『テアイテトス』の特徴の一つである。さらに、現象界とイデア界と二世界論は全くイメージされず、魂の蠟板上に記された印形や魂の鳥小屋の鳥という比喩において、私たちの「思いなし」の内に「対象把握」が成立することが説明されている。それゆえ、「『それ自体一である』否定説」に立って知識論が構成されないとプラトンが主張したからといって、中期のイデア論をここで正当化しているとみることはできない。

　このように、イデア論への言及の有無から保持か破棄かを論じるのは、あまりに表面的である。『テアイテトス』第一部前半において、プラトンの思考は「それ自体一である」ものを立てるという中期の思想の根幹を問い直し、彼の認識論の出発点を確認することへと向かっていることはほぼ間違いがない。その際プラトンは、「ある」という「ことば」がどこで成り立つのかに着目する。第一部の議論は、「『それ自体一である』否定説」への対応を模索するが、世界が相対的に成立していない、あるいは事実として万物が運動変化をしていないことを証明したわけではない。それゆえ「あること」が相対的でもなく流動を免れて存在することを証明しているのではない。プラトンが明らかにしたのは、「われわれの言語」において「ある」という「ことば」が不可欠であることである。相対主義者であっても自説を正当化する文脈では相対的でない真理に関与する。流動論者であっても「白」という性質が「ある」ことを認めて、はじめて「白いもの」が「白くなくなった」と記述できる。しかし第一部では、「われわれの言語」においてわれわれが関与し、認めている「あること」の存在論的

な身分については，不明確である。第一部の「最後の反駁」で「魂それ自身が勘考するもの」として言及されているものの、いまだその内実は明らかにされていない。プラトンがここでイデアに言及しないことには，おそらく深い意味がある。それは各人が〈自分（当人）の思いなしの文脈〉でそれぞれが思考上措定しているだけのものかもしれない，という疑いがあったのではないかと思われる。

　それゆえプラトンは，第二部において〈自分（当人）の思いなしの文脈〉における「対象把握」を確認する「思いなし」について、その真偽を吟味する。その際プラトンは，印形モデルや鳥小屋モデルを用いて，「対象把握」を個々の感覚や記憶と関係づけて具体的に説明し，対象の認知が「対象把握」を基盤にしていることを説明している。そして対象認知を誤る場合があっても，〈自分（当人）の思いなしの文脈〉において「知っている」が成り立つ余地を残し，「私」という視点から知識へとアプローチするその道筋を守ろうとする。第三部においても，認識主体が「ことば」を用いて対象を認知する場面が問題にされており、知識の体系そのものについてプラトンは論じていない。プラトンは「鳥小屋モデル」以降も、体系としての知識の所有という局面ではなく、知識の所持という局面において「偽なる思いなし」を考察し、〈自分（当人）の思いなしの文脈〉から対象の認知の成立を解明しようとしている。しかし、第三部末尾の議論において、〈自分（当人）の思いなしの文脈〉において「知っている」といえる客観的な根拠を得ようとするが、それに失敗するのである。

§6　『テアイテトス』の所産

　それでは、『テアイテトス』の否定的な結末は、プラトンにとってどういう意味を持っているのか。これは、ソクラテスの問答のシステム全体にかかわっている、と論者は考える。『テアイテトス』の冒頭で、ソクラテスは、テアイテトスが幾何学等、「知識」の事例を挙げることができるのをみて、テアイテトスが「知識」を「知識」以外のものから区別でき、「対象把握」できているとみなし、テアイテトスに「知識」の定義を問う(146c7-147c6)。定義とは、時間空間の指定なく当の対象を唯一特定できる記述で、第三部で問題にされた「固有のロゴス」に他ならない。テアイテトスも、〈自分の思いなしの文脈〉で「知識」を知っていると認めて、

自分が「固有のロゴス」を言えるように思え，ソクラテスの問答に応じるのである。初期対話篇から『テアイテトス』に至るまで，同じ仕方でソクラテスの問答が開始される。そして，どの対話篇でも定義の試みは失敗に終わり，問答相手は「知っている」と思っていたが，実は「知らない」という結末になる。

しかし『テアイテトス』では，「固有のロゴス」によって対象を区別することによって，対象を認識しているのではないことが明らかになる。そもそも「固有のロゴス」によって対象を特定していないのだから，定義を言えないのはある意味で当然なのである。

『テアイテトス』以降，ソクラテス的問答は姿を消す。定義を言えることをもって「知っている」とし，定義を言えないなら「知っていると思っているだけで，知っているわけではない」とする「B－Kモデル」は外されるのである。そして，続く『ソフィステス』『ポリティコス』では，初期から『テアイテトス』まで，ソクラテスが問答の中で，対話相手に一貫して求めてきた「一つの簡潔な定義」は一切姿を消す[4]。そして，ソクラテスは対話篇の主役の座を降りるのである。そしてソクラテスの問答法は姿を消し，分割法で定義を探求するようになり，あらゆる段階の分割に言及した別種の定義が幾通りも登場することになる。『テアイテトス』を境に定義の方法が大きく変わるのは，『テアイテトス』のアポリアに起因すると論者は考える。『テアイテトス』の結末は，それがソクラテス的探求の方法論的な欠陥に起因することを示しているのである。

そしてこの大きな転換は，『テアイテトス』全体の思索の結果でもある。『ソフィステス』の冒頭でエレアの客人は，対話相手と自分に共通なのは，名だけだという (218c1-2)。しかしそれが指している事柄については，各人がそれぞれ個人的に了解しているという (218c2-3)。これはまさしく，〈自分（当人）の思いなしの文脈〉で表現を用いて，「対象把握」して思いなしている状態である。確かに，表現は共通であるが，「対象把握」されている事柄については共通である証拠はない。通常はこの状態で「われわれの言語」は使用され，相互に共通了解ができているとみなして会話は進

---

[4] プラトン『ソフィステス』218b6-219a7, 221a7-c3,『ポリティコス』257b9-c3 を参照。

行する。しかし「ロゴス」を離れて，名についてのみ同意すべきではなく，ロゴスを通して事柄そのものについて同意しよう（218c4-5）と，客人は分割法による定義をはじめる。

　分割法による定義は，各人が〈自分の思いなしの文脈〉において捉えている対象の区別を「ロゴス」により明らかにするという仕方で，定義が行われる。これは，初期同様，各人が〈自分の思いなしの文脈〉でそれぞれ自分たちで了解しているものを，〈当人の思いなしの文脈〉の外側から吟味検討し，名の一致のみではなく，ロゴスを通して明らかにしていこうとする営みである。ただその「ロゴス」は，『テアイテトス』の冒頭で示唆されたような，対話相手が知っているはずの「一つの簡潔な定義」ではない。『ソフィステス』では，ソクラテス的な「固有のロゴス」の探求は姿を消している。それに代わり，「動」「静」等概念の同一性や差異性，相互関係を対話相手と確認する作業へと移行する。すなわち，各人が〈自分の思いなしの文脈〉でどのような仕方で「対象把握」しているのかを確認し，そこで相互に一致している対象の区別を「ことば」にしたのが「ロゴス」なのである。それは『テアイテトス』第二部での「思いなし」における「色」「音」「硬さ」「柔らかさ」「正」「不正」との差異性や反対性を相互に確認する営みと質を同じくする。そして「色」「音」等々を「あるもの」と認めることは，第一部での「何ものもそれ自体一であることはない」という立場に対する入念な批判に裏打ちされている。

　第一部でプラトンは，プロタゴラスの相対主義を反駁する立場をとり，各人が〈自分の思いなしの文脈〉において判断していることを理由に，限定ぬきの「ある」を相対的な「ある」と読み替える立場を痛烈に批判した。すなわち，各人がそれぞれに閉じた相対的な世界で，自分にしか理解できない言語（相対的な「ある」）を用いているのではなく，各人が〈自分の思いなしの文脈〉において用いている言語を，相互に了解可能な言語（限定抜きの「ある」）として使用していることを示したのである。第二部以降『ソフィステス』に至るプラトンの思考の路線は，〈自分の思いなしの文脈〉の中に如何に公共性を確保するかであった。それは公共的な言語の使用を足がかりとして，「私だけの思いなし」から「われわれの思いなし」へと拓ける道であり，各人が〈自分の思いなしの文脈〉を基盤に相互にコンセンサスをとる方法であった，と論者は考える。

「人間尺度説」と「運動生成説」は，感覚が相対的であり流動的であるという理由から，「感覚の現場」において客観性や永続性の含みのある「ある」を用いて記述することは不可能だと主張する。そして「運動生成説」は，感覚の不可訂正性を盾に，「感覚を受容している状態（$πάθος$）」を正確に記述していくことこそ知識だ，とする。これに対してプラトンは，相対的な感覚を受容している状態ではなく，魂独自の思考活動の側に知識を定め，「色」や「音」，「美」「醜」や「善」「悪」等の事柄の正確な区別を追求していく。

『テアイテトス』に続く『ソフィステス』では，魚釣り術や，ソフィストの定義を探求する際に，一語で定義するのではなく，分割法によって同一性と差異性とを明確にしていく方法をとっている[5]。また，『ソフィステス』では，同一性・差異性の判断が「ある」「あらぬ」を用いる同一性判断に変換可能であることが明記されている[6]。いずれも，『テアイテトス』にみられるプラトンの路線とぴったりと重なる。このように，プラトンは現象を記述することに真理を見出そうとする道はとらずに，われわれの言語行為を成立させている根本的な了解事項の中に真理を求めている。プラトン後期の思索は，『テアイテトス』がもたらした所産なのである。

『テアイテトス』の所産は，ソクラテス的な探求方法の破綻という否定的な側面ばかりではない。プラトンは，〈自分の思いなしの文脈〉から対象を特定して思いなしている，という事実を構造分析する中で，想起という仕方で，対象の認知を説明している。重要なことは，〈自分の思いなしの文脈〉が対象認知の基盤になっていることである。プラトンは第三部において，「固有のロゴス」を把握していない場合でも，思いなす人が記憶により〈自分の思いなしの文脈〉において対象を区別して捉えていることを示した。記憶とは各人の経験の総体である。それゆえ，各人の経験の違いによって，〈自分の思いなしの文脈〉における対象認知の仕方は異なっている。同じ対象をある人は「テアイテトス」として認知し，ある人は

---

5) プラトン『ソフィステス』218b6-219a7, 221c6-223b7, 223c1-224d3, 224d4-e5, 224e6-226a5, 226b1-231b8, 235a10-236d4 を参照。

6) プラトン『ソフィステス』254b8-259d8

「エウプロニコスの息子」として認知する（144b8-144d4）。各人はそれぞれ〈自分（当人）の思いなしの文脈〉から対象を区別している。それゆえ，どのような仕方で対象を区別しているかを直接知ることができるのは，当人だけである。したがって，記憶における対象の区別は，〈自分の思いなしの文脈〉で捉えられた対象の差別性によって成立しているのである。プラトンは，「真なる思いなし」が「（固有の）ロゴス」から独立に成立することを示している。われわれは「固有のロゴス」を把握してはじめて，対象を特定できるのではない。記憶において成立している対象の区別によって，「固有のロゴス」を介さずに対象の認知が可能になり，〈自分の思いなしの文脈〉から対象を特定することが可能になる。そして，われわれは対象を特定できてはじめて，その対象を記述することができるのである。ソクラテスは，テアイテトスを特定できたがために，テアイテトスを「獅子鼻の男」と記述できたのである。

　それゆえ，〈自分の思いなしの文脈〉での差別性の把握は，われわれが対象を特定する前提条件であるのみならず，われわれが対象を記述する前提条件にもなっている。そして対象を記述する作業は，「私」にのみ把握されている差別性を「私」が「ことば」で明確にする作業である。これは，自分が特定している対象は何であるかを〈自分の思いなしの文脈〉で問い直す作業であり，自己問答を行う文脈に身を置いた時に可能になる。そのような文脈でのみわれわれは，対象の「固有のロゴス」，あるいは定義を探求できるのである。おそらくプラトンにとって，哲学とは，このような文脈に身を置いて探求する時にはじまるものであった。もし探求に成功し，対象の差別性を正確に言語化し，対象を「固有のロゴス」で記述できるようになれば，〈自分の思いなしの文脈〉から独立に，「固有のロゴス」によって対象を特定することが可能になる。しかし，〈自分の思いなしの文脈〉での差別性の把握がなければ，「固有のロゴス」の探求ははじまらないのである。その「固有のロゴス」は，ソクラテス的な「一つの簡潔な定義」である必要はない。

　プラトンの議論が示しているように，「固有のロゴス」を把握していない場合には，どのような仕方で当の対象を特定しているかは〈自分の思いなしの文脈〉からしか知られない。つまり対象の認知は，〈自分の思いなしの文脈〉を外して語ることができないのであり，対象の区別を言語で正

確に規定する作業は，〈自分の思いなしの文脈〉での対象認知を前提にして成立しているのである。それゆえ第三者の視点からのみ言語と対象とを関係づける試みは，言語の使用を根源的に成り立たせている〈自分の思いなしの文脈〉を排除することになり，その結果，プラトンが示した通り，対象を認知するプリミティブな場面を削り取ってしまうのである。

　プラトンは『テアイテトス』で，人が何かと遭遇したとき，その何かを認知する根拠を問う。それは，対象を自己同一性がある一つの「あるもの」として捉える「対象把握」という思考の働きが前提となっており，直接的な感覚の不可訂正性からのみそれを基礎づけることはできない。プラトンは，過去遭遇した経験を基に成立している「対象把握」が魂に記憶され，対象を感覚することを契機にそれが想起される時に，「真なる思いなし」のレヴェルで対象認知が可能となることを示した。

　プラトンは『テアイテトス』において，われわれが〈自分の思いなしの文脈〉から対象を特定して思いなす際に把握している差別性を析出し，それが対象の認知の基盤であることを明らかにしている。プラトンはその際，〈自分の思いなしの文脈〉を外さずに対象と「ことば」とを関係づける独自の方法をとっている。すなわち，各人の〈当人の思いなしの文脈〉相互の承認から「対象把握」の公共性を探り，「ことば」の使用を確保しようとする。このような方法により知識を探求する道筋は，知識を「思いなし」から独立した体系としてとらえる立場とは大きく異なっている。プラトンは，『ソフィステス』で，類に即して識別することを「知っている」こととし，これを哲学者の仕事と位置づけている[7]。プラトンの視座に身を置いた時，われわれの言語使用のみならず，哲学的探求においても根源的な「私の思いなし」が鮮明になる。

　7）　プラトン『ソフィステス』253b9-253e6 を参照。

あ と が き

　本書は，平成 17 年 3 月 30 日に東京都立大学より博士（文学）の学位を授与された学位論文「テアイテトス研究——対象認知における『ことば』と『思いなし』」に加筆・修正したものである。

　プラトンの『テアイテトス』をはじめて読んだのは大学 3 年の時であった。それまで読んでいた初期対話編のいくつかと較べると，とにかく難しく，プラトンが何のために何を議論しているのかわからなかった。その年東京都立大学においてバーニエットの『テアイテトス』セミナーが開催された。東京都立大学名誉教授加藤信朗先生が，当時まだ無名のバーニエットをケンブリッジから日本に招いたのである。それが海外のプラトンの研究者の来日のさきがけとなったセミナーのように記憶しているが，そのようなセミナーに千葉大学の学部学生という立場で聴講させて頂いたことを心から感謝している。この難解な対話編を読み解くバーニエットの鮮やかな議論に驚き，また参加された先生方の熱心な質問とバーニエット氏の丁寧な応答を聞く中で，私はプラトン研究そのものに魅惑されてしまった。その時『テアイテトス』を自分も読み解きたい，と強く思ったことを憶えている。

　バーニエットは『テアイテトス』の解釈に 20 年没頭していた，と聞く。『テアイテトス』の全体解釈を提起することは私の力を超えており，その歩みはたいへん遅いものであった。千葉大学学部生の時から，今井知正先生に『テアイテトス』研究をご指導いただき，東京都立大学大学院では，バーニットと親交の厚い加藤信朗先生からご教示いただけたのは本当に幸いなことであった。学位取得までの長い長い歩みを導いて下さった，二人の恩師への感謝は言葉には表わし尽くせない。大学院生当時加藤信朗先生の演習には，都内の大学からプラトン研究を志す大学院生が集まっていた。荻野弘之先生，納富信留先生，堀江聡先生，高橋雅人先生には，その当時から論文を批評し貴重な助言をいただいている。時には，都立大学の加藤

あとがき

　先生の演習に九州から松永雄二先生や岡部勉先生がおいでになることもあり，ご教示いただく貴重な機会も少なくなかった。当時助手をされていた新島龍美先生，中畑正志先生にもたいへんお世話になった。加藤先生御退官後は神崎繁先生にご指導いただき，都立大学改組転換のたいへんご多忙の中，貴重なお時間を割いて博士論文指導をしていただいたのには感謝の念にたえない。特に，論作ゼミで貴重な発表の場をいただきご批判いただいたことが，博士論文が形をなすに至る大きな力となった。金子善彦先生には，論文を丁寧に読んでいただき，具体的に問題を指摘していただき多くの箇所を改善できた。また，日本西洋古典学会，日本哲学会，日本倫理学会，ギリシャ哲学研究会等で，数々の貴重な発表の場を頂き，その際，松永雄二先生，岩田靖夫先生，金山弥平先生，中畑正志先生，田中亨英先生，田島孝諸先生方からは，示唆に富むご指摘をいただいた。また，渡邊邦夫先生，荻原理先生，栗原裕次先生には，原稿段階から丹念に論文を批判いただき，心から感謝している。諸先生方のご指導がなければここに至らなかった。ここに心より御礼申し上げる。

　本書は，学会等で発表の場をいただいた下記の論文を基に構成されている。第一章から第三章はほとんど手を入れていないが，残りの章は過去の論文を大幅に修正している。第四章は節を書き足し，第六章は大幅に書き直した。第五章は未発表の論文であり，第七章は，以前の論文を再考し構成から書き換えたものである。

　序章　書き下し
　第一章　「『知識は感覚である』という定義をめぐって──プラトン『テアイテトス』151d7-160d4 の一解釈──」『湘南工科大学紀要』第 35 巻第 1 号，pp.115-135，2001 年
　第二章　「知識とことば──『テアイテトス』第一部後半（160d5-187a8）の一解釈──」『湘南工科大学紀要』第 36 巻第 1 号，pp.105-114，2003 年
　第三章　「プロタゴラスの相対主義と自己反駁──『テアイテトス』169d3-171d8 の一解釈──」日本倫理学会『倫理学年報』第 52 号，pp.3-17，2003 年
　第四章　「感覚と思考──プラトン『テアイテトス』184b4-187a8 の構造

——」日本西洋古典学会『西洋古典学研究』XLVI, pp.22-32, 1998年

第五章　書き下し

第六章　「偽なる思いなし」と対象の認知——『テアイテトス』195b-199d8「鳥小屋モデル」の一解釈——」『湘南工科大学紀要』第38巻第1号, 2004年

第七章　アポリアの解明——『テアイテトス』208c6-210b3における「対象認識の構図」——」日本倫理学会『倫理学年報』44号, pp.19-34, 1995年

終章　書き下し

　いずれも，いただいたご批評に答えつつ，『テアイテトス』全体にわたる一貫した解釈をめざして再構成した。本書は部分的解釈にとどまらず，それぞれは有機的な連関をめざしている。そのために，大幅な加筆や修正の必要があった。さらに，下記の論文については，各部あるいは序章および終章に内容的に盛り込まれている。

「『テアイテトス』184b4-187a8 に於ける「思い（doxa）」の位置」東京都立大『哲学誌』第30号, pp.37-55, 1988年

「「鳥小屋モデル」における知の問題——『テアイテトス』195b9-199d8 解釈試論——」東京都立大『哲学誌』第31号, pp.1-21, 1989年

「「知識の定義」の破綻について——プラトン『テアイテトス』208c6-210b3 の１解釈——」神奈川大『人文研究』第121集, pp.91-117, 1994年10月

「『真なる思い（alethes doxa）』と『対象の認知』——『テアイテトス』208c6-209d3 の一解釈——」日本哲学会『哲学』47号, pp.187-196, 1996年

「「知識とは何か」という問いの位相——プラトン『テアイテトス』導入部（142a1-151d3）の一解釈——」『湘南工科大学紀要』第33号第1巻, pp.99-108, 1999年

「『テアイテトス』151d7-153a4 の構造——「なにものもそれ自体一であることはない（hen auto kath'hauto ouden estin, 152d2-3）」をめぐる考察——」日本哲学会『哲学』第53号, pp.167-176, 2002年

あとがき

　この論文を書き上げるには長い年月を要した。その間三人の子供を出産し、その際持病のため長期の療養を余儀なくされ、手術も受けなければならなかった。本務校湘南工科大学には随分ご迷惑をかけ、博士論文を何度もあきらめようと思ったが、その度に逆に励ましていただいたように思う。学長の梶川武信先生は採用時から学位取得を目指すようにという御言葉をいただき、総合文化教育センターの先生方のみならず、他学科の先生方にも何度も励ましていただいた。博士論文刊行に際しては湘南工科大学の特別教育研究費Cの助成をいただいた。工科大学でありながら、哲学の研究についてもご支援いただけたことに心から感謝している。また、知泉書館の小山光夫氏にはいつも暖かい御配慮をいただきたいへんお世話になった。心よりお礼申し上げる。システムコミュニケーション工学科4年生福田海くんは、2年にわたり論文の編集を手伝ってくれた。

　最後に博士論文を仕上げる時期には昼夜別ない実母の介護が重なり、湘南工科大学の先生方には本務校の仕事の上でたいへんご迷惑をかけながらも、精神的に支えていただいたことを心から感謝している。また都立大学哲学会大会で学会発表と母の死とが時期を同じくし、指導教官の神崎繁先生をはじめ東京都立大学哲学会の運営委員の先生方にはたいへんご心配いただいた。発表を終えて病院に駆けつけた時が母の最期だった。母は発表が無事できたことを喜び、博士論文を仕上げるように言い残して旅立った。母との最後の約束を果たすことができたことは、私の力ではない。お世話になった方々、三人の子供達そして夫に心から感謝している。

　2007年6月

　　　　　　　　　　　　　　　　　　　　　　　　田坂　さつき

参 考 文 献

1 テキストおよび翻訳

＊テキストは下記 Burnet 校訂の Oxford Classical Texts を用い，引用・参照箇所はそこに付されているステファノス版の頁番号，段内行数に従った。

J. Burnet, *Plaronis Opera*, vol. I, Oxford Classical Texts, 1990.
E. A. Duke, W. F. Hicken, W. S. M. Nicoll, D. B. Robinson, J. G. Strahan, *Plaronis Opera*, vol. I, Oxford Classical Text, 1995.
L. Campbell, *The Theaetetus of Plato with arevised text and English notes*, 2nd ed., Arno Press, 1883.
H. N. Fowler, *Plato: Theaetetus Sophist*, in Loeb Classical Lobrary.
田中美知太郎訳『テアイテトス』1966 年，岩波書店
渡辺邦夫訳『テアイテトス』2004 年，筑摩書房

2 『テアイテトス』研究書（古い研究から順に）

F. M. Cornford, *Plato's Theory of Knowledge*, London, 1935.
W. G. Runciman, *Plato's Later Epistemology*, Cambridge, 1962.
I. M. Crombie, *An Examination of Plato's Doctrines*, Vol. II: *Plato on Knowledge and Reality*, London, 1963.
K. M. Sayre, *Plato's Analytic Method*, Chicago & London, 1969.
J. McDowell, *Plato Theaetetus*, Oxford, 1973.
N. P. White, *Plato on Knowledge and Reality*, Indianapolis, 1976.
H. Teloh, *The Development of Plato's Metaphysics*, Pennsylvania State University Press, 1981.
S. Bernardete, *The Being of the Beautiful: Plato's Theaetetus, Sophist, and Statesman*, University of Chicago Press, 1984.
D. Bostock, *Plato's Theaetetus*, Oxford, 1988.
M. Burnyeat, *The Theaetetus of Plato*, Cambridge, 1990.
R. Desjardins, *The Rational Enterprise: Logos in Plato's Theaetetus*, State Univ. of New York Press, 1990.
J. M. Cooper, *Plato's Theaetetus*, Garland Pub, 1990.
B. Williams ed., *Theaetetus*, Introduction by Bernard Williams, Translation by M. J Levett, Cambridge, 1992.
R. M. Polansky, *Philosophy and Knowledge: A Commentary on Plato's Theaetetus*, Bucknell University Press, 1992.
K. Dorter, *Form and Good in Plato's Eleatic Dialogues: The Parmenides,*

Theaetetus, Sophist, and Statesman, Univ. of California Press, 1994.

E. A. Laidlaw-Johnson, *Plato's Epistemology: How hard is it to know?*, American University Studies, Peter Lang, 1996.

B. Jowett, *Theaetetus*, Indypublish. Com, 2002.

Lloyd P. Gerson, *Knowing Person: A Study in Plato*, Oxford, 2002.

D. Sedley, *The Midwife of Platonism: Text and Subtext in Plato's Theaetetus*, Oxford, 2004.

T. Chappell, *Reading Plato's Theaetetus*, Hackett, 2004.

3 『テアイテトス』各部参考論文，他参考書

J. Ackrill, "Plato on False Belief: *Theaetetus* 187-200." *Monist* 50, 1966, 383-402.

G. Adailier, "The Case of Theaetetus", *Phronesis* 46, n. 1, 2001, 1-37.

天野正幸『イデアとエピステーメー——プラトン哲学の発展史的研究』，東京大学出版会，1998 年

R. E. Allen ed., *Studies in Plato's Metaphysics*, New York, 1970.

J. Annas, "Knowledge and Language: The *Theaetetus* and the *Cratylus*," in Schofield and Nassbaum, eds., *Language and Logos*, Cambridge, 1982, 95-114.

J. Annas & J. Barns, *The Mode of Scepticism: Ancient Text and Modern Interpretation*, Cambridge, 1985.

O. Balaban, *Plato and Protagoras: Truth and Relativism in Ancient Greek Philosophy*, Lexigton Books, Oxford, 1999.

D. Barton, "The *Theaetetus* on how to Think", *Phronesis* 44. n. 3, 1999, 163-180.

J. Barns, "Socrates and the Jury: Paradoxes in Plato's Distinction between Knowledge and True Belief" reply to Burnyeat, *Proceedings of the Aristotelian Society suppl.* 54, 1980, 193-206.

S. Bernecker & F. Dretske, *Knowledge: Reading in contemporary epistemology*, Oxford, 2000.

R. S. Bluck, "Logos and Forms on Plato: A Reply to Professor Cross", *Mind* N. S. 65, 1956, 522-529.

―――"Knowledge by Acquaintance" in Plato's *Theaetetus*", *Mind* N. S. 72, 1963, 259-263.

M. F. Burnyeat, "The Simple and the Complex", The Princeton Conference on Plato's Philosophy of Language, 1970 (Burnyeat, "The Material and Sources of Plato's Dream", *Phronesis*, 15, 1970, pp. 101-122 に一部掲載).

―――"The Material and Sources of Plato's Dream", *Phronesis* 15, 1970, 101-122.

―――"Protagoras and Self-Refutation in Plato's *Theaetetus*", *Philosophical Review* 85, 1976, 172-195.

―――"Example of Epistemology: Socrates, and G. E. Moore", *Philosophy* 52,

1977, 381-398.

―――"Protagoras and Self-Refutation in Later Greek Philosophy", *Philosophical Review* 85, 1, 1976, 44-69.

―――"Plato on the Grammar of Perceiving", *Classical Quarterly* N. S. 26, 1976, 29-51; (加藤信朗・神崎繁訳「プラトンにおける知覚の文法」『思想』第694号, 1982年, pp.75-112.)

―――"Conflicting of Apperrance", *Proceedings of the British Academy* 65, 1979, 69-111.

―――"Socrates and the Jury: Paradoxes in Plato's Distinction between Knowledge and True Belief", *Proceedings of the Aristotelian Society, suppl.* 54, 1980, 173-191.

―――"Idealism and Greek Philosophy: What Descartes Saw and Berkeley Missed", *Philisophical Review* 90, 1982, 3-40. (Reprinted in *Idealism Past and Present,* Godfry Vesey ed., Royal Institute of Philisophy Lecture Series 13, Cambridge, 1982, 19-50; R. E. Allen, *Studies in Plato's Metaphysics, London,* 1965, 313-38.)

―――"Knowledge is Perception: *Theaetetus* 151D-184A", *Plato 1: Metaphysics and Epistemology*, Oxford, 1999, 320-354. (Cf. in his *The Theaetetus of Plato*, Cambridge, 1990, pp. 7-31, 39-52.)

L. Brown, "Understanding the *Theaetetus*," *Oxford Sudies in Ancient Philisophy* 11, 1993, 199-224.

H. F. Cherniss, "The Relation of the *Timaeusu* to Plato's Later Dialogues", *American Jurnal of Phililigy* 78, 1957, 225-66. (in R. E. Allen, *Studies in Plato's Metaphysics* London, 1965, 339-378.)

V. Cobb-Stevens, "Perception, Appearance and Kinesis: The Secret Doctrine in Plato's *Theaetetus*", J. P. Anton & Anthony Preus, ed., *Plato: Essays in Ancient Greek Philosophy III*, State University of New York Press, 1989, 247-266.

J. Cooper, "Plato on Sence-Perception and Knowledge: *Theaetetus* 184-186" *Phronesis* 15, 1970, 123-146. (Reprinted in *Plato 1: Metaphysics and Epistemology*, ed., G. Fine, Oxford, 1999, 355-376.)

I. M. Crombie, *An Examination of Plato's Doctrines,* vol. 2, London, Routledge & Kegan. Paul, 1963.

R. C. Cross, "Logos and Form in Plato", *Mind*, N. S. 63, 1954, 43-50.

N. Denyer, *Language, Thought and Falsehood in Ancient Greek Philosophy*, Issues in Ancient Philosophy, 1991, 83-127.

W. Detel, *Platons Bschreibung des falschen Satzes in Theätet und Sophistes*, *Hypomnemata* 36, Vandenhoeck & Ruprecht Göttingen, 1972, 30-67.

G. Evans, *Varieties of Reference*, Oxford, 1982.

G. Fine, "Knowledge and *Logos* in the *Theaetetus*" *Philisophical Review* 88, 1979,

201-234.
――――"False belief in the *Theaetetus*', *Pronesis* vol XXTV No. 1, 1979. (Reprinted in her *Plato on Knowledge and Forms : Selected Essays*, Oxford, 2003, 225-251.)
――――"Plato on Perception", *Oxford Studies in Ancient Philosophy*, suppl. vol. 1988, 15-28.
――――"Protagorean Relativism" *in Boston Area Colloquium in Ancient Philisophy*, 10, 1994, Lanham, Md.: University Press of America, 211-43; *Plato on Knowledge and Forms : Selected Essays*, Oxford, 2003.
――――"Conflicting Appearances: Theaetetus 153d-154b," *Form and Argument in Late Plato*, 105-133 Oxford, 1996. (Reprinted in her *Plato on Knowledge and Forms : Selected Essays*, Oxford, 2003, 160-183.)
――――"Relativism and Self-Refutation: Plato, Protagoras and Burnyeat", edited by Gentzler, *Method in Ancient Philosophy*, Clarendon Press, Oxford, 1998, 137-162.
――――*Plato 1: Metaphysics and Epistemology*, Introduction, Oxford, 1999, 1-35.
藤沢令夫『イデアと世界』岩波書店，1980年
M. Frede, "Obsevations on Perception in Plato's Later Dialogues", *Essays in Ancient Philosophy*, University of Minnesota Press, 1987, 3-10. (Reprinted in J. Fine ed., *Plato 1: Metaphysics and Epistemology*, Oxford, 1999, 377-383.)
E. M. Galligan, "Logos in the Theaetetus and the Sophist", J. P. Anton & Anthony Preus, ed., *Plato: Essays in Ancient Greek Philosophy II*, State University of New York Press, 1983, 264-278.
D. Gallop, "Plato and Alphabet", *Philospphical Review*, 72, 1963, 364-376.
J. C. B. Gosling, *Plato,* London, 1973.
R. Hackforth, "Notes on Plato's Theaetetus", *Mnemosyme Series* 4, 1957.
P. R. Henry, *Belief Reports and the Structure of Believing*, Stanford, California, 1997.
A. J. Holland, "An Argument in Plato's Theaetetus: 184-6", *Philosophical Quarterly* 23, 1973, 110-116.
――――"Plato's Refutation of Protagoras in the *Theaetetus*", *Apeiron* 32, 1998, 201-32. (Reprinted in G. Fine ed., *Plato on Knowledge and Forms : Selected Essays*, Oxford, 2003, 184-212.)
今井知正「『テアイテトス』研究覚書」『理想』第570号，1980年，pp.63-70.
――――「『テアイテトス』研究（1）」『千葉大学人文研究』第13号，1984年，pp.25-69.
――――「「プロタゴラス説の自己反駁」再論」『理想』第632号，1986年，pp.50-61.
――――「『テアイテトス』第2部の問題」『千葉大学人文研究』第16号，1987年，

pp. 7-23.
———「偽と不知（1）」『東京大学教養学部人文科学科紀要』第93輯（哲学25），1989年，pp.139-169.
———「偽と不知（2）」『東京大学教養学部人文科学科紀要』第98輯（哲学26），1992年，pp.139-156.
入不二基義「相対主義の追跡」『哲学者は授業中』ナカニシヤ出版，1997年，pp. 42-104.
C. H. Kahn, "Retrospect on the verb 'to be' and the concept of being", S. Knuuttila and J. Hintikka (eds.), *The Logic of Being*, D. Reidel Publishing Company 1986, 1-28.
———"Some Philosophical Uses of "to be" in Plato", *Phronesis* 26 N. 2, 1981, 105-134.
Y. Kanayama, "Perceiving, Considering, and Attaining Being (*Theaetetus* 184-6)", *Oxford Studies in Ancient Philosophy* 5, 1987, 29-81.
加藤信朗「分割の問題——プラトン研究」『哲学雑誌』第719・720号，1954年，pp.31-46.
———『哲学の道——初期哲学論集』，創文社，1997年
金子善彦「相対主義は自己論駁的か？——『テアイテトス』のプロタゴラス批判を手がかりにして」中部哲学会紀要29号，1977年，pp.1-20.
R. Ketchum, "Plato's "Refutation" of Protagorasu Relativism: *Theaetetus* 170-171", *Oxford Studies in Ancient Philosophy*, 10, 1992, 73-105.
J. Klein, *Plato's Trilogy: Theaetetus, the Sophist and the Statesman*, The University of Chicago Press, 1980.
S. A. Kripke, Naming and Necessity, Oxford, 1980.
神崎繁『プラトンと反遠近法』新書館，1999年
———「二つの合理性——概念的思考と命題的思考」『哲学』第50号（日本哲学会編），1999年，pp.42-60.
E. N. Lee, '"Hoist with His Own Perard": Ionic and Comic Element in Plato's Critique of Protagoras (Tht. 161-171)', in E. N. Lee, A. P. D. Mourelatos, R. M. Rorty, eds., *Exegesis and Arguments, Studies in Greek Philosophy presented to Gregory Vlastos*, Assen, 1973, 225-261.
F. A. Lewis, "Two Paradoxes in the Theaetetus", in *Patterns in Plato's Thought*, ed. J. M. E. Moravesik, Dordrecht, 1973, 123-149.
———"Foul Play in Plato's Aviary: *Theaetetus* 195Bff.", *Exegesis and Arguments, Studies in Greek Philosophy presented to Gregory Vlastos*, (ed. by E. N. Lee, A. P. D. Mourelatos, R. M. Rorty.), *Phronesis*, supp. vol. I. 1973, 262-284.
A. A. Long, "Plato's Apologies and Socrates in the *Theaetetus*", edited by Gentzler, *Method in Ancient Philosophy*, Clarendon Press, Oxford, 1998, 113-136.

L. Lyons, *Structural Semantics: An Analysis of Part of the Vocabulary of Plato*, Oxford, 1963.

眞方忠道「もう一つの知」関西哲学会年報『アルケー』1994 年，pp.155-166．

J. McDowell, "Identy Mistakes; Plato and the Logical Atomist", Proceedings of the Aristotelian Society, N. S. 70, 1969-70. 181-196. (Reprinted in G. Fine ed., *Plato 1: Metaphysics and Epistemology*, Oxford, 1999, 384-396.)

────── *Meaning, Knowledge, & Reality*, Harvard University Press, 1998.

M. M. McCabe, *Plato's Individuals*, 1999, Princeton University Press, 1994, 133-161.

D. K. Modrak, "Perception and Judgement in the *Theaetetus*", *Phronesis* 26, 1981, 35-53. esp. 48-51.

松永雄二「「こころ」あるいは「人間の生のかたち」──プラトン『テアイテトス』，『ピレボス』のための1考察」九州大学『哲学論文集』第15輯，1979年，pp.1-22.

────── 『知と不知──プラトン哲学研究序説』東京大学出版会，1993年

中畑正志「相反する現われ──イデア論生成への一視点」『プラトン的研究』九州大学出版会，1993年，pp.81-100．

G. Nakhnikian, "Plato's Theory of Sensation", *Review of Metaphysics* 9, 1955-6, 129-48, 306-27.

A. Nehamas, "Episteme and Logos in Plato's Later Thought", J. P. Anton & Anthony Preus, ed., *Plato: Essays in Ancient Greek Philosophy III*, State University of New York Press, 1989, 267-292.

N. Noutomi, *The Unity of Plato's 'Sophist'*: Between the *Sophist* and Philosopher", Cambridge Classical Studies, Cambridge, 1999.

G. E. L. Owen, "The Place of the *Timaeus* in Plato's Dialogues", *Classical Quarterly* N.S. 3, 1953, 79-95; なお同論文は彼の論文集 *Logic, Science and Dialectic: Collected Papers in Greek Philosophy*, ed. Martha Nussbaum London, 1986, 65-84 に掲載。

────── "Plato on Not-Being", In Plato I, ed. G. Vlastos, New York, 1963, 262-265; *Plato 1: Metaphysics and Epistemology*, ed. G. Fine, Oxford, 1999, 416-454.

E. Pirocacos, *False Belief and the Meno Paradox*, Ashgate, 1998.

W. V. Quine, *Word and Object*, Cambridge, 1960.

G. Ryle, "Letters and Syllables in Plato", *Philosophical Review*, 69, 1960, 431-451.

R. Robinson, "Forms and Error in Plato's Theaetetus", *Philosophical Review* 59, 1950, 3-30. (Reprinted in *Essays in Greek Philosophy*, Oxford, 1969, 39-73.)

────── *Plato's Earlier Dialectic*, 2nd edn. Oxford, 1953.

W. D. Ross, *Plato's Theory of Ideas*, Oxford, 1953.

A. Szabo, *Anfang der Grieshishin Mathematik*, Akademias Kiado Budapest, 1969.

K. M. Sayre, *Plato's Late Ontology*, Princeton, 1983.
R. Sorabji, "Rationality", ed. M. Frede & G. Striker, *Rationality in Greek Thought*, Oxford, 1996, 311-334.
D. Sedley, "Three Platonist Interpretation of the *Theaetetus*", C. Gill & M. M. McCabe ed., *Form and Argument in Late Plato*, Oxford, 1996, 79-103.
──────"A Socratic Interpretation of Plato's *Theaetetus*", *Proceedings of the Boston Area Colloquium in Ancient Philosophy* vol. 18, 2002, 277-313, 324-325.
A, Silverman, "Flux and Language in the *Theaetetus*", *Oxford Studies in Ancient Philosophy* vol. XVIII. Summer 2000, 109-152.
G. Striker, "Sceptical Strategies", in M. Schofiele, M. F. Burnyeat, J. Barns edd., *Doubt and Dogmatism: Studies in Hellenistic Epistemology*, Oxford, 1980.
C. Swoyer, "True for", in M. Krausz & J. M. Meiland ed., *Relativism: Cognitive and Moral*, University of Nortre Dame, 1982.
高橋久一郎「「知識」とは何でないか──『テアイテトス』の視点から」東京大学哲学研究室『論集』第3号, 1985年, pp.51-64
田島孝「同定と記述(一)」東洋大学文学部紀要『白山哲学』27号, 1993年, pp. 101-119.
──────「同定と記述(二)」東洋大学文学部紀要『白山哲学』28号, 1994年, pp.60-82.
A. E. Taylor, *Plato: the Man and His Work*, London, 1926.
A. Tschemplik, "Framing the Question of Knowledge", G. A. Press, ed., *Plato's Dialogies: New Studies and Interpretations*, Rowman&Littlefield Pubrishers, 1993.
R. G. Turnbull, "Episteme and Doxa: Some Reflection on Eleatic and Heraclitean Themes in Plato", J. P. Anton & Anthony Preus, ed., *Plato: Essays in Ancient Greek Philosophy II*, State University of New York Press, 1983, 279-302.
渡辺邦夫「偽なるドクサの問題について──『テアイテトス』研究 I」『理想』第620号, 1985年, pp.254-266
──────「知識論の所在──『テアイテトス』研究 II」『理想』第621号, 1985年, pp.222-232
G. Vlastos, Introduction, Part One, to Plato, *Protagoras*, Indianapolis and New York, 1956, pp. vii-xxiv.
C. F. J. Williams, "Referential Opacity and False Belief in the *Theaetetus*." Philosophical Quartely 22, 1972, 289-302.
R. Woolf, "Commentary on Sedly", *Proceedings of the Boston Area Colloquium in Ancient Philosophy*, vol. 18, 2002, 314-324.
J. Xenakis, "Essence, Being and Fact in Plato: An Analysis of one of Theaetetus "Koina"", *Kant-Studien* 49, 1957-8, 167-181.

人名事項索引
(n は脚注)

ア 行

B-K モデル　187, 189, 190, 203-05, 209, 226
相反する現われ　13, 22, 23n, 32n, 41, 44, 83
アポリア　115, 135n, 151, 153, 178, 185-210, 203, 206
あらぬ μὴ εἶναι μὴ ὄν　24, 107, 124, 128, 218, 228
あらぬことを思いなす τὸ μὴ ὄν δοξάζειν　126-128
現われる（現われ）φαίνεσθαι　12-15, 39-43, 62-63, 82, 83, 86
アリストテレス　122, 183
ある εἶναι　3, 5-6, 13, 14-15, 17, 22-23, 27, 36, 38, 42, 44-47, 75, 99-100, 103-12, 123-24, 126-28, 136, 211, 213-14, 216-18, 224, 227
　　あること（あるもの，ありよう）οὐσία　3, 25, 44-45, 68, 72, 76-77, 110, 115, 119
　　「ある」の排除　36-38, 63
　　「ある」と「あらぬ」　106-08, 111-12, 121, 126-28
イデア　22, 49, 52, 138
　　──論　99, 168n, 211, 222-25
「色」と「音」　101-05, 114-15, 120-23, 128, 209-10, 215, 216-17, 224, 227-28
印形モデル　123, 131, 145-47, 160, 179, 218-20
運動生成説　2, 6-10, 23-25, 26-31, 38, 44-49, 51-53, 56-57, 59-60, 66, 67-72, 75-77, 111, 114, 128, 213-15, 223, 228
　　──と諸説との関係　2, 16-38, 44-49, 72-74
エピカルモス　8, 20, 23
エンペドクレス　8, 20, 23
思いなし δόξα（思いなすこと δοξάζειν）　3, 86-97, 110, 118n, 119, 121, 123, 126, 128-32, 157, 202, 217-21, 225, 227, 230
　　真なる── ἀληθὴς δόξα　114, 117, 182, 187, 201, 206, 229
　　偽なる── ψευδὴς δόξα　87, 114, 117, 119, 122-32, 137, 142, 146-48, 152, 157-80, 201, 216-18, 225
　　一階の──　87-88
　　二階の──　87, 89, 91, 93, 94
　　三階の──　89, 94
　　x を思いなす　194, 199, 201
　　自分（当人）の──の文脈　88, 92, 94, 98, 114-15, 13-134, 137-38, 141-42, 145-46, 148, 150-52, 160, 166-73, 175, 179-80, 182, 193, 195, 197-98, 200-01, 207, 212, 215-22, 225-29
　　他人（反対者）の──の文脈　92-94, 97, 132, 136
　　自分（当人）の──の文脈の内側　135, 142, 143, 145, 167-63, 176
　　自分（当人）の──の文脈の外側　134, 135, 142, 144, 145, 149, 150, 153, 154, 167-63, 176, 195, 197, 215, 227
　　私（だけ）の──　210, 227, 230
　　ロゴスを伴った真なる思いなし　→知識はロゴスを伴った真なる思いなしである
　　われわれの──　210, 227

カ 行

懐疑　148-50, 151
確定記述　143, 182, 208

数　105, 106, 119, 121-23, 129, 131,
　　147-48, 161, 164-65, 167-71, 174-75
考える（考えている）διανοεῖσθαι
　　103-05, 110, 119-20, 129, 130, 150,
　　175, 194, 197, 198
感覚 αἴσθησις（感覚すること）
　　1-2, 10-11, 14-16, 27, 31-38, 41-43,
　　46-49, 99, 101-10, 119, 123, 127-28,
　　131, 161, 174, 182, 213-17
　　――器官を通して～する　101, 103,
　　106
　　――器官　32, 34, 37, 43, 76, 101,
　　103, 106, 119, 214, 215
　　――経験　11, 35, 37-38, 99-100
　　――性質（可感的性質）　13-14,
　　28, 28n, 32-33, 37, 43, 76, 83, 101, 214
　　――の不可訂正性　11, 63, 83, 111,
　　228, 230
　　――論　6, 25-38, 42-43, 57-58, 66,
　　69, 223
完全知　140-41
記憶　146-47, 151, 178, 199, 200, 201,
　　207, 212, 219-20, 222
「記述」　190, 192-93, 199, 204
記述だけから特定する　188-89,
　　194-95, 197-98, 208
偽なる思いなし　→思いなし
偽なる感覚　39-40
帰謬法　7-9, 53, 73
共通のこと（事柄）τὰ κοινά　105-08,
　　192, 192n
言語使用不可能　37, 69
現象界　6-7, 52, 224
限定句（誰か・何か・各人にとって）
　　τίνι　9, 13, 17-18, 34, 61-63, 81-
　　85, 88-90, 92-96
　　限定抜きの「ある」　→それ自体（F
　　で）ある
　　限定抜きに偽である　88-89, 90, 94-
　　95
　　限定抜きに真である　65, 88, 93, 96,
　　115, 216

公共的（公共性）　136, 139, 152, 155,
　　197, 210, 227
個体　125, 182,
「ことば」　2-3, 6, 64-65, 69-72, 75-76,
　　109, 114-15, 128, 152-53, 159, 161,
　　170, 178-80, 211, 213-16, 220, 224-
　　25, 227, 229
　　――と「対象」と「人」　159-61,
　　170, 178-80, 190, 192-93, 199, 204
コプラ　99-100

　　　　　　サ　行

差異性　105-06, 112, 119, 126, 131,
　　210, 212, 214, 217-18, 227
差別性 διάφορον　191, 193, 201-02,
　　204, 207-08, 222, 229
　　――のロゴス　182, 189
思考活動　100, 107-09, 215, 228
思考上特定する　194, 196-98, 207
指示（指示対象）　138, 153, 167-70,
　　208
志向性（志向的）　127, 143, 178
自己同一性　37, 71, 218, 230
自己問答　129-31, 197, 228
知っている εἰδέναι ἐπίστασθαι γιγνώ-
　　σκειν　10-11, 47, 118, 124, 132-34,
　　148-55, 158, 161, 163, 172-73, 187,
　　189-90, 202-04, 206, 212, 216-19,
　　225-26
自分（当人）の思いなしの文脈　→思い
　　なし
自分（当人）の思いなしの文脈の内側
　　→思いなし
自分（当人）の思いなしの文脈の外側
　　→思いなし
述定　13, 17, 22, 27, 70, 84, 105, 111,
　　132, 140, 215
知らない　124-26, 134, 217
真なる思いなし　→思いなし
『真理』　→プロタゴラスの『真理』
生成流転の世界観　2, 6, 22, 213, 223

人名事項索引　　　　　　　　　　245

静的な知識と動的な知識　　　174-75,
　　219-20
正と不正　　131, 210
相関関係　　17n, 28n, 31-33, 34, 37, 38,
　　43, 45, 46, 76, 214-05
想起説　　164n, 222
相互承認　　136, 212
相対化（相対的）　　12, 13, 15, 16, 18-20,
　　31n, 34, 37, 41, 43-46, 61-65, 75, 83,
　　84, 92-93, 96, 100, 114-15, 137, 210,
　　212-13, 216, 224, 228
相対的な「ある」　→当人（各人）にと
　　ってFである
相対主義　　2-3, 7, 9, 18, 20, 28, 31, 31n,
　　34, 43, 52-53, 58, 73, 80-81, 81n,
　　84-86, 91, 97, 98, 115, 136, 210, 213,
　　216, 221, 227
ソクラテス　　207, 209, 225, 226
　　——の問答（法）　　206, 226
ソフィスト　　53, 86
それ自体（Fで）ある（限定抜きの「あ
　　る」）　　13, 15, 21, 62-63, 65, 83-84, 97,
　　98, 210, 223
「それ自体一である」否定説（何ものも
　　それ自体一であることはない）ἓν μὲν
　　αὐτὸ καθ᾽ αὑτὸ οὐδέν ἐστιν）　　2,
　　5-8, 17-25, 21n, 31, 34-38, 56, 57,
　　59-60, 66, 68, 73-74, 75-76, 102, 114,
　　127-28, 210, 213-14, 223-24, 227
「それ自体一である」もの　αὐτὸ καθ᾽
　　αὑτὸ ἓν ὄν　　2, 3, 6, 20, 22-23, 30,
　　69, 213, 223-24
存在措定　　68, 105, 107, 109, 111, 126,
　　182, 214, 217, 225

　　　　　　タ　行

第一定義　→知識は感覚である
　　——と諸説の関係　　44-49, 72-74
体系としての知識（体系知）　　168n,
　　178, 225
対象の知と命題の知　　168, 172

対象（の）認知　　117, 123, 145, 149,
　　151, 162, 172, 178, 180, 182, 197, 199,
　　205-08, 212, 219, 220, 222, 225, 227-
　　29
対象把握　　103-05, 109, 111, 114, 121-
　　24, 126-28, 132, 134, 136-37, 139-41,
　　145-146, 148, 152, 154, 160, 166-167,
　　173-75, 182, 208-10, 212, 214, 216-
　　18, 220, 222, 224, 225, 229
他人（反対者）の思いなしの文脈　→思
　　いなし
魂　　3, 24, 37, 101, 105-11, 130, 146-47,
　　150, 161, 164, 175, 214-15, 217-18,
　　224, 228
知識 ἐπιστήμη　→知っている
　　——の所持　　162-64, 163n, 165-67,
　　220
　　——の所有　　162-64, 220
　　——は感覚である（第一定義）　　2, 5
　　-6, 10-11, 15, 39, 44-48, 51-54, 59,
　　60, 66-67, 72, 75-76, 91, 99, 119, 150,
　　213, 214
　　——は真なる思いなしである　　114,
　　117, 149-50, 153-55, 182
　　——はロゴスを伴った真なる思いなし
　　である　　155, 180, 182, 187, 206,
　　221-22
超越的（鳥瞰的）な視点　　38, 90, 97,
　　98, 213
直示　　196, 197
直接性に起因する確信　　11, 11n, 134,
　　178-80
テアイテトス　　10, 11, 66, 72
定義の循環　　2, 182, 203, 205
デモクリトス　　20, 23, 28n
伝聞の知識　　153-54
同一性　　76, 104-06, 112, 119, 121, 126,
　　130-31, 143, 152, 170, 191, 212, 214,
　　217, 228, 229
　　——判断　　101, 107-08, 117, 123,
　　124, 130, 132, 140, 146, 150, 212, 214,
　　218-19, 228

人物の――　122-23, 125, 131, 142-43, 146-47, 172, 174, 217-19
　　認識主体の――　10, 42n
同定　133, 142, 200, 201, 204, 212
当人（各人）にとってFである（相対的な「ある」）$\tau\iota\nu\iota\ \epsilon\hat{\iota}\nu\alpha\iota$　13, 15, 21, 26, 37, 63, 75, 82-84, 97, 210
当人にとって偽である　89, 93-94
当人にとって真である　88, 91, 93, 139
鳥小屋モデル　123, 131, 147-48, 157-80, 218-20, 224
取り違え $\dot{\alpha}\lambda\lambda o\delta o\xi\acute{\iota}\alpha$　128-32, 137, 142, 166, 170-71, 174, 176

ナ　行

なる $\gamma\acute{\iota}\gamma\nu\epsilon\sigma\theta\alpha\iota$　6, 18, 27, 29, 33-36, 44-47, 56-58
　　何かに対して常に「なる」$\tau\iota\nu\iota\ \dot{\alpha}\epsilon\acute{\iota}$ $\gamma\acute{\iota}\gamma\nu\epsilon\sigma\theta\alpha\iota$　35, 45
二世界論的イデア論　7, 22, 49, 51, 224
人間尺度説（「人間は万物の尺度である」）　2, 5-14, 26, 31n, 38-49, 51-53, 58-66, 72, 75, 86-99, 111, 137-38, 213-15, 221-23, 227
　　――と諸説との関係　14-23, 38-49, 72-74

ハ　行

排中律　132-33, 135-36, 139, 217
パルメニデス　20, 23, 26, 31, 36, 39n, 44, 46, 48, 68, 73, 75, 213, 223
反対者（他者）にとって真（偽）である　90, 93-94, 97
反対性　108-09, 210, 227
万物は流転する $\pi\acute{\alpha}\nu\tau\alpha\ \dot{\rho}\epsilon\hat{\iota}$　9, 24, 68, 102
美醜善悪　121, 122, 129, 131, 223, 228
一つの簡潔な定義　206, 209, 226, 229
一まとまりの知識　168, 171-73
秘密の教説　5-8, 16-25, 26, 31, 39n, 85, 98
不可謬性　16, 178
プラトン　2-3, 5-7, 16, 19, 25-26, 35, 40, 42, 44, 49, 51-56, 61, 63n, 72, 75, 79-81, 100-01, 112, 114-15, 118, 124, 130, 137-39, 159, 163, 173, 183, 185, 208-10, 213, 215, 224, 227-28
　　初期　206, 208, 210
　　中期　7, 210
　　後期　206, 208, 210
プロタゴラス　2, 5, 7, 9-12, 13-14, 16, 16n, 26-29, 31, 47-48, 51, 52, 55-66, 75, 79-81, 114, 137, 138, 210, 213-16, 221, 227
　　――の言語　→当人（各人）にとってFである（相対的な「ある」）
　　――の自己反駁　23, 26, 38, 61, 62, 64-66, 79-98, 137
　　――の『真理』　16n, 91, 96
分割法　206, 209, 226, 228
ヘラクレイトス　2, 6-10, 20, 23-25, 28, 48, 52n, 68, 102, 215
　　――学徒　24, 68
ホメロス　8, 23, 24, 28, 28n, 48, 68, 89

マ～ワ　行

学ぶ（学習）　124, 159, 164-66, 168-69
無知である　173-75
流動（的）　3, 52, 67, 111, 115, 212, 213, 224, 228
類似性　105-06, 119, 130, 132
ロゴス（記述句）$\lambda\acute{o}\gamma o\varsigma$　154, 194, 198, 209, 221-22, 227
　　――の追加把握　202-05
　　――を伴った真なる思いなし　→知識はロゴスを伴った真なる思いなしである
　　共通の――　189, 192, 194-95, 195n, 198
　　固有の――　189, 193-96, 198, 200-02, 204, 206-09, 212, 222, 225, 227-

　　　　29
　　差別性の―― →差別性
「わかった」と思うメカニズム
　　80, 220, 221
「私」　179, 182, 207, 212, 225

われわれの思いなし　→思いなし
われわれの言語　3, 63, 69, 83-85, 88,
　　92, 97-98, 101, 115, 138, 182, 212, 215
　　-216, 224

178-

作品名索引
(n は脚注)

プラトン

『メノン』
80d5-81e2　166n
85b8-e8　200n, 222n

『パイドン』
78d1-7　22n, 223n

『国家』
479a1-3　7n, 22n, 52n, 223n
479d7-9　7n, 52n
517c8-d2　7n, 22n, 52n
597c1-d4　23n

『パルメニデス』
128e5-135c4　7n, 23n, 49n, 52n, 223n

『テアイテトス』
143e4-144c8　133
144b8-d4　207, 229
144d1-d4　133
146c7-147c6　206, 225
151d3-6　10
151d7-160d4　5-49
151d7-152c7　59n
151d7-152b9　11-16
151d7-e1　10
151e1-3　10
151e8-b8　82, 138
151e8-a2　11-12
152a2-5　12, 79, 82
152a6-9　12, 62, 82
152b1-c7　13-16, 47
152b1-2　13, 63, 83
152b2-4　13, 62, 82
152b6-7　13, 16, 21, 62, 82
152b7-8　13, 16, 18, 82-83
152b8　13
152b10-c7　14-16
152b10-13　14, 86
152c1-3　15
152c5-6　15, 63, 68, 83n
152c8-153d7　16-25
152c8-e10　59n
152c8-11　16, 26, 56, 63, 83
152d1　17
152d2-3　17, 21, 56, 63, 84
152d3-6　17, 63, 84
152d7　19n
152d7-8　17, 28, 56
152d8-e1　17, 28, 56, 63, 85
152e1-10　8
153a1-157c6　59n
153a1-2　23
153a5-d5　24
153d8-157c2　25-38
153d8-e3　27, 56
153e4-5　27, 27n, 56
153e5-7　27, 56
153e7　28n, 56
153e7-154a2　28, 56
154a2-4　28, 56
154a7-8　56
154c1-6　29
154c8-9　29
155a3-b6　29
155b6-7　30n
155b7-c2　30
155c1-2　30n
155d5-e2　31-32
156a3-c3　32-33, 57
156c7　34
156c7-d3　33
156d3-e7　33
156e7-157a2　34, 57
157a1-4　57
157a2-7　35
157a8-b1　21, 35, 57
157b1-c1　36-37, 57-58, 71
157b1-3　85
157c1-d5　38
157c3-160b4　38-44
157e1-158a2　38-39
157e1-160d4　60n
157e4-5　39
158a2-3　39
158a5-7　37, 39
158a8-b4　39
158b5-e4　39-40
158d4　37
158e5-6　37, 86,
158e5-159a9　40-41
159a10-b10　41
159c11-d6　41-42
159d4-6　37
159d7-159e6　42-43
159e7-160a8　44
160a9-c1　21
160b1-4　43
160b5-d4　44-47
160b5-c3　37, 44-46, 87
160b8-c2　63, 85
160c4-6　46
160c7-8　46
160c8-10　47
160d1-4　47
160d5-187a8　5, 51-77, 79

作品名索引　　　　　　　　　　　　　249

160d5-e2　　8, 22, 47-48, 60n	170e7-171a5　　64	184b4-186a1　　99
161b9-a3　　53	170e7-171a5　　91-92	184b7-e7　　101
161b9-179b9　　51,74	170e7-171a1　　91	184e8-185a3　　101
161c2-162a3　　86	171a1-3　　91	184e8-186a1　　131
162c2-163a3　　54,86	171a4-5　　90,91	185a4-6　　103
163a7-c4　　54	171a6-b9　　92-95	185a8-b6　　103,120,121
163b1-7　　54	171b1-9　　64	185c4-7　　106,107,121
163b8-c4　　54	171b1-3　　93	185d7-e2　　106
163c5-164b12　　54	171b4-5　　94	185e6-186a1　　106
164c8　　54,60	171b7-9　　95	186a2-b1　　121
164c8-9　　54,60	177c6-179b9　　65	186a2-c6　　99
165b7-d1　　55	178a9-201c7　　157	186a9　　121
165d2-e4　　55	179b2-4　　66	186a11　　106
165e8-168c5　　137	179b6-9　　66	186b2-10　　121,130
166b2-c2　　55	179c1-d1　　65	186b11-c2　　110
166c4-5　　55	179c2-d5　　68	186c2-3　　121
166c5-7　　55	179d6-180a3　　25	186c7-187a8　　110-12
166d1-167d4　　61	179e3-181b7　　68	186c2-5　　110
167b1-4　　61	180c7-8　　8,24	186c7-187a8　　99
167d2-4　　63	180c7-181b5　　21	186d2-3　　110
168b3-7　　59	180c8-d3　　74	187a1-8　　121
168c8-171d8　　61	181b8-c2　　25	187a4-8　　130
169d3-171d8　　79-98	181b8-183c7　　68,71	187b9-c2　　150
169d3-9　　85-86	181c3-d7　　68	187d6-e4　　157
169d10-170a5　　86	181d8-182a3　　68	187e1-3　　137,138
170a3-4　　64,86	181e5-8　　22,69	186d10-e12　　110
170a6-d3　　86-88	182a4-b8　　68	188a1-c9　　124-26,160,174
170a6-7　　87	182b3-4　　68	188a1-2　　124,158n
170a7-c1　　88	182d1-4　　21n,68	188a2-4　　125,158n
170b5-8　　87	182d4-7　　69	188a7-8　　125
170b9-11　　87	182d8-e7　　69	188a10-b1　　125
170c3-4　　87	182e8-183a1　　69	188b3-6　　125,163
170c5　　90	183a2-9　　69	188b7-c1　　125,146
170c6-d2　　95	183a10-b6　　69	188b8-10　　122
170d1-2　　90	183a10-c4　　36n	188c1-b9　　126-28,160
170d4-e6　　88-90	183c3　　7n	188c2-3　　125
170d4-6　　89	183b8-9　　72	188c3-4　　125
170d6-8　　64,89	183c1-2　　72	188d1　　126
170d8-9　　89	183c2-3　　72	188d3-6　　126
170e4-6　　89,90	184b3-187a8　　38n, 51, 74,99-112	188e4-189b3　　127
170e6　　90	184b1-185a3　　101	189d7-190e4　　129

作品名索引

189b4-5　128	196b8-199c7　161-62	202c8-9　185,187
189b10-190e4　128-32, 160	196c4-8　158n,163	206d1-210b3　187
	196d2-199a3　162,163-66	206d1-e3　187
189b10-c5　128		206e4-208b10　187
189d7-9　129	196d2-198a4　162	208c6-210b3　185-210
189e4-190a8　107,197	196d2-e7　163	208c6-d4　188-89
189e1-3　129	196e8-197a6　163	208d2-3　188
189e6-7　129	197a7　158n	208d5-7　188
190a2-4　129	197a7-d4　163	208d7-9　188,192
190a4-6　129	197b9-13　163	208e3-6　189-90,191
190a9-d9　134	197c1-d4　164	209a1-210b3　190-91
190a9-10　129	197c4-5　163n	209a1-4　190-91
190b2-c3　131	197c7-d3　162n	209a5-b1　191-93
190b2-8　129	197d5-e1　164	209a5-6　191
190b3-4　122	197e2-7　164	209a8　191
190b7-c3　122	198a1-4　164	209a10-11　192
190c1-4　129	198a4-b7　162,164-65	209b2-c4　193
190c5-d6　130	198a7-b5　164	209b3-4　191,198
190c5-8　143	198b4-7　164	209b3-6　194
190d8-11　130	198b8-199a3　162,165-66	209b3-4　197
190d12-e1　130		209b6-9　193
190e1-2　130	198b10　164	209b7　197,198
190e5-195b8　145,160	198c1-6　165	209b10-c4　194
191a8-b9　158n	198c7-10　165	209b10-c1　194
191b2-8　134	198d1-8　163n	209c1-3　198
191c8-e2　123,219	198e2-199a2　165	209c1　197
192a1-7　146	198e7　158n	209c2-3　191
192a1-d1　158n	199a4-c7　158n,162	209c5-9　199
192d3-e1　134,158n	199a6-8　162n	209c9-10　199
192d3-9　122	199c5　158n	209c5-11　198
192e8-193a7　122,123, 135,158n,219	199c5-7　173	209c9-10　191
	199c7-200d4　162	209d1-3　201-02,201n
193b1-8　122,134	199c7-d8　162,173	209d4-210b3　202-05
193b9-d9　122,123,134, 219	199c7-8　173	209d4-6　202
	199c10-11　173	209d4-e6　202
193d10-e5　123,219	199d1-2　173	209d5-6　202
193e6-194a5　123,219	199d4-5　175	209d8-10　203
195b9-200d4　147-55, 157-80	199d6-7　176	209e7-210b3　203
	199e1-6　162,176	209e9-210a1　203,204
195b9-196d2　162-63	199e7-200c6　162	『ソフィステス』
195e9-196b2　135	200c7-d4　158,162	218b6-219a7　226n
196b8-10　162	201c7-206c9　187	218c1-2　226

作品名索引

218c1-5	209	226b1-231b8	209n	『ポリティコス』	
218c2-3	226	235a10-236d4	209n	257b9-c3	206, 226n
218c4-5	227	250a8-253c5	209n		
221a7-c3	226n	253b9-253e6	230n	**アリストテレス**	
221c6-223b7	209n	253b9-253e6	210n		
223c1-224d3	209n	254b8-257c4	127	『形而上学』	
224d4-e5	209n	254d4-256a9	112n	987b4-10	22n
224e6-226a5	209n	261c6-263b13	159		

田坂 さつき（たさか・さつき）

1959年栃木県生まれ。千葉大学人文学部人文学科哲学専攻卒業後，東京都立大学大学院人文科学研究科修士課程修了。1990年同博士課程満期退学。現在，湘南工科大学工学部総合文化教育センター准教授。博士（文学）専門は古代ギリシャ哲学・倫理学。

〔論文〕「『テアイテトス』151d7-153a4の構造——「なにものもそれ自体一であることはない（hen auto kath' hauto ouden estin, 152d2-3)」をめぐる考察」日本哲学会『哲學』第53号，pp.167-76, 2002年，「プロタゴラスの相対主義と自己反駁——『テアイテトス』169d3-171d8の一解釈」日本倫理学会『倫理学年報』第52号，pp.3-17, 2003年

〔訳書〕マリウス・ヴィクトリヌス『讃歌Ⅰ～Ⅲ』上智大学中世思想研究所編『中世思想原典集成』第4巻，pp.390-432, 平凡社，1999年

〔『テアイテトス』研究〕　　　　　　ISBN978-4-86285-014-0

2007年7月20日　第1刷印刷
2007年7月25日　第1刷発行

　　　　　　　　　　著　者　　田坂さつき
　　　　　　　　　　発行者　　小 山 光 夫
　　　　　　　　　　印刷者　　藤 原 愛 子

発行所　〒113-0033 東京都文京区本郷1-13-2　株式会社 知泉書館
　　　　電話03(3814)6161振替00120-6-117170
　　　　http://www.chisen.co.jp

Printed in Japan　　　　　　　　　　　　印刷・製本／藤原印刷